Karin Weiss
Smadar Raveh-Klemke

Dikduk bekef

Hempen Verlag

Karin Weiss
Smadar Raveh-Klemke

Dikduk bekef

דקדוק בכיף

Grammatik des heutigen Hebräisch

HEMPEN VERLAG
BREMEN 2019

Illustrationen: Smadar Raveh-Klemke

Bibliografische Information der Deutschen Nationalbibliothek
Die Deutsche Nationalbibliothek verzeichnet diese Publikation in der Deutschen Nationalbibliografie; detaillierte bibliografische Daten sind im Internet über ‹https://portal.dnb.de› abrufbar.

ISBN 978-3-944312-70-5

 Druck und Bindung: Plump Druck & Medien, Rheinbreitbach. Printed in Germany.

Für Dieter, Niels und Katinka
in Liebe

und mit großem Dank an Smadar,
die sich mit viel Engagement und סבלנות
auf dieses Projekt eingelassen hat

Für meine Lieben
Gunter, Milena und Nicolai

DIKDUK BEKEF
Grammatik des heutigen Hebräisch für Deutschsprachige

Dieses Grammatik-Buch ist als kompaktes Nachschlagewerk für Ivrit-Lernende aller Stufen gedacht. Mit gelegentlichen Verweisen auf die formale Sprache liegt der Fokus auf der gesprochenen Standardsprache des heutigen Hebräisch.

Die Autorinnen

Karin Weiss ist promovierte Sprachwissenschaftlerin. Sie hat an der Universität Hamburg Linguistik unterrichtet und Seminare für Lehrer mit dem Schwerpunkt Deutsch als Fremdsprache gegeben. Seit einigen Jahren beschäftigt sie sich mit dem Vergleich zwischen den sprachlichen Strukturen des Deutschen, Jiddischen und Hebräischen.

Smadar Raveh-Klemke ist in Israel geboren und aufgewachsen. Die Diplom-Designerin lebt heute in Hamburg, wo sie als Grafikerin und Illustratorin arbeitet. Gleichzeitig unterrichtet sie seit gut zwei Jahrzehnten Hebräisch an der Volkshochschule. Auf Basis dieser umfangreichen Erfahrung entwickelte sie Lehrbücher und verschiedene Unterrichtsmaterialien für Ivrit.

Nach „Otijot bekef“, „Ivrit bekef“ und „Ma se be'ivrit“ rundet „Dikduk bekef“ diese Lehrbuch-Reihe ab.

Inhaltsverzeichnis

Abkürzungsverzeichnis

Fem./f.	Femininum/feminin
Mask./m.	Maskulinum/maskulin
Pers./P.	Person
Pl.	Plural
Sg.	Singular
D.	Dual

Verwendete Symbole und Kennzeichnungen

→	Verweis auf einen anderen Beitrag im Glossar
«...»	deutsche Übersetzung eines Beispiels im Fließtext
□	Platzhalter (Dummy-Symbol) für einen Konsonanten
*	ungrammatischer/grammatisch fehlerhafter Ausdruck
[ ]	phonetische Beschreibung
Kursivschrift	Transkription/Umschrift der hebräischen Buchstaben
KAPITÄLCHEN	hebräische Bezeichnungen, die unübersetzt im Deutschen verwendet werden

1 Einführung

1.1 Konzeption, Aufbau und Zielgruppe

Diese Grammatik ist im Zusammenhang mit dem Lehrwerk „Ivrit bekef" entwickelt worden, aber dennoch völlig unabhängig davon zu benutzen. Denn sie ist nicht nach den Lektionen eines Lehrbuchs, sondern rein thematisch gegliedert. Dabei widmen sich die folgenden Kapitel 2 bis 8 jeweils einer Wortart, ihrem Aufbau und ihrer Verwendung. Zum besseren Verständnis erfolgt häufig der Vergleich mit dem Deutschen. Sämtliche hebräischen Beispiele sind auch in Umschrift und mit Übersetzung angegeben.

Da es hier um Ivrit, also das moderne Neuhebräisch, und nicht um das historische in der Bibel verwendete Hebräisch geht, verfolgt diese Grammatik ein anderes Ziel, als es üblicherweise bei Grammatiken für das Bibelhebräische der Fall ist. Als Kurzgrammatik möchte dieses Buch hauptsächlich als Nachschlagewerk zur schnellen Orientierung dienen. Es konzentriert sich daher überwiegend auf das notwendige Basiswissen und vermeidet bewusst allzu detaillierte Erläuterungen und vollständige Verweise auf sämtliche Ausnahmen und Sonderfälle.

Gedacht ist diese Grammatik vor allem für Ivrit-Lernende, die neben ihrem Lehrwerk eine zusätzliche Hilfe bei den behandelten grammatischen Themen suchen, oder all jene, die aus aktuellem Anlass schnell noch einmal etwas nachlesen möchten. Gewisse Grundkenntnisse der Sprache und Schrift werden also vorausgesetzt, alle Beispiele sind aber stets auch in Umschrift und mit Übersetzung angegeben. Nicht vorausgesetzt wird dagegen die Vertrautheit mit den allgemein üblichen grammatischen Fachbegriffen, die natürlich auch diese Grammatik verwenden muss. Ein eigener Abschnitt erklärt daher eingangs ausführlich die hier verwendeten grammatischen Termini, und zwar in Form eines Glossars, das die allgemeinen Grammatikbegriffe alphabetisch auflistet.

Denn dieses Buch möchte auch denen, für die das Lernen der Grammatik einer Fremdsprache ein ausgesprochen rotes Tuch ist, den Umgang mit diesem Bereich erleichtern. Und dann, so hoffen wir, ergibt sich tatsächlich „Dikduk bekef" - Grammatik mit Spaß!

1.2 Grammatische Begriffe

Für eine sprachliche Äußerung benötigt man einerseits bestimmte Bauelemente und andererseits gewisse Regeln, die festlegen, wie man die einzelnen Bausteine zu einer größeren Einheit wie zum Beispiel einer Phrase oder einem Satz verknüpft. Zudem besagen solche Regeln, ob und wie ein Baustein formal verändert werden muss, um seine Funktion zu verdeutlichen, die er innerhalb der größeren Einheit ausübt.

Die Liste aller Bauelemente einer Sprache findet sich in einem Lexikon (oder Wörterbuch). Hier wird ein Element mit seiner Bedeutung, Aussprache und einigen grammatischen Angaben aufgeführt.
Das „architektonische" Regelwerk, das etwas zur Form, Funktion und Verarbeitungsweise der Bausteine aussagt, ist die Grammatik einer Sprache.
Beide Bereiche sind gleichermaßen wichtig und müssen für eine Fremdsprache meist mehr oder minder mühsam erlernt werden.
Für den zweiten Bereich möchte diese Ivrit-Grammatik zumindest die wichtigsten Regeln und Un-Regelmäßigkeiten zusammenfassen und so vermitteln, dass sie schnell nachzuschlagen und gut verständlich sind. Bei allem Bemühen um Verständlichkeit lassen sich jedoch die einschlägigen Fachbegriffe nicht vermeiden. Sie werden deshalb in der folgenden alphabetisch geordneten Liste erklärt. Dabei greifen die Erklärungen allgemeiner Begriffe auf Beispiele des Deutschen zurück. Geht es um spezielle hebräische Begriffe oder um kontrastiv genannte Hinweise zum Hebräischen, werden natürlich hebräische Beispiele genannt. Der Einfachheit halber sind sie nur in Umschrift angeführt und übersetzt.

Vorab soll jedoch eine grundsätzliche Unterscheidung angesprochen werden, die häufig Schwierigkeiten bereitet: und zwar der Unterschied zwischen der Wortart eines Elementes und seiner Funktion. So gehört beispielsweise Chumi, der uns neben Noam durch dieses Buch begleiten wird, grundsätzlich zur (Unter-)Art der Haushunde. Aber innerhalb seiner Umgebung kann er verschiedene Funktionen ausüben: mal Wachhund, mal Spielkamerad oder Kaninchenjäger. Ebenso ist es mit dem Wort „Hund". Es gehört grundsätzlich zur Wortart oder Kategorie der Nomina (Hauptwörter, Substantive), je nach Umgebung kann es aber in seiner Funktion variieren:
a) Der Hund rennt.
b) Noam streichelt den Hund.
c) Chumi ist ein Hund.
d) Hundehütte
In Beispiel (a) fungiert das Nomen „Hund" als Subjekt, in (b) als Akkusativ-Objekt (direktes Objekt), in (c) ist es Teil des Prädikats und in (d) eine nähere Bestimmung des Wortes „Hütte", da es wortintern den anderen Bestandteil des zusammengesetzten Nomens spezifiziert.
Stellt man sich nun ein großes Regal vor mit speziellen Schubladen für die unterschiedlichen Bauelemente, dann sind die Wortarten-Begriffe (z.B. Nomen, Verb) die Etiketten auf den Schubladen. Und erst wenn einzelne Elemente den Schubladen entnommen und in eine größere Konstruktion eingefügt worden sind, erhalten sie dort eine Funktion (z.B. Subjekt, Prädikat).
In der folgenden Liste werden einige besonders wichtige Begriffe, die eine Wortart, also ein Bauelement bezeichnen, mit einem (B) gekennzeichnet und Begriffe für grammatische Funktionen mit einem (F).

Grammatische Begriffe

Adjektiv$_{(B)}$	Eigenschaftswort; es beschreibt, wie etwas **ist**: der Hund ist **groß**
Adverb$_{(B/F)}$	Umstandswort; es beschreibt, wie etwas **geschieht**: der Hund bellt **laut**
Affix$_{(B)}$	Oberbegriff für →Präfix (Vorsilbe) und →Suffix (Nachsilbe); eine unselbstständige Einheit, die eine eigene Bedeutung trägt, aber immer an ein anderes Wort gebunden sein muss: **un**-schön (das Präfix bezeichnet das Gegenteil), laut-**er** (das Suffix kennzeichnet eine Steigerung)
Akkusativ	Grammatischer Fall (→Kasus) des direkten →Objektes; dieser sog. „Wen-Fall" kennzeichnet zumeist denjenigen, der von der beschriebenen Handlung betroffen ist, verursacht oder verändert wird: Chumi zernagt **den Schuh** Ist das direkte Objekt →determiniert (genau bestimmt), dann wird es im Hebräischen durch die vorangestellte →Partikel *'et* gekennzeichnet: *hu ro'e* ***'et hakelew / 'et Schlomi*** «er sieht den Hund/Schlomi»
Aktiv	Tätigkeitsform des Verbs; dabei wird das Geschehen mit Blick auf den Handelnden beschrieben, der im Satz als grammatisches →Subjekt erscheint: Chumi verjagt die Enten
Artikel$_{(B)}$	Begleitwort eines →Nomens, das dessen grammatisches Geschlecht anzeigt: **der** Hund / **die** Tür; außerdem legt es fest, ob das Nomen bestimmt (definit, →determiniert) oder unbestimmt (indefinit, indeterminiert) ist: **der** Hund / **ein** Hund Im Hebräischen gibt es nur den bestimmten Artikel (*ha-*), d.h., tritt ein einfaches Nomen ohne Artikel auf, ist es in der Regel unbestimmt.
Attribut$_{(F)}$	Beifügung, die der Beschreibung oder näheren Bestimmung dient; häufig erfüllen Adjektive diese Funktion, aber auch Phrasen mit einer →Präposition werden dafür verwendet: der **große** Hund – der Hund **mit dem roten Halsband**

Dativ
Grammatischer Fall (→Kasus) des indirekten →Objekts; dieser sog. „Wem-Fall" kennzeichnet zumeist denjenigen, der das Ziel oder der Empfänger und Begünstigte des Geschehens ist. In vielen Sprachen wird dieser Fall bzw. das Ziel nicht direkt, sondern über den „Umweg" einer →Präposition ausgedrückt, weshalb das Dativ-Objekt als indirektes Objekt bezeichnet wird.
Im Hebräischen wird ein Dativ-Objekt durch die vorangestellte, direkt verbundene →Partikel *le-* markiert: *Noam noten 'ezem* ***le****Chumi* «Noam gibt Chumi einen Knochen»

Deklination
Beugung nominaler Wortarten, d.h. formale Veränderung zum Beispiel eines →Nomens nach →Kasus (Fall) und →Numerus (Zahl) und bei →Adjektiven auch nach →Genus (Geschlecht): Hund/ Hund**es**/Hund**e**, groß**er** Hund / groß**e** Katze
Im Hebräischen, das keine Kasusendungen kennt, wird die Verknüpfung von →Nomen und →Personalsuffix als Deklination bezeichnet. Auch →Präpositionen können auf diese Weise dekliniert werden: *ßifr****o*** «sein Buch», *'ezl****o*** «bei ihm»

Demonstrativpronomen(B)
hinweisendes →Pronomen: **dieser** Hund / was ist **das**?

determiniert
näher bestimmt, definit (Gegenteil zu →indeterminiert, unbestimmt): **der** Hund (im Gegensatz zu: (irgend)ein Hund)
Die Determiniertheit eines Nomens muss im Hebräischen besonders im Zusammenhang mit dem →Akkusativ und →adjektivischen →Attributen beachtet werden.

Dual
im Hebräischen vorkommende Variante des →Numerus (Zahl) für Dinge, die grundsätzlich paarweise auftreten bzw. eine Zweier-Maßeinheit ausdrücken: *jad****ajim****/na'al****ajim*** «Hände/Schuhe», *chodsch****ajim*** «zwei Monate»

Futur
Zeitform (→Tempus), die zukünftiges Geschehen ausdrückt:
ich **werde lesen**

Genitiv
grammatischer Fall (→Kasus), auch „Wes-Fall" genannt; ein →Nomen im Genitiv bezeichnet häufig die Zugehörigkeit oder Herkunft eines anderen Nomens, auf das es sich bezieht, und fungiert damit als nähere Bestimmung (→Attribut) dieses Bezugs-

	nomens: der Hund de**s** Onkel**s** / Chagall**s** Bilder Im Hebräischen wird der Genitiv durch die vorangestellte →Partikel *schel* markiert: *hakelew* ***schel*** *hadod / hazijurim* ***schel*** *Chagall*
Genus	grammatisches Geschlecht; im Deutschen: Maskulinum (männlich), Femininum (weiblich) und Neutrum (sächlich); im Hebräischen gibt es nur Maskulinum *(sachar)* und Femininum *(nekewa).*
Hilfsverb	Verb, das keine (stark ausgeprägte) eigene Bedeutung hat: sein/haben/werden. Diese Verben „helfen" in verschiedenen Funktionen: Bestimmte Zeiten (→Tempora) und das →Passiv werden im Deutschen mittels der Hilfsverben gebildet: Chumi **hat/hatte** gebellt / **wird** bellen; er **wurde** gelobt Diese Funktionen übernehmen im Hebräischen die BINJANIM. Das Hilfsverb „sein" fungiert außerdem als →Kopula. In manchen Grammatiken werden auch die →Modalverben zu den Hilfsverben gerechnet.
Imperativ	Befehlsform des →Verbs: Gib! Kommt!
Imperfekt	Zeitform (→Tempus), die vergangenes Geschehen ausdrückt: die Römer erober**ten** Gallien
Indikativ	Wirklichkeitsform des →Verbs, die im Gegensatz zum →Konjunktiv das Geschehen als etwas Tatsächliches beschreibt: Chumi läuft zum Park
Infinitiv	Grundform, ungebeugte Form des →Verbs: Im Deutschen endet ein Infinitiv grundsätzlich auf „-en", im Hebräischen beginnt er mit der Partikel *le-*: *le'ehow* «lieb**en**», ***l****ewaker* «besuch**en**» Im Hebräischen ist der Infinitiv häufig nicht die Zitierform, mit der hebräische Wörterbücher Verben auflisten.
Interrogativ-pronomen	Fragefürwort: wer/wem/was?
intransitiv	intransitive →Verben sind nicht mit einem →Akkusativ-Objekt kom-binierbar und können daher auch nicht ins →Passiv gesetzt werden: schlafen/gehen/wohnen Intransitive Verben können ein Dativ-Objekt haben: Chumi gehorcht **seinem Herrchen**; eine Passivkonstruktion ist trotzdem ausgeschlossen: *sein Herrchen wird von Chumi gehorcht

Kasus

grammatischer Fall, der dem →Subjekt und den →Objekten eines Satzes zugewiesen wird; welchen Fall ein Objekt erhält, hängt von der Bedeutung des Verbs ab.
Die vier Kasus →Nominativ, →Genitiv, →Dativ und →Akkusativ werden im Deutschen über spezielle Endungen ausgedrückt, im Hebräischen dienen bestimmte →Partikeln als Kasus-Markierer, die dem entsprechenden Nomen vorangestellt werden.

---

kausativ

verursachend, veranlassend; kausative Verben oder Verbkonstruktionen drücken das Verursachen eines Geschehens aus: Der Chef **lässt** Dani Kaffee kochen (er veranlasst, dass Dani Kaffee kocht); sie f**ä**llen Bäume (machen, dass die Bäume fallen). Im Deutschen kann die Verknüpfung mit einer Vorsilbe eine kausative Lesart erreichen: sinken - **ver**senken, brechen - **zer**brechen
Im Hebräischen wird das Verbbildungs-Muster (BINJAN) HIF'IL benutzt, um der Grundbedeutung eines Verbs eine kausative Bedeutung hinzuzufügen: *lichtow* - *le**ha**chtiw* «schreiben - diktieren», *lakum* - *le**ha**kim* «aufstehen - aufstellen»

Kehllaute

Gruppe von Lauten (א, ה, ח, ע und ר), die im Hebräischen Unregelmäßigkeiten bei der Vokalisierung bewirken.
Sie können kein starkes DAGESCH erhalten. א, ה, ע können nicht mit einem einfachen, sondern nur mit einem zusammengesetzten SCHWA punktiert werden.

Komparativ

Steigerungsform, Vergleichsform von →Adjektiven und →Adverbien; sie wird im Deutschen im Regelfall durch das →Suffix „-er" ausgedrückt: du bist größ**er** (als), er läuft schnell**er** (als); das Hebräische beschreibt die Steigerung mithilfe des Adverbs *joter* «mehr», das dem gesteigerten Adjektiv/Adverb direkt voran- oder nachgestellt wird.

Kompositum
SSMICHUT

Wortzusammensetzung, die aus mindestens zwei Wortteilen besteht, die ansonsten selbstständig vorkommen, zum Beispiel Nomen+Nomen: Zitronenkuchen; Nomen+Adjektiv: eisglatt; Verb+Nomen: Lesebrille. Darunter sind, besonders im Hebräischen, die Nomen+Nomen-Komposita das weitaus gebräuchlichste Muster. Im Hebräischen ist zu beachten, dass das erste Element häufig eine besondere Form oder Aussprache annimmt, da es sich im →Status constructus befindet.

Konjugation	Beugung von →Verben; wobei der →Infinitiv formal so verändert wird, dass die konjugierte (finite) Verbform Angaben zu Person, →Numerus, →Tempus, →Modus (→Indikativ, →Konjunktiv, →Imperativ) und→Aktiv/→Passiv macht: die Hunde bell-**t-e-n** = 3. Person Plural Imperfekt Indikativ Aktiv
Konjunktion	Bindewort; verbindet Wörter, Satzteile oder Sätze; es gibt gleichordnende (koordinierende) Konjunktionen, die Gleichrangiges verbinden: sie ist klein **und/oder/aber** stark, **und** sie liebt Schokolade. Dagegen verbinden unterordnende (subordinierende) Konjunktionen (Haupt)Sätze mit untergeordneten Nebensätzen: sie ist stark, **weil/obwohl/wenn** sie Schokolade isst Im Hebräischen sind einige Konjunktionen unselbstständige →Partikeln, die mit dem nachfolgenden Wort verbunden werden: *melach **we**pilpel* «Salz und Pfeffer»
Konjunktiv	Möglichkeitsform des →Verbs, die im Gegensatz zum →Indikativ das Geschehen als etwas beschreibt, das nur möglicherweise eintritt/eintrat (Konjunktiv I, Realis) oder aber unmöglich ist (Konjunktiv II, Irrealis): Chumi **könnte** doch mal gehorchen! (Es besteht die Möglichkeit: Konj. I); Wenn Chumi kein Terrier **wäre**, dann **würde** er besser gehorchen. (Er ist aber unabänderlich ein Terrier: Konj. II) Der Konjunktiv I wird im Deutschen bei der indirekten Rede verwendet, also bei der nicht wörtlichen Wiedergabe von Äußerungen: er sagt, er **habe** sich bereits am Tag zuvor abgemeldet Im Hebräischen gibt es keine speziellen Konjunktiv-Formen wie im Deutschen. Stattdessen wird eine bestimmte Konstruktion mit dem →Hilfsverb *lihjot* «sein» gewählt. Bei der indirekten Rede bleibt das Verb im Indikativ.
Konsonant	Mitlaut; bei der Erzeugung von Konsonanten wird der Luftstrom an jeweils unterschiedlichen Stellen eingeengt oder gestoppt; beim Artikulieren wird immer (mindestens) ein →Vokal mitgesprochen: die FAZ – die „**Ef**A**Zet**“
Kopula(-Verb)	Hilfsverb, das zusammen mit einem →Prädikatsnomen das Prädikat eines Satzes bildet. Verben wie z.B. „sein“, „werden“ oder „bleiben“ bilden in diesen Fällen das Verbindungsstück (Kopula)

zwischen dem Subjekt und dem nominalen, adjektivischen oder adverbialen Prädikativ, das etwas über das Subjekt aussagen soll: dieser Roman **ist** spannend / **wird** ein Bestseller / **bleibt** auf der Hitliste

---

Modalverb Verb bzw. →Hilfsverb, das die Aussage eines anderen Verbs modifiziert; dabei erscheint das Modalverb in →konjugierter Form und das modifi-zierte Verb im →Infinitiv: Ruthi **kann/darf/muss/soll/möchte** tanzen

---

Modus Aussageweisedes →Verbs; durch die entsprechende Verbform verdeutlicht der Sprecher eine Stellungnahme zum Geschehen. Im Deutschen gibt es drei Modi: Wirklichkeitsform (→Indikativ), Un-/Möglichkeitsform →Konjunktiv) und Befehlsform (→Impe-rativ). Als spezielle Verbformen kennt das Hebräische nur den Indikativ und den Imperativ.

Nomen$_{(B)}$ Namenwort/Substantiv; es benennt konkrete und abstrakte „Dinge“. Nomina werden durch →Deklination gebeugt und sind neben dem →Verb der wichtigste Bestandteil eines Satzes, wo sie als →Subjekt oder unterschiedliche →Objekte fungieren.

Manche Grammatiken zählen alle Wortarten, die dekliniert werden, zu den Nomina. In diesem Fall gilt Nomen als Oberbegriff für Substantive, →Pronomen, →Artikel, →Adjektive und →Numerale.

Nominativ grammatischer Fall (→Kasus) des →Subjekts; dieser sog. „Wer-Fall“ kennzeichnet denjenigen, der ein aktives Geschehen ausführt oder bewirkt bzw. in einem passivischen Geschehen der Betroffene ist: d**er Hund** vergräbt den Knochen / d**er Knochen** wird vergraben.

Im Hebräischen ist der Nominativ der einzige Fall, der nicht durch eine →Präposition markiert wird.

Numeral$_{(B)}$ Zahlwort; die Numeralien sind eine nicht ganz einheitliche Klasse von Wörtern, die eine Zahl oder Anzahl bezeichnen und im Deutschen überwiegend zur Wortart der →Adjektive gehören.

Neben der Unterscheidung von unbestimmten (einige/etliche/wenige) und bestimmten (drei/zwölf) Numeralien ist u.a. der Unterschied zwischen Grundzahlen (zwei/acht/dreihundert) und Ordnungszahlen (zweiter/achter/dreihundertster) wichtig.

Im Hebräischen gibt es eine maskuline und eine feminine Form für die Zahlwörter. Die Wörter für die Grundzahlen (Kardinalzahlen) von zwei bis zehn sind Nomina, daher verändern sie in Zusammensetzungen ihre Form entsprechend dem →Status constructus.

Numerus Oberbegriff für →Singular und →Plural; er verweist auf die Quantität bei →Nomen und →Verben.
Im Hebräischen gibt es zur Mengenbestimmung bei Nomina zusätzlich den →Dual.

Objekt(F) Satzteil, der als Ergänzung vom →Verb verlangt wird und denjenigen bezeichnet, auf den sich das vom Verb genannte Geschehen richtet; dabei legt das Verb auch den →Kasus seiner Objekte fest. Neben →Nomen und →Pronomen können auch Sätze als Objekt fungieren: die Mehrheit wünscht, **dass er zurücktritt** / **seinen Rücktritt**. Manche Verben verlangen auch ein Objekt mit →Präposition: man hofft **auf** den Rücktritt
In einigen Fällen verlangen auch →Adjektive eine Ergänzung: er ist sich **seiner Schuld** bewusst / sie sind stolz **auf** ihren Erfolg

---

Partikel(B) Satzteilchen verschiedener Form und Funktion, die kein eigenständiges Satzglied sein können. Je nach theoretischem Standpunkt unterschiedlich umfangreiche Klasse (im engsten Sinne zählen nur Abtönungs-, Grad- und Negationspartikeln dazu: halt/nur/wohl/sogar/nicht); im weitesten Sinne auch →Adverbien, →Konjunktionen und→Präpositionen). Gemeinsames Merkmal aller Partikeln im Deutschen ist ihre formale Unveränderlichkeit, d.h. sie werden grundsätzlich nicht gebeugt.
Im Hebräischen ist die Gruppe der Partikeln noch weiter gefasst, praktisch wird ihr alles zugeordnet, das nicht →Nomen, →Verb oder →Adjektiv ist. Im Unterschied zum Deutschen können jedoch etliche Partikeln ihre Form verändern, indem sie mit →Personalaffixen verbunden und auf diese Weise dekliniert werden: *schel* «von» -*schel**anu*** «von uns, unser». Zudem lassen sich selbstständige Partikeln von solchen unterscheiden, die nur aus einem einzigen Konsonanten bestehen und grundsätzlich eine feste Verbindung mit dem nachfolgenden Wort eingehen (OTIJOT HASCHIMUSCH).

Partizip im Deutschen „Mittelwort“ genannt, da es sowohl Eigenschaften eines →Verbs als auch eines →Nomens bzw. →Adjektivs hat. Partizipien haben ein Verb als Basis, werden aber durch bestimmte Endungen zu Adjektiven und entsprechend dekliniert.
Man unterscheidet im Deutschen und im Hebräischen zwischen
(I) Partizip Präsens (Aktiv): schlaf**end** - ein schlaf**ender** Hund
(II) Partizip Perfekt (Passiv): **ge**weck**t** - ein **ge**weck**ter** Hund
Im Deutschen werden mit dem Partizip Perfekt sowohl das →Passiv als auch die aktiven Zeitformen des →Perfekt und →Plusquamperfekt gebildet (Chumi **wird ge**weck**t**, er **hat/hatte ge**schlaf**en**).
Das Hebräische, das keine Verbkonjugation des Präsens kennt, drückt mithilfe des Partizip Präsens ein Geschehen in der Gegenwart aus. Hierfür werden die Adjektivendungen für Maskulinum und Femininum, Singular und Plural hinten an das Partizip angefügt: *hamora medaber**et** wehatalmidim jeschen**im*** «die Lehrerin ist redend(e) und die Schüler sind schlafend(e)»

Passiv Leideform des Verbs; durch sie wird das Geschehen mit Blick auf denjenigen geschildert, gegen den sich die Handlung richtet. Der Betroffene wird dadurch zum grammatischen →Subjekt: die Enten **werden gejagt** (von Chumi)
Im Deutschen bilden die Hilfsverben „werden“ und „sein“ in Verbindung mit dem →Partizip Perfekt die Passivformen.
Im Hebräischen gibt es hierfür spezielle BINJANIM.

Perfekt Zeitform (→Tempus) der vollendeten Gegenwart; sie drückt ein in der Vergangenheit abgeschlossenes Geschehen aus, das sich noch in der Gegenwart auswirkt oder im Verhältnis zu einem gegenwärtigen Ereignis als vorzeitig gilt: wenn Chumi Löcher **ge**graben **hat**, ist das Blumenbeet zerstört

---

Personal-affix$_{(B)}$ verkürzte, unselbstständige Variante der hebräischen →Personalpronomen, die einerseits bei der Konjugation von Verben eingesetzt wird, und zwar als Nachsilbe bei der Vergangenheitsbildung und als Vorsilbe bei der Futurbildung: *lamad**nu*** «wir lernten» / ***ni**lmad* «wir werden lernen».
Zum anderen dienen diese unselbstständigen Personalformen zur →Deklination von →Nomina und →Präpositionen: *'achi**nu*** / *ha'ach schela**nu*** «unser Bruder»

1

Personalpronomen(B) persönliches Fürwort; es ist deklinierbar nach →Numerus (ich/wir), →Genus (er/sie) und →Kasus (ihm/ihn).
Im Hebräischen wird auch bei der 2. Person Singular und Plural nach →Maskulinum und →Femininum differenziert.
In verkürzter Form fungieren die hebräischen Personalpronomen als →Personalaffixe.

Plural Mehrzahl; Teilbereich des →Numerus, wenn bei →Nomina und der →Konjugation von Verben die Anzahl eins überschritten ist (siehe aber auch →Dual).

Plusquamperfekt Zeitform (→Tempus) der vollendeten Vergangenheit; mit ihr wird ein Geschehen der Vergangenheit beschrieben, das im Verhältnis zu einem anderen Geschehen der Vergangenheit noch weiter zurückliegt: nachdem Chumi Löcher **ge**graben **hatte**, war das Blumenbeet zerstört

Possessivpronomen besitzanzeigendes Fürwort: **unser** Hund, **sein** Knochen.
Im Hebräischen gibt es kein eigenständiges Possessivpronomen, vielmehr wird ein →Personalaffix mit dem Substantiv oder mit der Präposition *schel* verknüpft:
*kalbe**nu*** «unser Hund», *ha'ezem schel**o*** «sein Knochen»

Prädikat(F) Satzaussage; →konjugiertes →Verb als zentraler Satzteil, der die Funktion hat, etwas über das →Subjekt auszusagen (was „macht" das Subjekt?): Chumi **schläft.** Es bestimmt die wesentliche Bedeutung und das strukturelle Grundmuster eines Satzes, indem es Anzahl und Art der Objekte festlegt. Zusammen mit dem →Subjekt bildet es die Basisform eines Aussagesatzes: Chumi **rennt** (wieder) (mit Noam) (durch den Park)

Prädikatsnomen auch Prädikativ genannt, ist der nominale, adjektivische oder adverbiale Teil des →Prädikats in Sätzen, die mit einem →Kopula-Verb wie „sein" gebildet sind: Supermann ist ein **Held** / ist **berühmt** / ist **hier**

Präfix(B) Vorsilbe; Untergruppe der →Affixe; es hat eine eigene Bedeutung, kann aber nur in Verknüpfung mit einem nachfolgenden Wort auftreten.

1

Präposition(B)	Verhältniswort; es setzt Elemente in räumliche, zeitliche oder ursächliche Beziehung zueinander: der Hund **auf** dem Sofa, **während** der Nacht, **wegen** Noams Abwesenheit
Präsens	Zeitform (→Tempus), die hauptsächlich gegenwärtiges Geschehen ausdrückt (er schläft jetzt), aber auch Zukünftiges (morgen schläft er zu Hause) und generelle Sachverhalte beschreibt (Hunde, die bellen, beißen nicht). Das Hebräische bildet die Präsensformen mithilfe des →Partizips Präsens.
Präteritum	Zeitform (→Tempus), andere Bezeichnung für →Imperfekt
Pronomen(B)	Fürwort; es ersetzt das →Nomen, auf das es sich bezieht, oder bestimmt es näher: **dieser** Hund heißt Chumi, **er** ruht **sich** von **seinem** Spaziergang aus. Man unterscheidet →Demonstrativ-, →Interrogativ-, →Personal-, →Possessiv-, →Reflexiv- und →Relativpronomen.
Reflexivpronomen(B)	rückbezügliches Fürwort; dieses Pronomen wird als Objekt eingesetzt, wenn Subjekt und Objekt identisch sind: Chumi kratzt **sich**, du wäschst **dich**. Im Hebräischen werden reflexive Ereignisse hauptsächlich durch die Verbbildungsmuster (BINJANIM) HITPA'EL und NIF'AL ausgedrückt. Als Reflexivpronomen kann aber auch (zusätzlich) eine Verbindung aus dem Nomen *'ezem* und einem →Personalaffix dienen: *'azmi* «ich selbst» / *'et 'azmi* «mich selbst»
Relativpronomen (B)	Fürwort, das einen Nebensatz (Relativsatz) einleitet, der ein Nomen näher beschreibt; auf dieses Nomen bezieht sich das Relativpronomen und stimmt deshalb mit ihm in →Genus und →Numerus überein, den →Kasus dagegen erhält es durch das →Prädikat des Relativsatzes: der Hund, **der** Chumi heißt / **den** jeder kennt; Freunde, **denen** man vertrauen kann. Statt „der/die/das" können auch „welcher/welche/welches" verwendet werden. Im Hebräischen können *sche-*, *'ascher* und (in eingeschränkten Fällen) *ha-* einen Relativsatz einleiten. Anders als die deutschen Relativpronomen richten sie sich nicht nach →Genus und →Numerus des Bezugswortes: *hakelew* ***sche-/ascher/ha-*** *raz lapark* «der Hund, der in den Park läuft», *hajeladot* ***sche-/ascher/***

ha- *razot lapark* «die Mädchen, die in den Park laufen»
Wenn jedoch die Relativpartikel nicht das Subjekt, sondern ein Objekt im Relativsatzes ist, dann muss zusätzlich ein entsprechend dekliniertes →Personalpronomen oder →Personalaffix eingefügt werden, das sich – wie im Deutschen – in Genus und Numerus nach dem Bezugswort richtet: *hakelew* ***sche'oto*** *mazanu barechow* «der Hund, den wir auf der Straße gefunden haben»

Status absolutus — Grundform eines hebräischen →Nomens; die übliche Form, in der ein Nomen selbstständig im Satz auftritt. In dieser Form wird es auch im Lexikon aufgeführt.
Im Unterschied zum →Status constructus

Status constructus — besondere Form, die hebräische →Nomina annehmen, wenn sie an erster Stelle eines →Kompositums (ssmichut) stehen; je nach →Genus und →Numerus kann es wortintern zu Veränderung oder Wegfall von Vokalen kommen sowie am Wortende zu Hinzufügung oder Auslassung von Konsonanten.
Ist ein Nomen aus mehr als zwei Elementen zusammengesetzt, nehmen alle, die nicht an letzter Stelle stehen, die Form des Status constructus an, nur das letzte Nomen erscheint im →Status absolutus: *mit**at** **bei**t cholim* «Kranken-haus-bett»
Der Status constructus kommt nur innerhalb von komplexen Wort-verknüpfungen („Konstruktionen“) vor; steht ein Nomen isoliert, nimmt es niemals diese Form an.

Subjekt(F) — Satzgegenstand; neben dem →Prädikat das wichtigste Satzglied, denn es benennt denjenigen, der das vom Verb beschriebene Geschehen aktiv ausführt bzw. in einem Passivsatz erleidet: **der Hund** jagt den Hasen / **der Hase** wird gejagt. Meistens treten Nomina und Pronomen in der Satzfunktion des Subjekts auf, sie stehen grundsätzlich im →Nominativ. Aber auch Nebensätze können als Subjekt fungieren: **dass Chumi Löcher buddelt**, macht den Nachbarn wütend

---

Substantiv(B) — Namenwort/→Nomen

Suffix(B) — Nachsilbe; Untergruppe der →Affixe; es hat eine eigene Bedeutung, kann aber nur in Verknüpfung mit einem vorausgehenden Wort auftreten.

Superlativ	höchste Stufe bei der Steigerung von →Adjektiven und →Adverbien: der schnell**ste** Hund, Chumi rennt **am** schnell**sten**. Anders als das Deutsche hat das Hebräische keine speziellen Super-lativ-Endungen für die Adjektive. Stattdessen gibt es verschiedene Möglichkeiten der Umschreibung mit dem bestimmten Artikel *ha-*, der Präposition *be-* und den Adverbien *joter* oder *hachi*: *haEverest hu hahar hagawoha* ***bejoter / hachi*** *gawoha* «der Mount Everest ist der höchste Berg»
Tempus	Zeitform des Verbs; sie kennzeichnet, ob sich das vom Verb benannte Geschehen gleich-, vor- oder nachzeitig (zum Äußerungszeitpunkt) ereignet.
transitiv	transitive Verben verlangen ein →Akkusativ-Objekt; sie lassen grund-sätzlich ein Hinüberwechseln, also einen „Transit" aus einer aktiven in eine →passive Konstruktion zu. Dabei wird das Akkusativ-Objekt des aktiven Satzes zum →Subjekt des passiven.
unbestimmt	nicht →determiniert; Eigenschaft einer Teilgruppe der →Artikel und der →Numerale (Zahlwörter)
Verb(B)	Tätigkeitswort/Zeitwort; es beschreibt Tätigkeiten, Vorgänge oder Zustände und verankert sie durch die →Tempusmarkierung in der Gegenwart, Vergangenheit oder Zukunft. Innerhalb eines Satzes bildet es als →Prädikat den Bedeutungskern. Neben den allgemeinen sog. Vollverben gibt es →Hilfsverben und →Modalverben. Eine wichtige Unterscheidung ist die zwischen →transitiven und →intransitiven Verben. Im Hebräischen spielen außerdem die unterschiedlichen inhaltlichen Aspekte eine besondere Rolle. Denn abhängig davon, ob eine einfache, verstärkende, reflexive oder verursachende Handlung oder ein statischer Zustand beschrieben wird, kommt ein anderes Verbbildungsschema (BINJAN) zum Einsatz. Auch die Unterscheidung zwischen schwachen und starken Verben ist im Hebräischen wichtig: Schwache Verben sind solche, die entweder nur zwei statt der üblichen drei →Wurzelkonsonanten haben oder im Zuge der →Konjunktion einen der drei Wurzelkonsonanten verlieren. Im Wörterbuch sind Verben häufig nicht im Infinitiv, sondern in der 3. Person Maskulinum Imperfekt verzeichnet.

Verbal-substantiv	→Nomen, das auf bestimmte Weise von einem →Verb abgeleitet ist, im Deutschen wird einfach der →Infinitiv ohne zusätzliche Formen in ein (meist abstraktes) Nomen verwandelt: das Lesen/Laufen/Surfen macht ihm Spaß Im Hebräischen gibt es hierfür in einigen Verbbildungsmustern (BINJANIM) besondere formale Muster: *ktiwa* «(das)Schreiben».
Vokal	Selbstlaut (a, e, i, o, u); bei der Bildung von Vokalen kann der Luftstrom ungehindert entweichen; darin unterscheiden sie sich von den →Konsonanten. Im Hebräischen gibt es keine eigenen Buchstaben für die Vokale, sie können stattdessen durch Punktierung der Konsonanten grafisch dargestellt werden.
Wurzel$_{(B)}$	Konsonantengruppe, die im Hebräischen wie in allen anderen semitischen Sprachen das Basiselement der Wörter ist. In den meisten Fällen besteht die Wurzel (SCHORESCH) aus drei Konsonanten (Wurzelkonsonanten, Radikale), die selbst nicht auszusprechen sind, aber eine feste Grundbedeutung haben. Erst in Verbindung mit einem verbalen bzw. nominalen Wortbildungsschema (BINJAN bzw. MISCHKAL) entsteht ein – artikulierbares – Verb, Nomen oder Adjektiv. Die Grundbedeutung der Wurzel bleibt in allen Fällen mehr oder weniger erhalten.
Zahl(wort)	anderer Begriff für →Numeral
Zischlaute	Gruppe von Lauten, zu der im Hebräischen die Konsonanten ז (s), שׂ, ס (ß), שׁ (sch) und צ (z) gehören. In Kombination mit anderen Konsonanten können sie Aussprache-schwierigkeiten bewirken und dazu führen, dass der andere Konsonant mit ihnen die Position tauscht oder durch einen weiteren Konsonanten ersetzt wird.

1

1.3 Einige Anmerkungen zur Sprachgeschichte und zum Sprachaufbau

עברית „Ivrit" ist das hebräische Wort für „Hebräisch" und wird im Deutschen als Bezeichnung für das moderne Hebräisch verwendet, das heute die offizielle und alltäglich gesprochene Sprache Israels ist.

Hebräisch gehört zu den semitischen Sprachen und ist als Dialekt des Kanaanäischen entstanden. Sprachhistorisch wird es in drei Gruppen eingeteilt: Alt-, Mittel- und Neu-Hebräisch. Das **Alt-Hebräische** (ab ca. 1200 v. Chr.) wird auch als Bibel-Hebräisch bezeichnet, da es, neben einigen aramäischen Passagen, die Sprache des Alten Testaments ist. Zur Zeit des **Mittel-Hebräischen** (ab ca. dem 2. vorchristlichen Jahrhundert) hatte sich das Aramäische von der Amtssprache zur Alltagssprache entwickelt. Das hat natürlich nicht nur Einfluss auf Wortschatz und Grammatik des Hebräischen gehabt, sondern die Juden haben damals auch die – noch heute verwendete – aramäische Quadratschrift übernommen. Schon in dieser Phase hat das Hebräische neben seiner Funktion als liturgischer Sprache nur noch eine Rolle als Schriftsprache für geistig-philosophische und vor allem die religiösen, rabbinischen Texte gespielt. Das Hebräische war also schon zu Beginn unserer Zeitrechnung keine Alltagssprache mehr.

Damit war Hebräisch bis Ende des 19. Jahrhunderts eine so genannte tote Sprache, die als heilige Sprache (לשון הקודש *laschon hakodesch*) nur in sakralen Zusammenhängen verwendet wurde. Erst als um 1890 in Israel die ersten Siedlungen von der Zionistischen Bewegung gegründet wurden, erweckte man die Sprache wieder zum Leben. Menschen aus verschiedenen Ländern kamen zusammen und sprachen ihre jeweilige Muttersprache, die seit Generationen in Palästina lebenden Juden sprachen Arabisch. Einer der Neueinwanderer war Elieser Ben Yehuda, der die Meinung vertrat, nur mit einer gemeinsamen Sprache könnten die Juden in Israel ein Volk werden. Er und seine Anhänger setzten durch, dass Hebräisch in Israel zur gesprochenen Sprache wurde, die nun als **Ivrit** oder **Modernhebräisch** bezeichnet wird. Elieser Ben Yehuda hat etliche neue Wörter geprägt und das erste, viele Bände umfassende Hebräisch-Wörterbuch geschrieben; sein 1882 in Palästina geborener Sohn gilt als Erster, der nach vielen Jahrhunderten wieder mit Hebräisch als Muttersprache aufgewachsen ist.

Als Mitglied der semitischen Sprachfamilie unterscheidet sich das Hebräische deutlich von den uns vertrauten indoeuropäischen Sprachen. Das vielleicht wichtigste Merkmal ist das Prinzip der **konsonantischen Wurzel als Basis-Baustein**: Eine Einheit aus (überwiegend) drei Konsonanten, die „pur" zwar nicht ausgesprochen werden kann, aber eine gewisse Grundbedeutung repräsentiert. Erst durch die Verknüpfung mit festgelegten Vokalmustern entsteht das, was wir als „Wort“ bezeichnen und bei uns als Basiselement gilt. Es gibt eine Reihe von Mustern, die zur Bildung von Verben dienen, und andere Vokalmuster, die zusammen mit einer Wurzel Substantive oder Adjektive bilden. Verben und Substantive, die eine gemeinsame Wurzel haben, teilen häufig einen gewissen Bedeutungsaspekt. Die elementare Bedeutung der Wurzel spiegelt sich im Aufbau hebräischer Wörterbücher wider, was Lernenden gerade im Zusammenhang mit Verben häufig Schwierigkeiten bereitet: Die Zitierform ist nicht etwa der Infinitiv, sondern es sind nur die Wurzelkonsonanten, die lediglich entsprechend der simpelsten Verbform vokalisiert sind.

Eine weitere Eigenschaft des Hebräischen, die für uns, Deutschsprachige anfangs eine gewisse Hürde beim Erkennen von Wörtern darstellt, ist das komplette Verschmelzen von Wörtern und vorausgehenden „kleineren Wörtern“ und Partikeln (Artikel, Präpositionen, Konjunktionen).

Es gibt aber auch Unterschiede, die uns den Zugang erleichtern: Das Hebräische kennt kein Deklinieren von Nomen wie im Deutschen, wo je nach grammatischem Fall ganz bestimmte Endungen an ein Nomen angefügt werden müssen. Es werden nur zwei grammatische Geschlechter unterschieden: Maskulinum und Femininum (also kein Neutrum). Auch das Tempus-System ist einfacher aufgebaut, denn es gibt nur drei Zeiten: Vergangenheit, Gegenwart und Zukunft.

1.4 Die Schrift: Buchstaben, Punktierung, Aussprache

Die noch heute aktuelle hebräische Quadratschrift geht zurück auf die Buchstaben des aramäischen Alphabets, das vor gut zweitausend Jahren das alt-hebräische Alphabet nach und nach ablöste. Wie im vorausgegangenen Abschnitt erwähnt, sind Konsonanten die wesentlichen Grundbausteine hebräischer Wörter, und entsprechend besteht das hebräische Alphabet nur aus konsonantischen Buchstaben.
Es gibt **22 Konsonanten**. Fünf davon haben eine abweichende Form, wenn sie am Wortende stehen. Einige Konsonanten werden – bei gleicher Form – abweichend ausgesprochen und sind dann mit einem Punkt (דגש DAGESCH) gekennzeichnet. Geschrieben wird von rechts nach links, und zwar ohne die einzelnen Buchstaben zu verbinden. Für arabische Ziffern gilt allerdings die umgekehrte Schreibrichtung, also von links nach rechts. Es gibt keine Unterscheidung zwischen Klein- und Großbuchstaben, aber für jeden Buchstaben eine Druck- und eine Schreibschriftvariante.
Die folgende Übersicht listet die Buchstaben des hebräischen Alphabets auf und gibt dabei auch die phonetische Umschrift an, die wir in dieser Grammatik zur Bezeichnung des Lautwertes der einzelnen Buchstaben verwenden. Außerdem ist jeweils der entsprechende Zahlenwert aufgeführt, den jeder hebräische Buchstabe repräsentiert.

Buchstabe	Druckschrift	Schreib-schrift	Lautwert und Umschrift	Zahlenwert
ALEF	א	א	stumm '	1
WET, BET	בּ ב	בּ ב	w, b	2
GIMEL	ג	ג	g	3
DALET	ד	ד	d	4
HE	ה	ה	h	5
WAW	ו	ו	w	6
SAJIN	ז	ז	s (le**s**en)	7
CHET	ח	ח	ch (Ba**ch**)	8
TET	ט	ט	t	9
JOD	י	י	j	10
CHAF SSOFIT, CHAF, KAF	כּ כ ך	כּ כ ך	ch, k	20
LAMED	ל	ל	l	30
MEM SSOFIT, MEM	מ ם	מ ם	m	40
NUN SSOFIT, NUN	נ ן	נ ן	n	50
SSAMECH	ס	ס	ß	60
AJIN	ע	ע	stumm '	70
FE SSOFIT, FE, PE	פּ פ ף	פּ פ ף	f, p	80
ZADI SSOFIT, ZADI	צ ץ	צ ץ	z	90
KOF	ק	ק	k	100
RESCH	ר	ר	r	200
SSIN, SCHIN	שׁ שׂ	שׁ שׂ	ß, sch	300
TAV	ת	ת	t	400

Vokalisierung

Wie schon erwähnt, enthält das hebräische Alphabet keine Buchstaben für Vokale. Stattdessen werden Vokale durch eine spezielle Anordnung von Punkten und Strichen repräsentiert, die in eine bestimmte Position an einem Konsonanten gehören. Mit dieser Kennzeichnung (Punktierung) ist festgelegt, mit welchem nachfolgenden Vokal dieser Konsonant artikuliert werden soll.

◌ַ	PATACH	[a]
◌ָ	KAMAZ	
◌ֲ	CHATAF PATACH	
◌ֵ	ZERE	[e]
◌ֶ	SSEGOL	
◌ֱ	CHATAF SSEGOL	
◌ִ	CHIRIK KATAN	[i]
◌ִי	CHIRIK GADOL	
◌ֹ	CHOLAM CHASSER	[o]
◌וֹ	CHOLAM MALE	
◌ָ	KAMAZ KATAN	
◌ֳ	CHATAF KAMAZ	
◌ֻ	KUBUZ	[u]
◌וּ	SCHURUK	
◌ְ	SCHWA NA	ein kurzes [e]
◌ְ	SCHWA NACH	stumm

Die unterschiedlichen Zeichen, die ein einzelner Vokal haben kann, geben an, ob der Vokal lang oder kurz, offen oder geschlossen ausgesprochen werden soll. In der heutigen Aussprache spielt diese Differenzierung jedoch kaum noch eine Rolle, da die Vokale meistens halblang gesprochen werden.

Beim **SCHWA** lassen sich zwei Varianten unterscheiden:

שווא נח SCHWA NACH

Ein **ruhendes SCHWA** zeigt an, dass kein Vokal erscheinen soll. Diese unvokalische Variante tritt grundsätzlich am Wortende bzw. am Ende einer geschlossenen Silbe auf.

שווא נע SCHWA NA

Das **bewegliche SCHWA** wird als sehr kurzes, fast nur angedeutetes [e] ausgesprochen. Dies gilt ganz allgemein, wenn beispielsweise zwei verschiedene Konsonanten aufeinandertreffen, die man praktisch gar nicht artikulieren kann, ohne wenigstens ein kurzes [e] dazwischen zu schieben. Speziell trifft das zu, wenn in einer Konsonantenfolge am Wortbeginn entweder der erste Buchstabe ein ר,מ,נ,ל,י ist oder der zweite Konsonant einer der Kehllaute ה ,א, ע ist. Auch bei zwei aufeinanderfolgenden gleichen Buchstaben kennzeichnet den ersten ein SCHWA, das auf flüchtige Weise ausgesprochen wird und damit zur Bildung einer kurzen Silbe führt.
Stehen zwei Konsonanten nebeneinander, die beide ein SCHWA haben, bleibt der erste Konsonant unvokalisiert und nur das zweite SCHWA wird zu einem „leichten" Vokal, das heißt, der erste Konsonant hat ein ruhendes, der zweite ein bewegliches SCHWA.

Kehllaute (ה ,א, ע ,ח) können in der Regel nicht mit einem SCHWA punktiert werden, sie können aber ein mit einem Vokalzeichen kombiniertes SCHWA erhalten. Solch ein zusammengesetztes SCHWA, חטף CHATAF genannt, gibt es in Kombination mit den Vokalzeichen PATACH, SEGOL und KAMAZ (◌ֳ ,◌ֱ ,◌ֲ). Es sind dann besonders kurze Versionen der Vokale [a], [e] und [o]; sie kommen meistens unter Kehllauten vor.

Zwei gleichberechtigte Varianten: punktierte und unpunktierte Schreibung

Werden die eben beschriebenen Vokalzeichen in einem Text angewendet, spricht man von punktierter Schreibung. Diese Schreibweise gilt strikt für die unveränderlichen Texte der Thora, ist aber im modernen Hebräisch beschränkt auf bestimmte Bereiche wie Poesie, Wörterbücher, Lehrmaterial und Kinderbücher oder Zeitungen für Neu-Einwanderer.

Im Allgemeinen wird heute eine Schreibung verwendet, die keine Vokalzeichen benutzt, sondern eine vor mehr als tausend Jahren entwickelte alternative Schreibweise. Bei dieser Methode greift man auf klar definierte „Ersatzspieler" zurück: Die einzelnen Vokal-Punktierungen wurden eingetauscht gegen Konsonanten, die die Rolle festgelegter Vokale übernehmen und so als Lesehilfen dienen: י für [i], ו für [o/u], א für [a]. Da hier „richtige" (Konsonanten-) Buchstaben als Vokalträger fungieren, wird diese unpunktierte Schreibweise als

volle Schreibung bezeichnet. Es gibt eine Vielzahl an offiziellen Regeln, die den Austausch von Punktierungen und voller Schreibung festlegen bzw. ausschließen. Nur bei fremdsprachlichen Begriffen und Eigennamen stehen die konsonantischen Lesehilfen uneingeschränkt zur Verfügung. So wird beispielsweise bei biblischen Namen wie Moses משה *mosche* oder Salomon שלמה *schlomo* auch bei unpunktierter Schreibweise kein WAW als Lesehilfe eingesetzt, während das bei fremdsprachlichen Begriffen nicht nur möglich, sondern häufig zum Verständnis auch nötig ist: פונטיוס פילאטוס Pontius Pilatus.
Es gibt auch Texte, die für eine leichtere Lesbarkeit beide Schreibungen kombinieren. Dann werden trotz Punktierung zusätzlich die Konsonanten WAW und JOD als Vokalträger eingefügt.

Weitere diakritische Zeichen

Diakritische Zeichen markieren einen Buchstaben, wenn er anders als im Standardfall ausgesprochen werden soll. Sie können bei Konsonanten und Vokalen auftreten und kommen in vielen Sprachen vor, wie etwa die zahlreichen französischen Akzente oder die Tilde über dem n im Spanischen. Im Deutschen kennen wir diakritische Zeichen nur in Verbindung mit Vokalen: Zwei Punkte über a, o oder u zeigen uns an, dass diese Vokale als Umlaute auszusprechen sind. Das Hebräische hat drei verschiedene Differenzierungszeichen, die als ein Punkt mit jeweils spezieller Funktion an bestimmten Konsonanten platziert werden.

שׂ SSIN-Punkt

Ein Punkt links oben an dem Buchstaben ש verändert ein SCHIN in ein SSIN, das heißt, die Aussprache ändert sich von einem [sch] zu einem stimmlosen [ß] (שׂ hat damit also die gleiche Aussprache wie ס).

דגש DAGESCH

Das DAGESCH kann in fast allen Konsonanten als Punkt in der Mitte auftreten, nur die Kehllaute ע ,ח ,א ,ה sowie ר bekommen grundsätzlich kein DAGESCH. Es gibt zwei Varianten, die sich in ihren Funktionen unterscheiden: Ein sog. leichtes DAGESCH, das bei bestimmten Buchstaben eine veränderte Aussprache markiert, und ein sog. starkes DAGESCH, das auf eine (ursprüngliche) Verdopplung des Konsonanten hinweist.

דגש קל DAGESCH KAL

Das leichte DAGESCH ist auf eine Buchstabengruppe beschränkt, die man als BeGeDKeFeT bezeichnet, da sie die Konsonanten בּ, גּ, דּ, כּ, פּ und תּ umfasst. Es kennzeichnet den artikulatorischen Wechsel von „weichem" Reibelaut zu „hartem" Verschlusslaut. Im heutigen Hebräisch kann man diese veränderte Aussprache aber nur noch bei drei Buchstaben hören:
ב / בּ (WET/BET), כ / כּ (CHAF/KAF) und פ / פּ (FE/PE).

1

Dieses DAGESCH tritt ausschließlich in bestimmten Positionen auf. Am häufigsten begegnet es uns am Wortbeginn (בָּחוּר *bachur* «junger Man») sowie am Beginn einer Silbe, wenn die vorige Silbe geschlossen ist, also mit einem Konsonanten mit ruhendem SCHWA aufhört (פִּלְפֵּל *pilpel* «Paprika»).

דגש חזק DAGESCH CHASAK

Das starke DAGESCH hatte sprachgeschichtlich die Funktion, einen Doppelkonsonanten anzuzeigen, denn Doppelkonsonanten werden in der hebräischen Schrift nicht durch Wiederholung des Buchstabens wiedergegeben. Im heutigen Hebräisch hat das keine Auswirkungen auf die Aussprache. Ein - verborgener - Doppelkonsonant spielt jedoch in einigen Verbbildungsmustern eine formale Rolle.

Abgesehen von den grundsätzlich von einem DAGESCH ausgenommenen Kehllauten und ר, kann ein starkes DAGESCH in allen Konsonanten auftreten, auch im Anschluss an eine offene Silbe, also nach einem Vokal (דִּבּוּר *dibur* «Rede»). Außerdem gehört es als fester Bestandteil zum mittleren Wurzelkonsonanten bestimmter Verbbildungsmuster, die entsprechend BINJANIM DGUSCHIM genannt werden (PI'EL, PU'AL und HITPA'EL).

Ändert sich die unmittelbare Umgebung eines בּ, גּ, דּ, כּ, פּ oder תּ mit DAGESCH, kann der Konsonant sein DAGESCH verlieren und wird dann als Reibelaut artikuliert. Das ist zum Beispiel der Fall, wenn eine unselbstständige Partikel wie die Präpositionen -כ, -ל ,-ב oder die Konjunktion -ו vorangestellt wird und der entsprechende Konsonant dadurch nicht mehr am Wortbeginn steht.

כַּדּוּר	*kadur*	Ball
וְכַדּוּר	*wechadur*	und ein Ball

Das Gleiche gilt, wenn eine Vorsilbe hinzutritt, die mit dem ersten Konsonanten eine Silbe formt, sodass der Konsonant nun statt des Wortanfangs das Silbenende bildet. Da eine geschlossene Silbe entstanden ist, kann nun der folgende Konsonant, sofern er ein בּ, גּ, דּ, כּ, פּ oder תּ ist, ein DAGESCH erhalten. Das DAGESCH ist also praktisch vom ehemals ersten an den nächsten Konsonanten weitergereicht worden.

לוֹבֵשׁ	*lowesch*	anziehen, tragen
אֶלְבַּשׁ	*'elbasch*	ich werde anziehen

מפיק MAPIK

Auch das MAPIK ist ein Punkt in der Mitte eines Konsonanten, sein Einsatz ist aber auf einen einzigen Buchstaben beschränkt. Es wird nur in ein HE gesetzt und kennzeichnet, dass dieses HE nicht als Lesehilfe zu verstehen ist, also nicht die Vokale [a] oder [e] am Ende eines Wortes repräsentiert. Vielmehr markiert es ein HE in seiner eigentlichen konsonantischen Form. Das betrifft die Fälle, in denen das הּ- als grammatische Endung fungiert, nämlich als Personalsuffix der 3. Person Femininum Singular, das an Nomina oder Präpositionen angefügt wird (siehe 3.1.2).

Spezielle Buchstabengruppen

Man hat eine Reihe von Buchstaben, die die gleichen Merkmale aufweisen oder die gleiche Funktion ausüben, zu Gruppen zusammengefasst. So kann einfach der Name einer Gruppe genannt werden, ohne die dazugehörigen Buchstaben alle einzeln aufzählen zu müssen. Einige der Gruppenbezeichnungen ergeben sich schlicht aus den Anfangsbuchstaben der Gruppenmitglieder, andere Namen beziehen sich auf deren Eigenschaften. Wir beschränken uns hier auf die wichtigsten Gruppen und fassen dabei nochmal einige der vorausgegangenen Ausführungen zusammen:

Gruppenname	Buchstaben	Funktion/Eigenschaft
'AHaCH'A Kehllaute	א, ה, ח, ע ; ר	Sie können grundsätzlich kein (starkes) DAGESCH erhalten, da sie nicht verdoppelt werden können. Dadurch kommt es bei Verben, die einen Kehllaut als Wurzelkonsonanten enthalten, zu Vokaländerungen. Bei א, ה ,ע ist ein einfaches SCHWA nicht möglich; stattdessen können sie mit einem SCHWA punktiert werden, das mit einem Vokalzeichen kombiniert ist (CHATAF).
'AHOI ('EHEWI)	א, ה, ו, י	Diese Gruppe, auch EHEWI ausgesprochen, umfasst die Konsonanten, die bei der sog. vollen Schreibung jeweils einen bestimmten Vokal repräsentieren und so als Lesehilfen fungieren.

BeGeDKeFeT	ב, ג, ד, כ, פ, ת	Diese Konsonanten ändern am Wortbeginn oder am Silbenanfang, wenn eine geschlossene Silbe vorausgeht, ihre Aussprache von einem weich artikulierten Reibelaut zu einem „harten" Verschlusslaut. Sie sind dann durch ein (leichtes) DAGESCH markiert. Im modernen Hebräischen gilt diese veränderte Aussprache aber nur noch bei den drei Buchstaben: ב / בּ (WET/BET), כ / כּ (CHAF/KAF) und פ / פּ (FE/PE).
OTIJOT HASCHIMUSCH	ב-, ל-, מ-, ו-, ה-, ש-, כ-	Unselbstständige Partikeln, die aus nur einem Konsonanten bestehen, der sich mit dem Folgewort zu einer Einheit verbindet. Sie haben unterschiedliche Vokalisierungseigenschaften, wichtig sind aber vor allem ihre jeweiligen Funktionen: -מ, -ל, -ב- Präpositionen «in; zu; aus» -ו Konjunktion «und» -ה bestimmter Artikel «der,die,das» -ש Nebensatzkonjunktion «dass» -כ Vergleichspartikel «wie»

Apostroph

גרש, גרשיים GERESCH, GERSCHAJIM

Ein Apostroph kann im Hebräischen in der einfachen Ausführung wie bei uns als גרש GERESCH auftreten oder paarweise als גרשיים GERSCHAJIM, die wie unsere Anführungszeichen der lateinischen Schrift aussehen. Beide Varianten dienen hauptsächlich dazu, eine Auslassung von Buchstaben anzuzeigen. Ein einfacher Apostroph steht nach der Abkürzung eines Wortes, genau wie der Punkt am Ende einer Abkürzung im Deutschen, zum Beispiel רח' «Str.» - רחוב «Straße». Einen Doppel-Apostroph verwendet man dagegen, wenn eine Abkürzung aus (den Anfangs-)Buchstaben mehrerer Wörter gebildet wird. Ein GERSCHAJIM steht nicht nach, sondern vor dem letzten Buchstaben, zum Beispiel in der Grußformel ד"ש *dasch*, der Abkürzung von דרישת שלום *drischat schalom* «Friedengrüße». Daneben dienen Apostrophe auch zur Kennzeichnung von Buchstaben, die als Zahlen zu verstehen sind (siehe 6.4).

Eine weitere wichtige Funktion hat der einfache Apostroph bei der schriftlichen Wiedergabe fremdsprachiger Wörter, die Laute enthalten, deren Aussprache sich nicht ohne Weiteres mit den hebräischen Buchstaben wiedergeben lässt. In diesem Fall kennzeichnet ein Apostroph, dass der betreffende Buchstabe in einer bestimmten, abweichenden Weise auszusprechen ist. Dieses Zusatz-Repertoire ist auf drei Buchstaben beschränkt:

[dʒ]	ג׳ינס	Jeans
	קוטג׳	cottage
[ʒ]	ז׳אק	Jacques
	מסז׳	Massage
[tsch]	ריצ׳רד ניקסון	Richard Nixon
	צ׳ייקובסקי	Tschaikowski

Silbenbetonung

Der Hauptakzent liegt im Hebräischen meistens auf der letzten Silbe. Wörter, die auf der Endsilbe betont sind, werden mit dem Begriff **מלרע** MILRA bezeichnet. Sind Wörter auf der vorletzten Silbe betont, nennt man sie **מלעיל** MIL'EL. Die Betonung, die für die Grundform gilt, kann sich verschieben, wenn das Wort Vor- oder Nachsilben erhält, zum Beispiel eines der stets betonten Pluralsuffixe. Diese Verschiebung kann auch zur Veränderungen der Vokalisierung führen.

MILRA		
יְלָדִים	*jeladim*	Kinder
יִשְׂרָאֵל	*jißra'el*	Israel
פָּתַח	*patach*	öffnete

MIL'EL		
יֶלֶד	*jeled*	Kind
אֶרֶץ	*'erez*	Land
פֶּתַח	*petach*	Öffnung

2 Nomina

Nomina (Namenwörter, Substantive), שם עצם SCHEM 'EZEM, benennen Lebewesen oder Dinge und sind neben den Verben die wichtigsten Bauelemente eines Satzes.

2.1 Genus und Numerus

Das Hebräische unterscheidet nur zwei Genera: Maskulinum und Femininum (das Neutrum fehlt). Aber es kennt drei Numerus-Angaben: Singular, Plural und Dual. Der Dual ist eine Sonderform des Plurals und kann nur bei Bezeichnungen für Dinge, die paarweise auftreten (Ohren, Schuhe), oder für eine Zweier-Maßeinheit verwendet werden (zweihundert, zwei Tage).

Im Singular ist das Maskulinum durch keine besondere Endung gekennzeichnet, die reguläre Pluralendung ist ◌ִים- *-im*.

Maskulinum Singular			Maskulinum Plural		
דוד	*dod*	Onkel	דוֹדִים	*dodim*	Onkel
תלמיד	*talmid*	Schüler	תלמידִים	*talmidim*	Schüler
טכנאי	*technaj*	Techniker	טכנאִים	*techna'im*	Techniker
סטודנט	*ßtudent*	Student	סטודנטִים	*ßtudentim*	Studenten

Das Femininum ist im Singular häufig (aber nicht grundsätzlich) an den Endungen ◌ָה- *-a* oder ◌ִית- *-it* zu erkennen. Die reguläre Pluralendung ist ◌וֹת- *-ot* bzw. ◌ִיוֹת- *-ijot* für Nomina, die im Singular auf ◌ִית- *-it* enden.

Femininum Singular			Femininum Plural		
דודָה	*doda*	Tante	דודוֹת	*dodot*	Tanten
תלמידָה	*talmida*	Schülerin	תלמידוֹת	*talmidot*	Schülerinnen
טכנאִית	*techna'it*	Technikerin	טכנאיוֹת	*techna'ijot*	Technikerinnen
סטודנטִית	*ßtudentit*	Studentin	סטודנטיוֹת	*ßtudentijot*	Studentinnen

Der Dual hat grundsätzlich die Endung ◌ַיִם- *-ajim*, und zwar gleichermaßen für maskuline und feminine Nomina.

Singular			Dual		
כנף	*kanaf* (m.)	Flügel	כנפַיִם	*knafajim*	Flügel
יד	*jad* (f.)	Hand	ידַיִם	*jadajim*	Hände
יום	*jom* (m.)	Tag	יומַיִם	*jomajim*	2 Tage
נעל	*na´al* (f.)	Schuh	נעלַיִם	*na´alajim*	2 Schuhe

Soll ein Dual-Nomen in den Plural gesetzt werden, nimmt man das Nomen זוג *sug* «Paar», Pl. זוגות *sugot* «Paare», zu Hilfe: שלושה זוגות נעלים *schloscha sugot na'alajim* «drei Paar Schuhe».

2

2.2 Kasus

Das Hebräische kennt keine speziellen Kasus-Endungen. Das Nomen selbst bleibt unverändert, stattdessen markiert eine vorangestellte Partikel oder Präposition die Funktion, die das Nomen im Satz hat.

Kasus	Verfahren	Beispiel	
Nominativ	unmarkiert	*ßtudent* ein Student	סטודנט
Dativ	Partikel -ל *le-* direkt am Nomen	*leßtudent* einem Studenten	לסטודנט
Akkusativ	frei vorangestellter Marker את *'et* ; nur bei determiniertem Nomen	*'et haßtudent* den Studenten	את הסטודנט
Genitiv	Präposition של *schel*	*te'uda schel ßtudent* Ausweis eines Studenten	תעודה של סטודנט
	oder als סמיכות, SSMICHUT-Konstruktion (siehe 2.4)	*te'udat ßtudent* Studentenausweis	תעודת סטודנט

-ל *le-* kennzeichnet also ein Dativ-Objekt. Ist das Objekt mit dem bestimmten Artikel -ה *ha-* verknüpft, werden ל+ה *le+ha* zu לַ *la* zusammengezogen:

Ron schreibt eine Mail an Feunde.	*Ron kotew mail lechawerim.*	רון כותב מייל לְחברים.
Ron schreibt eine Mail an die Freunde.	*Ron kotew mail lachawerim.*	רון כותב מייל לַחברים.

את *'et* markiert ein Akkusativ-Objekt. Es ist aber nur nötig, wenn das Objekt ein determiniertes Nomen ist. Nomen sind dann determiniert, wenn ihnen der bestimmte Artikel -ה *ha-* vorausgeht, sie Eigennamen oder mit einem Personalsuffix verknüpft sind (siehe 2.3):

Noam sieht den Hund.	*No'am ro'e 'et hakelew.*	נועם רואה את הכלב.
Noam sieht Schlomi.	*No'am ro'e 'et schlomi.*	נועם רואה את שלומי.

Aber

No'am ro'e harbe chawerim.	נועם רואה הרבה חברים.
Noam sieht viele Freunde.	

2

Ein vom Verb verlangtes Genitiv-Objekt wie im Deutschen „sie gedenken der Opfer" gibt es im Hebräischen nicht, ein Nomen mit der Präposition של *schel* «von» ist daher immer ein Attribut, das ein anderes Nomen genauer bestimmt:

Noams Hund	*hakelew schel No'am*	הכלב של נועם

Es ist also nicht irgendein, sondern genau Noams Hund gemeint.

Damit hat die Einheit של *schel* + Nomen die gleiche Funktion wie der zweite Bestandteil einer SSMICHUT-Konstruktion (siehe. 2.4):

Studentenausweis	*te'udat ßtudent*	תעודת סטודנט

Der zweite Teil des zusammengesetzten Nomens beschreibt genauer, welche Art von Ausweis gemeint ist: ein Studentenausweis.

2.3 Determiniertheit - der bestimmte Artikel

Nomina können bestimmt (determiniert) oder unbestimmt sein. Einen unbestimmten Artikel gibt es im Hebräischen nicht. Außer bei Eigennamen oder in deklinierter Form sind Nomina ohne Artikel also immer unbestimmt:

eine Schülerin	*talmida*	תלמידה
Schülerinnen	*talmidot*	תלמידות

Nomina, die durch Verknüpfung mit einem Personalsuffix dekliniert wurden (siehe 2.5), sowie Eigennamen gelten grundsätzlich als determiniert. Ansonsten ist ein Nomen dadurch als determiniert gekennzeichnet, dass es mit dem bestimmten Artikel -ה *ha-* verbunden ist. Das -ה *ha-* kann nicht isoliert stehen, geht also eine feste Verbindung mit dem nachfolgenden Nomen ein. Der erste Buchstabe des Folgewortes erhält bis auf einige Ausnahmen ein DAGESCH CHASAK (siehe 1.4). Das

-ה bleibt stets unverändert, egal ob das Nomen Maskulinum oder Femininum, Singular oder Plural ist. Lediglich die Vokalisierung ist gering veränderlich: Der übliche Vokal ist ein [a]-Laut, der je nach folgendem Konsonanten unterschiedlich lang ausgesprochen werden kann. Nur vor den Konsonanten ח, ה und ע, sofern sie mit [a] vokalisiert und außerdem unbetont sind, wird der bestimmte Artikel mit [e] vokalisiert:

der Schüler	*hatalmid*	הַתַּלְמִיד
die Schülerinnen	*hatalmidot*	הַתַּלְמִידוֹת
die Berge	*heharim*	הֶהָרִים

Wird ein durch -ה *ha-* determiniertes Nomen zusätzlich mit einer unselbstständigen Präposition wie -ל *le-* oder -ב *be-* verbunden, werden Präposition und bestimmter Artikel zusammengezogen. Dabei geht das -ה verloren, überträgt aber seinen Vokal (in der Regel ein [a]) auf die Präposition (siehe 7.1.2):

לְ + הַ = לַ *le + ha = la*

בְּ + הַ = בַּ *be + ha = ba*

dem Schüler in der Klasse	*latalmid bakita*	לַתלמיד בַּכיתה

Einem determinierten Nomen im Akkusativ muss immer der Akkusativ-Marker את *'et* vorausgehen:

Er besucht den Freund.	*hu mewaker 'et hachawer.*	הוא מבקר את החבר.
Er besucht Ron.	*hu mewaker 'et Ron.*	הוא מבקר את רון.

Wird ein determiniertes Nomen durch ein Adjektiv-Attribut näher beschrieben, muss sich das Adjektiv nicht nur in Genus und Numerus dem Nomen anpassen, sondern auch in der Determiniertheit. Es bekommt also auch ein -ה :

die gute Schülerin	*hatalmida hatowa*	התלמידה הטובה
die guten Schülerinnen	*hatalmidot hatowot*	התלמידות הטובות

Ist ein Kompositum als Ganzes determiniert, dann erhält in der Regel das zweite (!) Nomen der SSMICHUT-Konstruktion den bestimmten Artikel (siehe 2.4):

der Studentenausweis	*te'udat haßtudent*	תעודת הסטודנט

2.4 SSMICHUT – der Status constructus bei Komposita

Zusammensetzungen aus zwei Nomina im Hebräischen unterscheiden sich von denen im Deutschen vor allem durch zwei Merkmale: Die beiden Nomina werden (bis auf wenige Ausnahmen) getrennt geschrieben und – was irritierender ist – die Reihenfolge ist genau „anders herum“.

2

Im Deutschen ist es grundsätzlich das zweite bzw. äußerste rechte Nomen, das die grammatischen Eigenschaften Genus und Numerus des Ganzen bestimmt. Deshalb wird es als **Kopf** der Zusammensetzung bezeichnet. Das erste bzw. linke Nomen hat dagegen die Aufgabe, die Bedeutung des zweiten Nomens näher zu bestimmen. Es ist ein rein inhaltlicher Modifizierer und hat keinen grammatischen Einfluss.

der Apfel (m.Sg.) + die Torte (**f.Sg.**) => die Apfeltorte (**f.Sg.**)
der Geburtstag (m.Sg.) + die Torten (**f.Pl.**) => die Geburtstagstorten (**f.Pl.**)

Das modifizierende (erste) Nomen trägt immer den Hauptakzent des Kompositums, denn die genauere Bestimmung soll ja hervorgehoben, also betont werden: Was für ein Kuchen ist das? Apfelkuchen!

All diese Eigenschaften des Kopfnomens und des modifizierenden Nomens gelten ebenso für das Hebräische. Nur die Reihenfolge der beiden Elemente ist umgekehrt: Zuerst kommt der Kopf als Oberbegriff und grammatischer „Bestimmer“, dann folgt der Modifizierer, der das erste Nomen inhaltlich genauer spezifiziert.

עוּגָה *'uga* (**f.Sg.**) Kuchen	+	תפוחים *tapuchim* (m.Pl.) Äpfel	=>	עוּגַת תפוחים *'ugat tapuchim* (**f.Sg.**) ein Apfelkuchen
עוּגָה *'uga* (**f.Sg.**) Kuchen	+	שוקולד *schokolad* (m.Sg.) Schokolade	=>	עוּגַת שוקולד *'ugat schokolad* (**f.Sg.**) ein Schokoladenkuchen
2 עוּגוֹת 2 *'ugot* (**f.Pl.**) 2 Torten	+	חתונה *chatuna* (f.Sg.) Hochzeit	=>	2 עוּגוֹת חתונה *2 'ugot chatuna* (**f.Pl.**) 2 Hochzeitstorten

Zwar werden die beiden Nomina der Zusammensetzung auseinander geschrieben, aber sie bilden eine lautliche Einheit, bei der (wie im Deutschen) das modifizierende Element den Hauptakzent trägt. Das erste Element, das Kopfnomen, verliert also die Betonung und ändert dadurch in vielen Fällen seine Aussprache oder Form. Diese besondere Form innerhalb einer Nomen+Nomen-Konstruktion wird

Status constructus genannt. Das zweite Element dagegen bleibt unverändert in der üblichen Form, dem sog. Status absolutus, wie bei frei (absolut) stehenden Nomina.

2

Status absolutus		Status constructus	SSMICHUT (Kompositum)	
		Maskulinum Singular		
עץ	*'ez* Baum	עץ *'ez*	עץ תפוחים	*'ez tapuchim* Apfelbaum
בית	*bajit* Haus	בֵּית *bejt*	בֵּית קפה	*bejt kafe* Café
חדר	*cheder* Zimmer	חֲדַר *chadar*	חֲדַר ילדים	*chadar jeladim* Kinderzimmer
		Maskulinum Plural		
בתים	*batim* Häuser	בתֵּי *batej*	בתֵּי קפה	*batej kafe* Cafés
חדרים	*chadarim* Zimmer	חדרֵי *chadrej*	חדרֵי ילדים	*chadrej jeladim* Kinderzimmer, Pl.
		Femininum Singular		
עוגה	*'uga* Kuchen	עוגַת *'ugat*	עוגַת תפוחים	*'ugat tapuchim* Apfelkuchen
משפחה	*mischpacha* Familie	משפחַת *mischpachat*	משפחַת לוי	*mischpachat Levy* die Familie Levy
		Femininum Plural		
עוגות	*'ugot* Kuchen	עוגוֹת *'ugot*	עוגוֹת תפוחים	*'ugot tapuchim* Apfelkuchen, Pl.
בנות	*banot* Töchter	בְּנוֹת *bnot*	בְּנוֹת מלך	*bnot melech* Königstöchter
		Maskulinum und Femininum Dual		
נעלים	*na'alajim* Schuhe	נעלֵי *na'alej*	נעלֵי ספורט	*na'alej ßport* Sportschuhe
כנפים	*knafajim* Flügel	כַּנְפֵי *kanfej*	כַּנְפֵי מלאך	*kanfej mal`ach* Engelsflügel

Abgesehen von den wortinternen vokalischen Veränderungen, gibt es also im Wesentlichen nur zwei abweichende Endungen am Ende eines Kopfnomens:

Femininum Singular ◌ָה- *-a* => ◌ַת- *-at*

Maskulinum Plural ◌ִים- *-im* => ◌ֵי- *-ej* (diese Endung gilt auch für den Dual).

Setzt sich ein Nomen aus mehr als zwei Elementen zusammen, dann nehmen alle, die nicht an letzter Stelle stehen, die Form des Status constructus an, nur das letzte Nomen erscheint im Status absolutus:

Kranken-haus-bett	*mitat bejt cholim*	מיטַת בֵּית חולים

Eine weitere Besonderheit ist die Verknüpfung einer SSMICHUT-Konstruktion mit dem bestimmten Artikel. Nomina im Status constructus können nicht mit dem bestimmten Artikel verbunden werden. Wenn also eine Zusammensetzung als determiniert gekennzeichnet werden soll, dann muss das -ה *ha-* vor das letzte Element gestellt werden:

das Café	*bejt hakafe*	בית הקפה
die Schokoladenkuchen	*ugot haschokolad*	עוגות השוקולד
das Krankenhausbett	*mitat bejt hacholim*	מיטת בית החולים

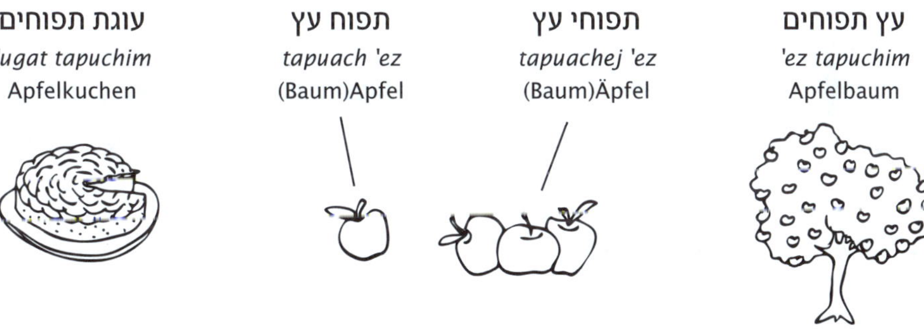

Der Status constructus
ist nicht nur bei der Bildung von Komposita wichtig,
sondern diese besondere Form ist auch die Ausgangsform
bei der Deklination von Nomina (siehe 2.5).
Daher geben Wörterbücher für jedes Nomen auch die
(unregelmäßigen) Formen des Status constructus an.

2.5 Nomina in der Deklination

Mit Deklination von Nomina bezeichnet man im Hebräischen nicht die Veränderung von Nomina, wenn sie entsprechend einem Kasus gebeugt werden, sondern wenn sie mit einem Personalsuffix verbunden werden. Die Personalsuffixe sind eine verkürzte, unselbstständige Form der Personalpronomen und drücken ein Besitzverhältnis aus, wenn sie hinter ein Nomen gefügt werden.
Durch diese feste Verbindung verliert das Nomen seine freie (absolute) Form und verändert sich daher entsprechend dem Status constructus. Das heißt, die Ausgangsbasis für die Deklination ist immer das Nomen in seiner speziellen Status-constructus-Form.

Die folgenden Beispiele dienen der Veranschaulichung des Verfahrens. Die hervorgehobenen Endungen gelten einheitlich für alle Nomina.

Maskulinum Singular			Maskulinum Plural		
סֵפֶר	*ßefer*	Buch	ספרים	*ßfarim*	Bücher
סִפְרִי	*ßifri*	mein Buch	סְפָרַי	*ßfaraj*	meine Bücher
סִפְרְךָ	*ßifrecha*	dein Buch (m.)	סְפָרֶיךָ	*ßfarecha*	deine Bücher (m.)
סִפְרֵךְ	*ßifrech*	dein Buch (f.)	סְפָרַיִךְ	*ßfarajich*	deine Bücher (f.)
סִפְרוֹ	*ßifro*	sein Buch	סְפָרָיו	*ßfaraw*	seine Bücher
סִפְרָהּ	*ßifrah*	ihr Buch	סְפָרֶיהָ	*ßfareha*	ihre Bücher
סִפְרֵנוּ	*ßifrenu*	unser Buch	סְפָרֵינוּ	*ßfarenu*	unsere Bücher
סִפְרְכֶם	*ßifrechem*	euer Buch (m.)	סִפְרֵיכֶם	*ßifrejchem*	eure Bücher (m.)
סִפְרְכֶן	*ßifrechen*	euer Buch (f.)	סִפְרֵיכֶן	*ßifrejchen*	eure Bücher (f.)
סִפְרָם	*ßifram*	ihr Buch (m.)	סִפְרֵיהֶם	*ßifrejhem*	ihre Bücher (m.)
סִפְרָן	*ßifran*	ihr Buch (f.)	סִפְרֵיהֶן	*ßifrejhen*	ihre Bücher (f.)

Femininum Singular	
יַלְדָּה *jalda*	Mädchen
יַלְדָּתִי *jaldati*	mein Mädchen
יַלְדָּתְךָ *jaldatcha*	dein Mädchen (m.)
יַלְדָּתֵךְ *jaldatech*	dein Mädchen (f.)
יַלְדָּתוֹ *jaldato*	sein Mädchen
יַלְדָּתָהּ *jaldatah*	ihr Mädchen
יַלְדָּתֵנוּ *jaldatenu*	unser Mädchen
יַלְדַּתְכֶם *jaldatchem*	euer Mädchen (m.)
יַלְדַּתְכֶן *jaldatchen*	euer Mädchen (f.)
יַלְדָּתָם *jaldatam*	ihr Mädchen (m.)
יַלְדָּתָן *jaldatan*	ihr Mädchen (f.)

Femininum Plural	
יְלָדוֹת *jeladot*	Mädchen
יַלְדוֹתַי *jaldotaj*	meine Mädchen
יַלְדוֹתֶיךָ *jaldotecha*	deine Mädchen (m.)
יַלְדוֹתַיִךְ *jaldotajich*	deine Mädchen (f.)
יַלְדוֹתָיו *jaldotaw*	seine Mädchen
יַלְדוֹתֶיהָ *jaldoteha*	ihre Mädchen
יַלְדוֹתֵינוּ *jaldotejnu*	unsere Mädchen
יַלְדוֹתֵיכֶם *jaldotejchem*	eure Mädchen (m.)
יַלְדוֹתֵיכֶן *jaldotejchen*	eure Mädchen (f.)
יַלְדוֹתֵיהֶם *jaldotejhem*	ihre Mädchen (m.)
יַלְדוֹתֵיהֶן *jaldotejhen*	ihre Mädchen (f.)

Diese Deklination mittels Personalsuffix ist eine sehr gebräuchliche Art der Besitzanzeige, besonders in der Literatur. Im Alltag verwendet man sie vor allem bei Bezeichnungen von Familienmitgliedern. Die entsprechenden Formen der einzelnen Nomina sind häufig sehr unregelmäßig und daher in den Wörterbüchern aufgeführt.

2.6 Abgeleitete Nomina – die MISCHKALIM

Ebenso wie Verben entstehen auch Nomina durch die Kombination von konsonantischer Wurzel und einem bestimmten Wortbildungsschema, das für Nomina und Adjektive MISCHKAL (Pl. MISCHKALIM) genannt wird. Die MISCHKALIM sind ein festgelegtes, unveränderliches Vokalraster, in das die Konsonanten der Wurzel eingefügt werden. Zu einigen Mustern gehört zusätzlich eine konsonantische Vor- oder Nachsilbe. Häufig fügt ein einzelnes MISCHKAL dem abgeleiteten Nomen eine typische (mehr oder weniger vorhersagbare) Bedeutung hinzu, die Grundbedeutung liefert jedoch immer die Wurzel.
Die MISCHKALIM-Namen ergeben sich aus den eingefügten Vokalen (bzw. zusätzlichen Konsonanten) und den Buchstaben KTL, die die Wurzelkonsonanten in ihrer Reihenfolge repräsentieren (K=1. T=2. L=3.).

2

מַקְטֵל *maKTeL*

Mit dem Muster מַ□ְ□ֵ□ werden beispielsweise überwiegend Nomina gebildet, die ein Instrument bezeichnen (ein wenig vergleichbar mit dem deutschen Suffix „-er", das sich mit Verben verbindet und Instrument-Nomina erzeugt: Öffner, Rasierer, Rasenmäher).

maKTeL מַקְטֵל		
Wurzel	מַ□ְ□ֵ□	Werkzeuge
ב.ר.ג	מַבְרֵג *mawreg*	Schraubenzieher
ח.ש.ב	מַחְשֵׁב *machschew*	Rechner
ז.ר.ק	מַזְרֵק *masrek*	Spritze

מִקְטָלָה *miKTaLa*

Das MISCHKAL מִ□ְ□ָ□ָה dient zur Ableitung von Nomina, die oftmals einen Ort bezeichnen:

miKTaLa מִקְטָלָה		
Wurzel	מִ□ְ□ָ□ָה	Ortsbezeichnung
ס.ע.ד	מִסְעָדָה *miß'ada*	Restaurant
ש.ט.ר	מִשְׁטָרָה *mischtara*	Polizei
ז.ר.ק	מִזְרָקָה *misraka*	Springbrunnen

קַטֶּלֶת *KaTeLet*

Über das Muster □ַ□ֶּ□ֶת sind in aller Regel Nomina abgeleitet, die eine Erkrankung benennen:

KaTeLet קַטֶּלֶת		
Wurzel	□ַ□ֶּ□ֶת	Erkrankung
א.ד.ם	אַדֶּמֶת *'ademet*	Röteln
ד.ל.ק	דַּלֶּקֶת *daleket*	Entzündung
כ.ל.ב	כַּלֶּבֶת *kalewet*	Tollwut

Auf der einen Seite erlauben es also die einzelnen Ableitungsmuster der MISCHKALIM, ein Wort einem bestimmten generellen Bedeutungsfeld zuzuordnen (Werkzeuge, Örtlichkeiten usw.). Auf der anderen Seite kann man häufig über die Grundbedeutung der Wurzel, die mit dem Muster verknüpft wurde, ebenso Rückschlüsse auf die spezielle Bedeutung des einzelnen Nomens ziehen (z.B. ein Werkzeug, das rechnet).

Dies wird deutlich, wenn man eine Wurzel mit verschiedenen MISCHKALIM verknüpft:

Wurzel	□□□ *KeTeL*	◌ַ◌ְ◌ָן *KaTLan* Eigenschaft, Beruf	מִ◌ְ◌ָ◌ *MiKTaL*	*KiTLija* Ort
ס.ד.ר	סדר *ßeder* Ordnung	סדרן *ßadran* Ordner, Platzanweiser	מסדר *mißdar* Appell	
ס.פ.ר	ספר *ßefer* Buch	סַפְרָן *ßafran* Bibliothekar	מספר *mißpar* Zahl, Nummer	ספרייה *ßifrija* Bibliothek

> Die Grundbedeutung der Wurzel bleibt also auch bei nominalen Ableitungen häufig erhalten und kann dadurch eine große Hilfe beim Verständnis unbekannter Wörter sein.

שם הפעולה SCHEM HAPE'ULA Verbalsubstantiv

Eine besondere Form der Nominalisierung sind Verbalsubstantive, die in den aktiven BINJANIM und im NIF'AL mittels BINJAN-spezifischer Muster gebildet werden können. Damit lässt sich dann der vom Verb beschriebene Vorgang durch ein abstraktes Nomen ausdrücken.

BINJAN	Ableitungsmuster +	Wurzel →	Verbalsubstantiv
PA'AL	◌ְ◌ִי◌ָה	כ.ת.ב	כתיבה *ktiwa* (das) Schreiben
PI'EL	◌ִ◌וּ◌	ב.ש.ל	בישול *bischul* (das) Kochen
HIF'IL	הַ◌ְ◌ָ◌ה	ז.מ.נ	הזמנה *hasmana* (die) Einladung
HITPA'EL	הת□□□ות	ר.ג.ש	התרגשות *hitragschut* (die) Aufregung
NIF'AL	ה□□□ות	ד.ב.ר	הדברות *hidabrut* (die) Verständigung

3 Pronomen

Pronomen (Fürwörter) כנוי KINUJ umfassen eine Gruppe verschiedener nominaler Wörter, die stellvertretend für ein anderes Nomen (eine Nominalgruppe oder auch einen ganzen Satz) stehen, auf das sie verweisen. Je nachdem, zu welcher Untergruppe sie gehören, können sie u.a. die Funktion haben, ihr Bezugswort zu ersetzen oder näher zu bestimmen.

3.1 Personalpronomen

Personalpronomen (persönliche Fürwörter, כנוי גוף KINUJ GUF) kommen im Hebräischen in zwei Varianten vor. Sie sind inhaltlich gleich, unterscheiden sich aber formal. Die selbstständigen Personalpronomen treten als eigenständiges Wort im Satz auf und können allein als Subjekt fungieren. Zu ihnen gibt es jeweils stark verkürzte Varianten, die nicht isoliert auftreten können. Diese sog. Personalaffixe werden als Vor- oder Nachsilbe mit Verben, Nomina oder Präpositionen verbunden und so zur Zeitenbildung oder Deklination eingesetzt.

3.1.1 Selbstständige Personalpronomen

Personalpronomen greifen üblicherweise etwas auf, das bereits (im Text) eingeführt worden ist oder aus der Situation deutlich wird.

זה ליאור. הוא יושב על יד ליאורה. היא תלמידה חדשה בכיתה.

se Li'or. hu joschew 'al jad Li'ora. hi talmida chadascha bakita.

Das ist Lior. Er sitzt neben Liora. Sie ist eine neue Schülerin in der Klasse.

Gelegentlich geht ein Pronomen jedoch der nominalen Einheit voraus, auf die es sich bezieht. Dann wird erst am Ende des Satzgefüges deutlich, worauf das Pronomen verweist.

לבסוף אחרי שהיא ישבה ולמדה כל הלילה, הצליחה ליאורה בבחינה.

lewaßof 'acharej schehi jaschwa welamda kol halajla, hizlicha Li'ora babchina.

Am Ende, nachdem sie die ganze Nacht gesessen und gelernt hatte, hat Liora die Prüfung bestanden.

Wie auch Nomina sind Pronomen durch Genus (im Hebräischen nur Maskulinum und Femininum) und Numerus (Singular und Plural) gekennzeichnet und treten in einem bestimmten Kasus auf. Im Hinblick auf Genus und Numerus richten sie sich strikt nach ihrem Bezugswort; nur der Kasus, in dem sie im Satz erscheinen, wird vom „regierenden“ Verb bestimmt.
Man zählt die Personalpronomen in einer festgelegten Reihenfolge auf: erste bis dritte Person (P.) im Singular (Sg.), dann entsprechend im Plural (Pl.) Für die deut-

schen Personalpronomen ergibt sich damit die folgende Liste:

1. P. Sg.		ich	der/die Sprechende
2. P. Sg.		du	der/die Angesprochene
3. P. Sg.	Mask. Fem. Neutr.	er sie es	der/die/das Besprochene (außerhalb der Gesprächssituation)
1. P. Pl.		wir	die Sprechenden
2. P. Pl.		ihr	die Angesprochenen
3. P. Pl.		sie	die, über die man spricht (außerhalb der Gesprächssituation)

Dieses Muster weicht für das Hebräische ein wenig ab.
Am auffälligsten ist, dass auch bei der 2. Person Singular und Plural zwischen Maskulinum und Femininum unterschieden wird. Bei der Anrede mit „du“ oder „ihr“ muss ein europäischer Sprecher also ungewohnter Weise beachten, ob sein Gegenüber männlich oder weiblich ist. Aber bei der ersten Person Singular und Plural gibt es jeweils nur ein gemeinsames Wort für beide Genera. Da das Hebräische kein Neutrum kennt, entfällt das Pronomen für die 3. Person Singular Neutrum („es“). Dadurch ergibt sich die folgende Liste:

1. P. Sg.	Mask.+ Fem.	אני	*'ani*	ich
2. P. Sg.	Mask.	אתה	*'ata*	du
	Fem.	את	*'at*	du
3. P. Sg.	Mask.	הוא	*hu*	er
	Fem.	היא	*hi*	sie
1. P. Pl.	Mask.+ Fem.	אנחנו	*'anachnu*	wir
2. P. Pl.	Mask.	אתם	*'atem*	ihr
	Fem.	אתן	*'aten*	ihr
3. P. Pl.	Mask.	הם	*hem*	sie
	Fem.	הן	*hen*	sie

Bei der persönlichen Anrede gibt es keine besondere Höflichkeitsform wie das „Sie" im Deutschen. Im Hebräischen verwendet man die Formen der 2. Person, also die männlichen und weiblichen Ausdrücke für „du" und „ihr". Wird eine gemischtgeschlechtliche Gruppe angesprochen oder besprochen, wählt man die maskuline Form.

Im Hebräischen sind nur die Personalpronomen der 1. Person (im Singular wie im Plural) für Maskulinum und Femininum gleich. Bei allen anderen Personen wird zwischen einer männlichen und einer weiblichen Form unterschieden.

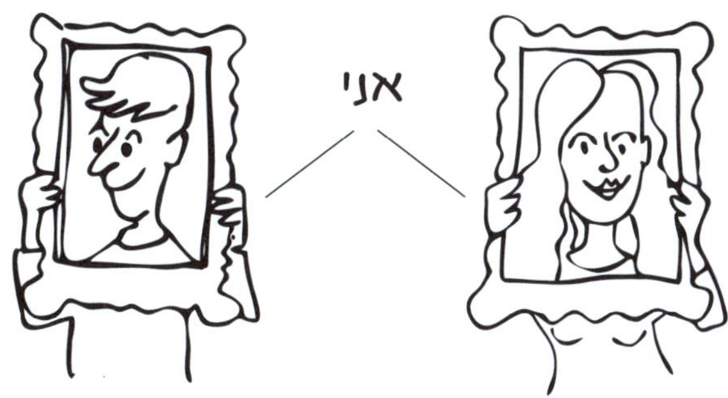

3

3.1.2 Unselbstständige Personalpronomen: Personalaffixe

Aus den selbstständigen Personalpronomen haben sich stark verkürzte Varianten entwickelt, die nur in Verknüpfung mit einem anderen Element auftreten können und daher als unselbstständige oder gebundene Formen bezeichnet werden. In unterschiedlichen Funktionen können sie als Suffix Nomina, Präpositionen und Verben nachgestellt werden, als Präfix werden sie nur Verben vorangestellt. Die Verknüpfung eines Personalsuffixes mit einem nominalen Element oder einer Präposition bezeichnet man im Hebräischen als Deklination, bei Verben dienen die Personalaffixe zur Zeitenbildung und Konjugation.

Nomina mit Personalsuffix

Schließt sich die unselbstständige Form eines Personalpronomens an ein Nomen an, so wird damit ein Besitzverhältnis zum Ausdruck gebracht. Die Suffixe, die an ein Nomen im Singular angefügt werden, unterscheiden sich geringfügig von denen, die sich mit Plural-Nomina verbinden. Ob das Nomen maskulin oder feminin ist, wirkt sich dagegen nicht auf das eigentliche Suffix aus. Da aber ein Nomen mit dem Suffix eine feste Konstruktionseinheit bildet, erscheint das Nomen im Status constructus. Daher ändert das Nomen je nach Genus ggf. seine Form (siehe 2.4

und 2.5), das Suffix selbst (als Teil der Endung) bleibt jedoch gleich.

Maskulinum Singular		
סֵפֶר	*ßefer*	Buch
סִפְרִי	*ßifri*	mein Buch
סִפְרְךָ	*ßifrecha*	dein (m.) Buch
סִפְרֵךְ	*ßifrech*	dein (f.) Buch
סִפְרוֹ	*ßifro*	sein Buch
סִפְרָהּ	*ßifra*	ihr Buch
סִפְרֵנוּ	*ßifrenu*	unser Buch
סִפְרְכֶם	*ßifrechem*	euer (m.) Buch
סִפְרְכֶן	*ßifrechen*	euer (f.) Buch
סִפְרָם	*ßifram*	ihr (m.) Buch
סִפְרָן	*ßifran*	ihr (f.) Buch
Femininum Singular		
יַלְדָּה	*jalda*	Mädchen
יַלְדָּתִי	*jaldati*	mein Mädchen
יַלְדָּתְךָ	*jaldatcha*	dein (m.) Mädchen
יַלְדָּתֵךְ	*jaldatech*	dein (f.) Mädchen
יַלְדָּתוֹ	*jaldato*	sein Mädchen
יַלְדָּתָהּ	*jaldata*	ihr Mädchen
יַלְדָּתֵנוּ	*jaldatenu*	unser Mädchen
יַלְדָּתְכֶם	*jaldatchem*	euer (m.) Mädchen
יַלְדָּתְכֶן	*jaldatchen*	euer (f.) Mädchen
יַלְדָּתָם	*jaldatam*	ihr (m.) Mädchen
יַלְדָּתָן	*jaldatan*	ihr (f.) Mädchen

Maskulinum Plural		
ספרים	*ßfarim*	Bücher
סְפָרַי	*ßfaraj*	meine Bücher
סְפָרֶיךָ	*ßfarecha*	deine (m.) Bücher
סְפָרַיִךְ	*ßfarajich*	deine (f.) Bücher
סְפָרָיו	*ßfaraw*	seine Bücher
סְפָרֶיהָ	*ßfareha*	ihre Bücher
סְפָרֵינוּ	*ßfarenu*	unsere Bücher
סִפְרֵיכֶם	*ßifrejchem*	eure (m.) Bücher
סִפְרֵיכֶן	*ßifrejchen*	eure (f.) Bücher
סִפְרֵיהֶם	*ßifrejhem*	ihre (m.) Bücher
סִפְרֵיהֶן	*ßifrejhen*	ihre (f.) Bücher
Femininum Plural		
יְלָדוֹת	*jeladot*	Mädchen
יַלְדוֹתַי	*jaldotaj*	meine Mädchen
יַלְדוֹתֶיךָ	*jaldotecha*	deine (m.) Mädchen
יַלְדוֹתַיִךְ	*jaldotajich*	deine (f.) Mädchen
יַלְדוֹתָיו	*jaldotaw*	seine Mädchen
יַלְדוֹתֶיהָ	*jaldoteha*	ihre Mädchen
יַלְדוֹתֵינוּ	*jaldotejnu*	unsere Mädchen
יַלְדוֹתֵיכֶם	*jaldotejchem*	eure (m.) Mädchen
יַלְדוֹתֵיכֶן	*jaldotejchen*	eure (f.) Mädchen
יַלְדוֹתֵיהֶם	*jaldotejhem*	ihre (m.) Mädchen
יַלְדוֹתֵיהֶן	*jaldotejhen*	ihre (f.) Mädchen

Präpositionen mit Personalsuffix

Auch Präpositionen werden sehr häufig am Ende mit einem Personalsuffix verknüpft, also (im hebräischen Sinn) dekliniert. Es sind die gleichen Endungen wie bei den Nomina. In den meisten Fällen werden die Formen angefügt, die für die Singular-Nomina bestimmt sind. Andere Präpositionen dagegen werden wie ein Nomen im Plural dekliniert, in Ausnahmefällen gibt es auch eine gemischte Deklination (siehe 7.1.1).

אֵצֶל *'ezel* bei					
אֶצְלִי	*'ezli*	bei mir	אֶצְלֵנוּ	*'ezlenu*	bei uns
אֶצְלְךָ	*'ezlecha*	bei dir (m.)	אֶצְלְכֶם	*'ezlechem*	bei euch (m.)
אֶצְלֵךְ	*'ezlech*	bei dir (f.)	אֶצְלְכֶן	*'ezlechen*	bei euch (f.)
אֶצְלוֹ	*'ezlo*	bei ihm	אֶצְלָם	*'ezlam*	bei ihnen (m.)
אֶצְלָהּ	*'ezla*	bei ihr	אֶצְלָן	*'ezlan*	bei ihnen (f.)

Auch unselbstständige Präpositionen (OTIOT HASCHIMUSCH) sind auf diese Weise zu deklinieren. In diesen Fällen formen sich also zwei unselbstständige Elemente zu einer selbstständigen Einheit (siehe 7.1.2)

-בְּ *be-* in					
בִּי	*bi*	in mir	בָּנוּ	*banu*	in uns
בְּךָ	*becha*	in dir (m.)	בָּכֶם	*bachem*	in euch (m.)
בָּךְ	*bach*	in dir (f.)	בָּכֶן	*bachen*	in euch (f.)
בּוֹ	*bo*	in ihm	בָּהֶם	*bahem*	in ihnen (m.)
בָּהּ	*ba*	in ihr	בָּהֶן	*bahen*	in ihnen (f.)

Verben mit Personalsuffix: das Imperfekt

Um die Vergangenheitsform der Verben zu bilden, werden Kurzformen der Personalpronomen als Personalendungen an den Verbstamm gefügt. Nur die 3. Person Singular Maskulinum bleibt endungslos.

לכתוב (כ.ת.ב) *lichtow* schreiben					
כתבתִּי	*katawti*	ich schrieb	כתבנוּ	*katawnu*	wir schrieben
כתבתָּ	*katawta*	du schriebst (m.)	כתבתֶּם	*ktawtem*	ihr schriebt (m.)
כתבתְּ	*katawt*	du schriebst (f.)	כתבתֶּן	*ktawten*	ihr schriebt (f.)
כתב	*kataw*	er schrieb	כתבוּ	*katwu*	sie schrieben (m.+f.)
כתבָה	*katwa*	sie schrieb			

In der 1. und 2. Person Singular und Plural fungieren die Personalsuffixe als Subjekt. Das entsprechende selbstständige Personalpronomen wird allgemein nur zur Betonung zusätzlich erwähnt.

אני עבדתי קשה ואתה ישנת כל היום!
'ani awadeti kasche we'ata jaschanta kol hajom!
Ich habe schwer gearbeitet, und du hast den ganzen Tag geschlafen!

Das gilt nicht für die dritten Personen; hier müssen im Singular wie im Plural grundsätzlich die selbstständigen Personalpronomen (oder ein anderes Nomen) als Subjekt genannt werden.

למדתי עברית בירושלים. הם למדו בהמבורג.
lamadeti Ivrit bijruschalajim. hem lamdu beHamburg.
Ich habe Hebräisch in Jerusalem gelernt. Sie haben es in Hamburg gelernt.

Verben mit Personalpräfix: das Futur

Auch zur Bildung des Futurs werden verkürzte Formen der Personalpronomen verwendet. In diesem Fall stehen sie als Präfix vor dem Futurstamm eines Verbs (siehe 8.3.4). Die Ähnlichkeit mit den ursprünglichen freien Pronomen ist bei den Präfixen jedoch weniger deutlich bzw. bei den dritten Personen gar nicht mehr zu erkennen.

לכתוב (כ.ת.ב) *lichtow* schreiben		
אֶכתוב *'echtow* ich werde schreiben	נִכתוב *nichtow*	wir werden schreiben
תִּכתוב *tichtow* du wirst schreiben (m.)	תִּכתבו *tichtewu*	ihr werdet schreiben (m.+f.)
תִּכתבי *tichtewi* du wirst schreiben (f.)		
יִכתוב *jichtow* er wird schreiben	יִכתבו *jichtewu*	sie werden schreiben (m.+f.)
תִּכתוב *tichtow* sie wird schreiben		

Es gibt für die 2. und 3. Person Plural auch die feminine Form תכתובנה *tichtowna*; diese ältere Form wird heute aber nur noch selten benutzt.

Wie die Tabelle zeigt, gibt es in einigen Fällen als Ergänzung zu den Vorsilben, die die Person festlegen, zusätzlich eine Nachsilbe, weil an diesen Stellen durch das Präfix allein keine eindeutige Unterscheidung zwischen Maskulinum und Femininum oder Singular und Plural möglich ist.

Die selbstständigen Personalpronomen müssen – wie beim Imperfekt – grundsätzlich nur bei allen Formen der 3. Person genannt werden.

3.2 Demonstrativpronomen

Demonstrativpronomen (hinweisende Fürwörter), כנוי רומז KINUJ ROMES, „zeigen“ auf etwas, das sich im räumlichen oder zeitlichen Umfeld bzw. sprachlichen Kontext befindet. In vielen Sprachen kann man dabei zwischen Bezugsobjekten differenzieren, die in der Nähe liegen („dieser/diese/dieses“), und solchen, die räumlich, zeitlich oder sprachlich weiter entfernt sind („jener/jene/jenes“). Umgangssprachlich bleibt diese Unterscheidung jedoch im Hebräischen wie im Deutschen meist unbeachtet, sodass heute üblicherweise generell die Formen gewählt werden, die eigentlich auf in der Nähe Liegendes hinweisen.

3

Die hinweisenden Fürwörter werden wie Adjektive verwendet: Sie können als Attribut zu ihrem Bezugswort fungieren oder prädikativ eingesetzt werden (siehe 4.1-4.3).

Prädikativer Gebrauch

Singular	Mask.	זה	*se*	dies/das (ist)
	Fem.	זאת	*sot*	dies/das (ist)
Plural	Mask. + Fem.	אלה	*'ele*	dies/das (sind)

Wird ein Demonstrativpronomen prädikativ eingesetzt, steht es vor dem Bezugsnomen. Es richtet sich in Genus und Numerus nach seinem Bezugswort, aber es bleibt grundsätzlich ohne den bestimmten Artikel -ה *ha-*, auch wenn das Bezugswort determiniert ist.

Das ist ein Buch.	*se ßefer.*	זה ספר.
Das ist dein Problem!	*sot habe'aja schelach!*	זאת הבעיה שלך!
'ele hachawerim hachadaschim schel Dudu. Dies sind die neuen Freunde von Dudu.		אלה החברים החדשים של דודו.

Attributiver Gebrauch

Es sind die gleichen Formen wie beim prädikativen Gebrauch. Die selten benutzten Formen für „jener“ werden nur attributiv eingesetzt.

Singular	Mask.	זה	*se*	dieser
	Fem.	זאת	*sot*	diese
Plural	Mask. + Fem.	אלה	*'ele*	diese

Singular	Mask.	ההוא *hahu*	jener
	Fem.	ההיא *hahi*	jene
Plural	Mask. + Fem.	ההם *hahem*	jene
		ההן *hahen*	jene

3

In attributiver Funktion werden sie auch als demonstratives Adjektiv oder als Demonstrativbegleiter bezeichnet. Wie Adjektive in attributiver Funktion stehen sie hinter ihrem Bezugswort und stimmen mit ihm in Genus, Numerus und Determiniertheit überein, d.h. sie müssen ein -ה *ha-* erhalten, wenn das Bezugswort determiniert ist.

dieser Schüler	*hatalmid hase*	התלמיד הזה
diese Banane	*habanana hasot*	הבננה הזאת
diese Autos	*hamechonijot ha'ele*	המכוניות האלה

Wenn das Bezugsnomen noch weitere Adjektive als Attribut hat, steht das Demonstrativpronomen grundsätzlich an letzter Stelle.

התלמידה הטובה והחרוצה הזאת עלתה לארץ רק לפני חצי שנה.

hatalmida hatowa wehacharuza hasot 'alta la'arez rak lifnej chazi schana.

Diese gute und fleißige Schülerin ist erst vor einem halben Jahr nach Israel (ins Land) eingewandert.

Demonstrativpronomen richten sich wie Adjektive in Genus und Numerus immer nach ihrem Bezugswort, ihre Determiniertheit hängt dagegen von ihrer Funktion ab: Steht ein Demonstrativpronomen in prädikativer Funktion vor seinem Bezugswort, tritt es immer ohne -ה *ha-* auf. Nur wenn es als Attribut hinter seinem determinierten Bezugsnomen steht, muss es auch den bestimmten Artikel erhalten.

3.3 Fragepronomen (Interrogativpronomen)

Fragepronomen, כנוי שאלה KINUJ SCHE'ELA, leiten Ergänzungsfragen ein, das heißt, solche Fragen, die nicht mit Ja oder Nein, sondern mit einer ergänzenden Information zu beantworten sind.
Mit ?מי *mi?* «wer?» fragt man nach Personen, mit ?מה *ma?* «was?» nach Dingen oder Ereignissen.

Wer ist das?	*mi se?*	מי זה?
Was ist dein Problem?	*ma habe'aja schelcha?*	מַה הבעיה שלך?

3

מי *mi* und מה *ma* bleiben undekliniert, es gibt also keine weiteren Formen, die sich nach Singular oder Plural, Maskulinum oder Femininum unterscheiden. Auch eine Änderung nach Fällen wie im Deutschen «wer/wessen/wem/wen?» findet nicht statt. Es wird einfach die entsprechende Präposition vor das Fragepronomen gesetzt. Bei מה *ma* im Akkusativ kann der Objektmarker את *'et* entfallen.

Wessen Tasche ist das?	*schel mi hatik hase?*	של מי התיק הזה?
Wem schreibst du?	*lemi 'at kotewet?*	למי את כותבת?
Wen hast du getroffen?	*'et mi pagascht?*	את מי פגשת?
Was trinkt ihr?	*ma 'aten schotot?*	מה אתן שותות?

Bei einer Frage in Verbindung mit einem Demonstrativpronomen bleiben zwar מי *mi* und מה *ma* unverändert, aber das Demonstrativpronomen richtet sich nach dem Objekt, auf das gezeigt wird.

mi se? – se haben scheli Ilan. Wer ist das („dieser")? – Das ist mein Sohn Ilan.	מי זה? – זה הבן שלי אילן.
mi sot? – sot hachawera schel Ilan. Wer ist das („diese")? – Das ist Ilans Freundin.	מי זאת? – זאת החברה של אילן.
mi 'ele batmuna? – 'ele hahorim scheli. Wer ist das („sind diese") auf dem Foto? – Das sind meine Eltern.	מי אלה בתמונה? – אלה ההורים שלי.

מה *ma* allerdings wird im Singular immer nur mit dem maskulinen זה *se* kombiniert.

ma se? – se kiße 'ortopedi. Was ist das? – Das ist ein orthopädischer Stuhl.	מה זה? – זה כיסא אורטופדי.
ma se? – sot matana leNili. Was ist das? – Das ist ein Geschenk für Nili.	מה זה? – זאת מתנה לנילי.

Das Hebräische kennt wie das Deutsche noch etliche weitere Fragewörter, wie etwa **איזה** *'ejse* «welcher», **מתי** *mataj* «wann», **איך** *'eich* «wie» **איפה** *'eifo* «wo» usw. Sie haben aber nicht die verweisende Funktion von Pronomen, sondern sind einfache (Frage-)Wörter, die man ebenso wie andere Vokabeln lernen muss.

3

3.4 Indefinitpronomen

Indefinitpronomen (unbestimmte Fürwörter), **כנוי סתמי** KINUJ STAMI, treten als Stellvertreter für Personen oder Dinge auf, deren Geschlecht und Anzahl ungewiss sind. Sie sind daher auch im Hebräischen unveränderlich, werden also in ihrer Form nicht nach Genus und Numerus unterschieden.

(irgend)jemand	*mischehu*	מישהו
(irgend)etwas	*maschehu*	משהו

mischehu schachach po maschehu! — מישהו שכח פה משהו!
Irgendjemand hat hier etwas vergessen!

Ein unbestimmtes Pronomen, das dem deutschen „man" entspricht, gibt es im Hebräischen nicht.
Um eine entsprechende unpersönliche Aussage zu treffen, benutzt man im Hebräischen die 3. Person Plural im Maskulinum, jedoch ohne Personalpronomen.

beIsrael lo 'owdim beschabat. — בישראל לא עובדים בשבת.
In Israel arbeitet man nicht am Schabbat.

אתמול פרצו לדירה שלי וגנבו את כל התכשיטים שלי.
'etmol parzu ladira scheli weganwu 'et kol hatachschitim scheli.
Gestern hat man bei mir eingebrochen und man hat meinen ganzen Schmuck gestohlen.

3.5 Objektpronomen

Ein Personalpronomen als direktes Objekt (Akkusativ-Objekt) wird im heutigen Hebräisch üblicherweise durch die Verknüpfung des entsprechenden Personalaffixes mit der Akkusativ-Partikel את *'et* ausgedrückt (siehe 7.3).

Daneben gibt es mit den sog. Objektpronomen noch eine weitere, allerdings nicht mehr häufig angewandte Möglichkeit, bei der diese speziellen verkürzten Personalpronomen als Affixe an eine Verbform gefügt werden.

3

Personalaffixe als Verbzusätze

1.P. Sg.	Mask.+Fem.	ני-	*-ni*	mich
2.P. Sg.	Mask.	ךָ-	*-cha*	dich
	Fem.	ךְ-	*-ch*	dich
3.P. Sg.	Mask.	יו- / הו-	*-hu / -iw*	ihn
	Fem.	ה-	*-ha*	sie
1.P. Pl.	Mask.+Fem.	נו-	*-nu*	uns
2.P. Pl.	Mask.	כם-	*-chem*	euch
	Fem.	כן-	*-chen*	euch
3.P. Pl.	Mask.	ָם-	*-am*	sie
	Fem.	ָן-	*-an*	sie

Ich habe dich geliebt.	*'ahawtich.*	אהבתיך.

Solch eine kompakte Verbform enthält also ein Subjekt(-Suffix), -תי *-ti*, und daran anschließend ein Objekt(-Suffix), -ך *-ch*. Sie stellt damit allein einen kompletten Satz dar.
Neben der Vorraussetzung einer konjugierten transitiven Verbform gilt als weitere Bedingung für diese Konstruktion, dass das Subjekt-Suffix und das Objekt-Suffix sich auf unterschiedliche Personen beziehen.

3.6 Possessivpronomen

Possessivpronomen (besitzanzeigende Fürwörter) wie im Deutschen etwa „mein" oder „euer" gibt es im Hebräischen nicht.
Stattdessen stehen zwei andere Möglichkeiten zur Verfügung, ein Besitzverhältnis anzuzeigen:
Die am häufigsten gewählte (und einfachste) Methode ist die Deklination der Präposition של *schel* «von». Hierzu wird die Kurzversion des entsprechenden Personalpronomens als Affix an die Präposition gefügt (siehe auch 7.1.1):

mein Auto	*hamechonit scheli*	המכונית שלִי
seine Freundin	*hachawera schelo*	החברה שלוֹ

Außerdem lassen sich auch Nomina in diesem Sinne deklinieren. Das entsprechende Personalaffix wird in diesem Fall direkt mit dem Nomen verknüpft. Dabei können die Nomina abweichende Formen annehmen (siehe 2.5 und 3.1.2).

3

mein Auto	*mechoniti*	מכוניתִי
seine Freundin	*chawerto*	חברתוֹ

3.7 Reflexivpronomen

Reflexivpronomen (rückbezügliche Fürwörter), כנוי חוזר KINUJ CHOSER, nehmen die Position des Objekts ein, wenn das handelnde Subjekt und das betroffene Objekt identisch sind: „Daniel wäscht sich" im Gegensatz zu „Daniel wäscht sein Auto". In den meisten Fällen sind es im Deutschen „normale" Verben, die entweder ein beliebiges (Pro-)Nomen oder das subjektbezogene Reflexivpronomen zum Objekt haben können. Daneben gibt es aber auch Verben, die inhärent reflexiv sind und ausschließlich in Verbindung mit einem Reflexivpronomen auftreten können, also niemals mit einem Objekt, das sich nicht auf den Handelnden (rück)bezieht, zum Beispiel „sich schämen", „sich eignen". Zudem gibt es Verben, deren Bedeutung beinhaltet, dass mindestens zwei Handelnde gegenseitig beteiligt sind: „Lili und Daniel verabreden sich, treffen sich, küssen sich". Für diese spezielle wechselseitige Reflexivität setzt das Deutsche statt „sich" auch das Reziprokpronomen „einander" ein: „sie begegnen einander und umarmen einander".

Reflexivität im Hebräischen wird grundsätzlich anders ausgedrückt. Die reflexive Bedeutung eines Verbs ergibt sich dadurch, dass spezielle Verbbildungsmuster (BINJANIM) verwendet werden; am gebräuchlichsten ist das Muster HITPA'EL (siehe 8.9), aber auch NIF'AL ist möglich (siehe 8.4). Die Kombination mit dem spezifischen BINJAN legt dann – in der Regel – eine reflexive Interpretation fest. Dadurch muss die rückbezügliche Bedeutung einer Handlung nicht noch ausdrücklich durch ein Reflexiv- oder Reziprokpronomen verdeutlicht werden.

3

אנחנו נפגשים מחר בערב בקונצרט.
'anachnu nifgaschim machar ba'erew bakonzert.
Wir treffen uns morgen Abend im Konzert.

התאהבתי בו מייד!
hit'ahawti bo mijad!
Ich habe mich sofort in ihn verliebt!

Bei anders gebildeten Verben kann aber ein Rückbezug auf das Subjekt dadurch hergestellt werden, dass die deklinierte Form von עצם *'ezem* «Knochen; Selbst; Ding» hinzugefügt wird. Diese Verknüpfung von עצם *'ezem* und einem Personalaffix hat dann jeweils die Bedeutung „ich selbst“, „wir selbst“ usw. und gleicht damit einem Reflexivpronomen.

בעבודה החדשה שלה היא מקווה להגשים את עצמה.
ba'awoda hachadascha schela hi mekawa lehagschim 'et 'azma.
In ihrer neuen Arbeit hofft sie, sich selbst zu verwirklichen.

אני מתארת לעצמי את החיים בגן עדן.
'ani meta'ert le'azmi 'et hachajim began 'eden.
Ich stelle mir das Leben im Paradies vor.

עצם *'ezem*					
עַצְמִי	*'azmi*	ich selbst	עַצְמֵנוּ	*'azmenu*	wir selbst
עַצְמְךָ	*'azmecha*	du selbst (m.)	עַצְמְכֶם	*'azmechem*	ihr selbst (m.)
עַצְמֵךְ	*'azmech*	du selbst (f.)	עַצְמְכֶן	*'azmechen*	ihr selbst (f.)
עַצְמוֹ	*'azmo*	er selbst	עַצְמָם	*'azmam*	sie selbst (m.)
עַצְמָהּ	*'azma*	sie selbst	עַצְמָן	*'azman*	sie selbst (f.)

3.8 Relativpronomen

Ein Relativpronomen (Beziehungsfürwort) leitet einen Nebensatz ein und stellt dabei eine Beziehung her zwischen diesem Relativsatz und einem Nomen des vorausgegangenen (Haupt-)Satzes. Der Relativsatz hat die Funktion, das Bezugswort des übergeordneten Satzes näher zu bestimmen: „der Kellner, der dort hinten rechts neben der Theke steht, hat uns bedient".

Die deutschen Relativpronomen „der, die, das" und „welcher, welche, welches" richten sich in Genus und Numerus nach ihrem Bezugswort, ihr Kasus dagegen hängt von ihrer Funktion innerhalb des Relativsatzes ab:
„Der Kellner, **dem** Lili sehr viel Trinkgeld gab, war verblüfft."
„Die Studentinnen, **deren** Prüfungsergebnisse ausgezeichnet sind, bekommen ein Stipendium."

Im Hebräischen können das selbstständige אשר *'ascher* sowie die unselbstständigen Elemente -ש *sche-* und -ה *ha-* einen Relativsatz einleiten. Für -ה *ha-* gelten dabei allerdings sehr eingeschränkte Bedingungen. Alle drei Varianten haben das gemeinsame Merkmal, dass sie völlig unverändert bleiben, sich also nicht dem Genus oder Numerus des Bezugswortes oder einem Kasus anpassen. Stattdessen tritt in bestimmten Fällen zusätzlich ein Personalpronomen bzw. Personalaffix im Relativsatz auf, das mit dem übergeordneten Bezugswort „korrespondiert". Die Hauptaufgabe von אשר *'ascher*, -ש *sche-* und -ה *ha-* scheint es also zu sein, den Relativsatz einzuleiten. Damit ähneln sie eher einer unterordnenden Konjunktion als den deklinierbaren Relativpronomen des Deutschen. Der Einfachheit halber werden wir hier jedoch die Bezeichnung „Pronomen" beibehalten.

אשר *'ascher* und -ש *sche-*

Es sind völlig bedeutungsgleiche Alternativen, -ש *sche-* wird allerdings umgangssprachlich bevorzugt und gilt stilistisch als weniger gehobene Variante. Rein formal unterscheiden sie sich, weil אשר *'ascher* ein selbstständiges Element ist, während -ש *sche-* zu den OTIOT HASCHIMUSCH gehört und nur in gebundener Form auftritt (siehe 1.4, 7.2.2). Ansonsten gelten für beide die gleichen Einsetzungsmöglichkeiten, das heißt, sie können ohne Einschränkungen jeden Relativsatz einleiten:

Das Relativpronomen als Subjekt des Relativsatzes
(im Deutschen „der/welcher")

הסרט שזכה באוסקר, לא מצא חן בעיני.

haßeret schesacha ba'oßkar, lo maza chen be'ejnaj.

Der Film, der den Oscar bekommen hat, gefiel mir nicht.

הסרט **אשר** זכה באוסקר, לא מצא חן בעיני.

haßeret ***'ascher*** *sacha ba'oßkar, lo maza chen be'ejnaj.*

Der Film, der den Oscar bekommen hat, gefiel mir nicht.

3

Das Relativpronomen als Akkusativ-Objekt des Relativsatzes

(im Deutschen „den/welchen")

In diesem Fall gibt es mehrere Möglichkeiten:
Zusätzlich zum einleitenden **-ש** *she-* oder **אשר** *'ascher* wird der Akkusativ-Marker **את** *'et* in den Relativsatz gefügt, und zwar in deklinierter Form, also verknüpft mit einem Personalsuffix (siehe 7.3). Dieses Personalsuffix richtet sich in Genus und Numerus nach dem Bezugswort, das der Relativsatz beschreiben soll. Das deklinierte **את** *'et* steht meistens gleich am Anfang unmittelbar hinter dem einleitenden **-ש** *she.*

החבר **שאותו** פגשנו אתמול, היה איתי בגן הילדים.

hachawer ***sche'oto*** *pagaschnu 'etmol, haja 'iti began hajeladim.*

Der Freund, den wir gestern getroffen haben, war mit mir im Kindergarten.

האישה **שאותה** ראיתי ברכבת, הופיעה בערב בטלויזיה.

ha'ischa ***sche'ota*** *ra'iti barakewet, hofi'a ba'erew batelewisja.*

Die Frau, die ich im Zug gesehen habe, ist abends im Fernsehen aufgetreten.

הסרטים **שאותם** ראיתי בפסטיבל, לא מצאו חן בעיני.

haßratim ***sche'otam*** *ra'iti bafeßtiwal, lo maz'u chen be'ejnaj.*

Die Filme, die ich auf dem Filmfest gesehen habe, gefielen mir nicht.

Es besteht aber auch die Möglichkeit, das deklinierte את *'et* ausfallen zu lassen. Diese einfachste Variante ist die meist verwendete Form.

החבר שפגשנו אתמול, היה איתי בגן הילדים.
hachawer schepagaschnu 'etmol, haja 'iti began hajeladim.
Der Freund, den wir gestern getroffen haben, war mit mir im Kindergarten.

3

Das Relativpronomen als indirektes Objekt des Relativsatzes
(im Deutschen „dem/welchem")

Hat das Relativpronomen die Funktion eines Dativ-Objekts oder steht es in Verbindung mit einer sonstigen Präposition, dann tritt die Präposition in deklinierter Form im Relativsatz auf. Auch hier stimmt das jeweilige Personalsuffix, das an die Präposition gefügt wird, mit dem Bezugswort in Genus und Numerus überein.

החברה אשר לה עזרתי ונתתי לה כסף, נעלמה ללא מילה.
hachawera 'ascher la 'asarti wenatati la keßef, ne'elama lelo mila.
Die Freundin, der ich half und Geld gab, verschwand ohne ein Wort.

המורים שאצלם הוא למד, עדיין מלמדים בבית הספר.
hamorim sche'ezlam hu lamad, 'adajin melamdim bewejt haßefer.
Die Lehrer, bei denen er gelernt hat, lehren immer noch in der Schule.

מה עושה החברה, שאיתה היית במסיבה אתמול?
ma 'oßa hachawera, sche'ita hajit bameßiba 'etmol?
Was macht die Freundin, mit der du gestern auf der Party warst?

Die Einheit aus Präposition und Personalaffix muss nicht gleich am Anfang des Relativsatzes unmittelbar hinter -ש *she-* bzw. אשר *'ascher* stehen. Die Präposition kann auch hinter dem Verb stehen. Aber eine deklinierte Präposition kann – im Gegensatz zum deklinierten Akkusativ-Marker – nicht weggelassen werden.

החבר אשר עזרתי לו ונתתי לו כסף, נעלם ללא מילה.
hachawer 'ascher 'asarti lo wenatati lo keßef, ne'elam lelo mila.
Der Freund, dem ich geholfen und Geld gegeben habe, verschwand ohne ein Wort.

המורים שהוא למד אצלם, עדיין מלמדים בבית הספר.
hamorim sche' hu lamad ezlam, 'adajin melamdim bewejt haßefer.
Die Lehrer, bei denen er gelernt hat, lehren immer noch in der Schule.

מה עושה החברה, שהיית איתה במסיבה אתמול?
ma 'oßa hachawera, schehajit 'ita bameßiba 'etmol?
Was macht die Freundin, mit der du gestern auf der Party warst?

Das Relativpronomen im Genitiv (im Deutschen „dessen")

Da das Hebräische den Genitiv als eigenen Kasus nicht kennt, sondern die Besitzanzeige vorwiegend mithilfe der Präposition של *schel* «von» ausdrückt, werden in diesem Fall Relativsätze nach einem ganz ähnlichen Muster aufgebaut wie die eben beschriebenen Relativsätze mit indirektem Objekt. Das heißt, nach -ש *sche-* oder אשר *'ascher* tritt die Präposition של *schel* auf, die entsprechend ihrem übergeordneten Bezugswort dekliniert ist (siehe 7.1.1). Und zwischen -ש *sche-/* אשר *'ascher* und dekliniertem של *schel* steht das Nomen, das „besessen wird" und um das es im Relativsatz geht.

3

הפקידה שהבוס שלה נתפס בהונאה, מצאה עבודה חדשה.

hapkida schehaboß schela nitpaß behona'a, maz'a 'awoda chadascha.
Die Sekräterin, deren Boss beim Betrug erwischt wurde, hat eine neue Arbeit gefunden.

התלמידים אשר המורה שלהם חולה, יכולים ללכת הביתה.

hatalmidim 'ascher hamora schelahem chola, jecholim lalechet habajta.
Die Schüler, deren Lehrerin krank ist, können nach Hause gehen.

Im Hebräischen kann ein Besitzverhältnis auch dadurch ausgedrückt werden, dass ein Nomen mit einem Personalsuffix verknüpft wird (siehe 2.5 und 3.1.2). Auch dieses Verfahren kann im Relativsatz angewendet werden. Dann entfällt die Präposition של *schel* und stattdessen wird das Personalsuffix an das „besessene" Nomen angefügt; in diesem Fall wird also das Nomen in Übereinstimmung mit dem übergeordneten Bezugswort dekliniert.

האישה שבעלָה עובד באל על, מפחדת לטוס.

ha'ischa scheba'ala 'owed beEL AL, mefachedet latuß.
Die Frau, deren Man bei EL AL arbeitet, hat Angst vorm Fliegen.

-ה *ha-*

Das unselbstständige -ה *ha-* kann nur in ganz bestimmten Fällen einen Relativsatz einleiten, denn hierzu müssen zwei Bedingungen erfüllt sein: Das -ה *ha-* gilt als das Subjekt des Relativsatzes, und das Prädikat des Relativsatzes steht im Präsens.

הילד המגיע ראשון מקבל בלון.

hajeled hamagi'a rischon mekabel balon.
Das Kind, das als Erstes ankommt, bekommt einen Luftballon.

-ש *sche-* und אשר *'ascher*
können jeden beliebigen Relativsatz einleiten.
Sie bleiben grundsätzlich unverändert. Ist das Relativpronomen nicht das Subjekt, sondern ein Objekt im Relativsatz, dann folgt auf -ש *sche-* bzw. אשר *'ascher* die entsprechende Partikel (der Akkusativ-Marker oder eine Präposition), und zwar in deklinierter Form.
Diese Form richtet sich nach dem übergeordneten Nomen, auf das sich der Relativsatz bezieht. Dadurch gibt die deklinierte Präposition – anders als -ש *sche-* und אשר *'asher* – einen klaren Hinweis, welche übergeordnete Einheit durch den Relativsatz näher beschrieben wird.

4 Adjektive

Ein Adjektiv (Eigenschaftswort), שם תואר SCHEM TO'AR, benennt eine Eigenschaft und weist sie dem Nomen zu, auf das es sich bezieht. Es kann dabei in zwei Funktionen auftreten: als Attribut des Nomens (ein müder Schüler) oder als Teil des Prädikates, als sog. Prädikatsnomen (der Schüler ist müde).
In beiden Funktionen richtet sich im Hebräischen seine Form ganz strikt nach dem Genus und Numerus seines Bezugsworts.

4.1 Formen und Wortstellung

Die Formen der Adjektive entsprechen dem Deklinationsschema der Nomina, das heißt, es gibt insgesamt vier unterschiedliche Endungen für Maskulinum (meist endungslos), Femininum, Singular und Plural:

Singular		Plural		
Maskulinum	Femininum	Maskulinum	Femininum	
טוֹב *tow*	טוֹבָה *towa*	טוֹבִים *towim*	טוֹבוֹת *towot*	gut
יָפֶה *jafe*	יָפָה *jafa*	יָפִים *jafim*	יָפוֹת *jafot*	hübsch
רַע *ra*	רָעָה *ra'a*	רָעִים *ra'im*	רָעוֹת *ra'ot*	schlecht

Eine spezielle Endung für den Dual gibt es bei den Adjektiven nicht. Man wählt die maskulinen oder femininen Pluralformen.

Das Adjektiv-Attribut steht hinter dem Nomen. Die Reihenfolge ist also genau umgekehrt wie im Deutschen.

Singular			
Maskulinum	(ein) guter Schüler	*talmid tow*	תלמיד טוב
Femininum	(eine) schlechte Lehrerin	*mora ra'a*	מוֹרָה רָעָה
Plural			
Maskulinum	hübsche Jungen	*jeladim jafim*	ילדִים יפִים
Femininum	gute Schülerinnen	*talmidot towot*	תלמידוֹת טובוֹת

Auch wenn ein Adjektiv durch מאד *me'od* «sehr» modifiziert wird, ist die Reihenfolge in der Regel umgekehrt zum Deutschen, das heißt, מאד *me'od* wird hinter das Adjektiv gesetzt:

sehr gute Bücher	*ßfarim towim me'od*	ספרים טובים מאד

Wenn ein einzelnes Adjektiv mehrere Nomina beschreibt, die unterschiedlichen Geschlechts sind, erhält das Adjektiv immer die maskuline Endung:

talmid wetalmida chadaschim ein neuer Schüler und eine neue Schülerin	תלמיד ותלמידָה חדשים

Wenn ein Nomen aus zwei Nomina zusammengesetzt, also ein SSMICHUT ist, dann bezieht sich das Adjektiv immer auf das Kopfnomen (siehe 2.4) und richtet sich nach dessen Genus und Numerus.

ein guter Apfelkuchen	*'ugat tapuchim towa*	עוּגַת תפוחים טובָה
gute Apfelkuchen	*'ugot tapuchim towot*	עוגוֹת תפוחים טובוֹת
ein guter Apfelsaft	*miz tapuchim tow*	מיץ תפוחים טוֹב

4

Nomina können mit unregelmäßigen Endungen in die Irre führen, weil die Endung nicht dem Genus des Nomens entspricht. Adjektive aber spiegeln immer das tatsächliche Genus des Bezugsnomens wider. Dadurch können dann Nomen und Adjektiv abweichende Endungen haben:

große Hotels	*melonot (m.) gdolim*	מלונות גדולים
schöne Frauen	*naschim (f.) jafot*	נשים יפות
neue Schuhe	*na'alajim (f.) chadaschot*	נעלים חדשות

4.2 Determiniertheit

Ist ein Nomen determiniert (also mit dem bestimmten Artikel -ה *ha-* verknüpft bzw. auch ohne -ה *-ha* determiniert, weil es ein Eigenname, ein Personalpronomen oder mit einem Personalsuffix verbunden ist), dann übernimmt ein Adjektiv, das dieses Nomen modifiziert, die Determiniertheit und wird dementsprechend mit einem -ה *ha-* verknüpft.

die neue Lehrerin	*hamora hachadascha*	המורה החדשה
der dünne Michael	*Michael harase*	מיכאל הרזה
mein kranker Bruder	*'achi hachole*	אחי החולה

Das gilt auch bei SSMICHUT:

der gute Apfelkuchen	*'ugat hatapuchim hatowa*	עוגַת התפוחים הטובָה
die guten Apfelkuchen	*'ugot hatapuchim hatowot*	עוגוֹת התפוחים הטובוֹת
der gute Apfelsaft	*miz hatapuchim hatow*	מיץ התפוחים הטוֹב

4.3 Adjektive als Teil des Prädikats

Wenn ein Adjektiv nicht als Modifizierer eines bestimmten Nomens auftritt, sondern im prädikativen Gebrauch zusammen mit dem Verb das Prädikat bildet, wird das Adjektiv nicht determiniert. Das Adjektiv bleibt in diesem Fall immer ohne *ha-*, auch wenn das Bezugsnomen determiniert ist (also mit dem bestimmten Artikel oder einem Personalsuffix verknüpft ist, ein Pronomen, Eigenname oder Zahlwort ist).

Die Bücher sind interessant.	*haßfarim me'anjenim.*	הספרים מעניינים.
Der Apfelkuchen ist gut.	*'ugat hatapuchim towa.*	עוגת התפוחים טובה.
Michael ist dünn.	*Michael rase.*	מיכאל רזה.
Mein Bruder ist krank.	*'achi chole.*	אחי חולה.

Damit kann man im Umkehrschluss durch das vorhandene oder fehlende -ה *ha-* erkennen, ob das Adjektiv als Attribut zum Nomen oder als Teil des Prädikats fungiert. Besonders bei Sätzen im Präsens, denen im Hebräischen das Verb „sein" fehlt, wird es damit leichter, die Bedeutung eines Satzes zu verstehen.

Die gute Lehrerin ist neu.	*hamora hatowa chadascha.*	המורה הטובה חדשה.
Die neue Lehrerin ist gut.	*hamora hachadascha towa.*	המורה החדשה טובה.

4.4 Steigerung: Positiv, Komparativ, Superlativ

Positiv (Grundstufe)

Wenn man ausdrücken möchte, dass Dinge oder Wesen sich in einer bestimmten Eigenschaft gleichen, dann bezeichnet man diese Eigenschaft mit einem Adjektiv in der ungesteigerten Grundstufe, dem sog. Positiv, und verknüpft die verglichenen Dinge durch Gleichsetzungswörter.

Im Deutschen erfolgt die Verknüpfung durch „so … wie", im Hebräischen gibt es hierfür zwei Möglichkeiten: die selbstständige Präposition כמו *kmo* und, weitaus seltener gebraucht, die unselbstständige, vorangestellte Vergleichspartikel -כ *ke-*

. Beide bedeuten „wie“, im Zusammenhang mit Personalpronomen wird jedoch ausschließlich כמו *kmo* gewählt und entsprechend dekliniert (siehe 7.1.1). Für das unselbstständige -כ *ke-* gelten besondere Vokalisierungsregeln, die in 7.1.2 genannt sind.

Tel Aviv gdola kmo Hamburg? Ist Tel Aviv so groß wie Hamburg?	תל אביב גדולה כמו המבורג?
hachatula hasot lewana kescheleg Diese Katze ist weiß wie Schnee.	החתולה הזאת לבנה כשלג.
David chacham kmo Schlomo. David ist so weise wie Salomo.	דויד חכם כמו שלמה.
David chacham kamohu. David ist so weise wie er.	דויד חכם כמוהו.
hamora 'ajefa kamonu. Die Lehrerin ist so müde wie wir.	המורה עייפה כמונו.

4

Komparativ

Ist dagegen eine bestimmte Eigenschaft im Vergleichsfall stärker vorhanden, dann drückt man dies im Deutschen durch ein Adjektiv aus, das zur Komparativ-Form gesteigert ist, und setzt die verglichenen Dinge durch „als“ in Beziehung: „mein Auto ist größ**er**, schnell**er**, teur**er** als deins“.
Im Hebräischen fehlt die Möglichkeit, ein Adjektiv durch Veränderung zu steigern. Stattdessen wird das Adverb **יותר** *joter* «mehr» bzw. **פחות** *pachot* «weniger» dem unveränderten Adjektiv direkt voran- oder nachgestellt. Als Vergleichspartikel dienen entweder **-מ** *mi-* oder **מאשר** *me'ascher*.

Hamburg joter gdola miTel Aviv. Hamburg ist größer als Tel Aviv.	המבורג יותר גדולה מתל אביב.
David joter chacham miSchlomo. David ist weiser als Salomo.	דויד יותר חכם משלמה.
הדירה שלך יותר יפה מאשר הדירה שלי. *hadira schelach joter jafa me'ascher hadira scheli.* Deine Wohnung ist schöner als meine Wohnung.	
הדירה שלי פחות יפה מאשר הדירה שלך. *hadira scheli pachot jafa me'ascher hadira schelach.* Meine Wohnung ist weniger schön als deine Wohnung.	

4

Die Präposition מין *min* «als» ist die selbstständige Variante der Partikel -מ *mi-*. Sie wird in Verbindung mit Personalpronomen in deklinierter Form verwendet (siehe 7.1.1).

hamora 'ajefa joter mimeni. Die Lehrerin ist müder als ich.	המורה עייפה יותר ממני.
hamora pachot 'ajefa mikem. Die Lehrerin ist weniger müde als ihr.	המורה פחות עייפה מכם.

Superlativ

Wenn eine bestimmte Eigenschaft vergleichsweise am stärksten ausgeprägt ist, dann drückt man es im Deutschen durch ein Adjektiv in der höchsten Steigerungsform, dem Superlativ, aus: (am) schön**sten**, tief**sten**, klein**sten**.
Im Hebräischen kann man auch den Superlativ nicht durch eine Veränderung des Adjektivs ausdrücken, sondern wie beim Komparativ nur durch eine Umschreibung. Hierfür verwendet man die Adverbien ביותר *bejoter* oder הכי *hachi*. Beide bedeuten „am meisten" und treten in festgelegten Konstruktionen auf:

-ה *ha-* +Adjektiv vor ביותר *bejoter*

hi hatalmida hatowa bejoter bakita. Sie ist die beste Schülerin in der Klasse.	היא התלמידה הטובה ביותר בכיתה.
ים המלח הוא המקום הנמוך ביותר בעולם. *Jam Hamelach hu hamakom hanamuch bejoter ba'olam.* Das Tote Meer ist die tiefste Stelle auf der Welt.	

הכי *hachi* vor Adjektiv

hi hatalmida hachi towa bakita. Sie ist die beste Schülerin in der Klasse.	היא התלמידה הכי טובה בכיתה.
ים המלח הוא המקום הכי נמוך בעולם. *Jam Hamelach hu hamakom hachi namuch ba'olam.* Das Tote Meer ist die tiefste Stelle auf der Welt.	

Umgangssprachlich wird die Variante mit dem Adverb הכי *hachi* bevorzugt. Dabei geht הכי *hachi* grundsätzlich dem unbestimmten Adjektiv voraus.

4

Auch der Superlativ einer Eigenschaft, die im geringsten Ausmaß vorhanden ist, lässt sich umschreiben. Hierfür verwendet man הכי *hachi* «am meisten» und kombiniert es mit dem beim Komparativ eingesetzten Adverb פחות *pachot* «weniger», woraus sich sinngemäß eine Bedeutung wie „am wenigsten" ergibt.

הכי פחות *hachi pachot* vor Adjektiv

haßefer hase hachi pachot me'anjen. Dieses Buch ist am wenigsten interessant.	הספר הזה הכי פחות מעניין.

4.5 Wortbildung: SSMICHUT und MISCHKALIM

SSMICHUT

Der obige Abschnitt 2.4 behandelt ausführlich Komposita (hebräisch SSMICHUT), die sich aus zwei oder mehreren Nomina zusammensetzen. Ebenso gibt es adjektivische Zusammensetzungen, die sich aus der Verbindung von einem Adjektiv und einem Nomen ergeben.

Im Deutschen ist dieser Konstruktionstyp sehr gebräuchlich: das Eis + glatt → eisglatt, der Aal + glatt → aalglatt, der Himmel + blau → himmelblau. Hier hat also der erste Teil der Konstruktion (das Nomen) eine modifizierende Aufgabe, und das Adjektiv, an zweiter Stelle, ist der Kopf der Zusammensetzung, denn dieser zweite Bestandteil legt fest, dass das Ganze im Ergebnis ein Adjektiv (und kein Nomen) wird.

4

Im Hebräischen sind adjektivische Komposita weniger verbreitet. Besonderheiten und der innere Aufbau entsprechen genau dem der zusammengesetzten Nomina (siehe 2.4). Das heißt, auch hier ist die Reihenfolge von Kopf und Modifizierer wieder genau umgekehrt zum Deutschen – der Kopf (das Adjektiv) kommt also zuerst, dann folgt das modifizierende Element (das Nomen):

טוב *tow* gut	+	לב *lew* Herz	→	טוב לב *tow lew* gutherzig
חסר *chaßer* fehlend	+	בית *bajit* Haus	→	חסר בית *chaßar bajit* obdachlos
יפה *jafe* schön	+	תואר *to'ar* Aussehen	→	יפה תואר *jefe to'ar* hübsch

Auch ein zusammengesetztes Adjektiv richtet sich in seiner Endung nach dem Nomen, auf das es sich bezieht. Im Deutschen erscheint das völlig problemlos (eine eisglatt**e** Straße, ein aalglatt**er** Politiker, ein himmelblau**es** Kleid), im Hebräischen jedoch kann das ein wenig verwirrend wirken, weil das Adjektiv innerhalb des zusammengesetzten Wortes vorangeht und seine Endung daher mitten im Kompositum steht:

אחיות טובות לב	*'achajot towot lew*	gutherzige Schwestern

Außerdem muss auch hier beachtet werden, dass das Kopfelement einer SSMICHUT-Konstruktion festgelegten Veränderungen unterworfen sein kann. Denn in der ersten Position einer Zusammensetzung befindet sich das Kopfelement im sog. Status constructus: „Konstruktionsbedingt“ verliert es in dieser Position die Betonung und verändert dementsprechend in bestimmten Fällen seine Aussprache oder Form (wie in 2.4 beschrieben). Das Nomen als Modifizierer bleibt dagegen völlig unverändert im sog. Status absolutus, seiner „normalen“ Form.

איש טוב לב	*'isch tow lew*	ein gutherziger Man
אישה טוֹבַת לב	*'ischa towat lew*	eine gutherzige Frau
ילדים יְפֵי תואר	*jeladim jefej to'ar*	hübsche Kinder
בנות יְפוֹת תואר	*banot jefot to'ar*	hübsche Töchter

4

Ableitungen: Suffixe und MISCHKALIM

Adjektive können nicht nur durch Zusammensetzung mit einem anderen selbstständigen Wort (beispielsweise einem Nomen) gebildet werden. Ein weiteres Verfahren ist die sog. Ableitung, bei der unselbstständige Elemente als Bausteine fungieren. Im Deutschen gibt es zahlreiche Suffixe, die an Verben oder Nomina geknüpft werden können, um auf diese Weise Adjektive zu kreieren:
lesen + -bar → lesbar, Sommer + -lich → sommerlich, Farbe + -ig → farbig, Scherz + -haft → scherzhaft.

Das Hebräische verfügt über zwei Wege, neue Adjektive zu formen. Eine sehr gebräuchliche Methode ist es – wie im Deutschen –, ein Suffix an ein bestehendes Wort anzufügen. Zum anderen gibt es etliche spezielle Wortbildungsmuster für Adjektive. Diese MISCHKALIM werden wie die MISCHKALIM für Nomina (siehe 2.6) und die BINJANIM für Verben (siehe 8.2.2) als festgelegtes Raster mit einer konsonantischen Wurzel kombiniert.

Ableitungen mit dem Suffix ◌ִי- *-i*

Dieses sehr häufig verwendete Suffix verbindet sich überwiegend mit Nomina zu Adjektiven. Bei femininen Nomina, die auf ein ◌ָה- *-a* enden, wird das angefügte ◌ִי- *-i* in der Regel zu -תִי *-ti* .

קיץ	*kajiz*	Sommer	+ ◌ִי- *-i*	קיצִי	*kejizi*	sommerlich
פרט	*prat*	Einzelheit	+ ◌ִי- *-i*	פרטִי	*prati*	privat
ציבור	*zibur*	Öffentlichkeit	+ ◌ִי- *-i*	ציבורִי	*ziburi*	öffentlich
חברה	*chewra*	Gesellschaft	+ -תִי *-ti*	חברתִי	*chewrati*	gesellschaftlich

Für die Deklination der abgeleiteten Adjektive gilt das folgende Schema:

יום קיצִי	*jom kejzi*	ein sommerlicher Tag
מסיבה פרטִית	*meßiba pratit*	eine private Party
שרותים ציבורִיים	*scherutim ziburijim*	öffentliche Toilette(n)
בעיות חברתִיות	*be'ajot chewratijot*	soziale Probleme

Die meisten Adjektive, die eine nationale, ethnische oder religiöse Zugehörigkeit beschreiben, werden auch mithilfe des Suffixes ◌ִי- *-i* gebildet .

ישראל	*jißsra'el*	Israel	+ ◌ִי- *-i*	ישראלִי	*jißra'eli*	israelisch
גרמניה	*germanja*	Deutschland	+ ◌ִי- *-i*	גרמנִי	*germani*	deutsch
ספרד	*ßfarad*	Spanien	+ ◌ִי- *-i*	ספרדִי	*ßfaradi*	spanisch

Die abgeleiteten Nomina, die Angehörige von Staaten, nationalen oder religiösen Gruppen bezeichnen, gleichen in ihren Endungen den entsprechenden Adjektiven, nur die Formen des Maskulinum Plural unterscheiden sich: Die Adjektive haben ein zweites ◌ִי- *-i* vor der Pluralendung:

ßfaradim ohawim jejnot ßfaradijim. Spanier lieben spanische Weine.	ספרדִים אוהבים יינות ספרדִיים.
jißraelim scharim schirim jißra'elijim. Israelis singen israelische Lieder.	ישראלִים שרים שירים ישראלִיים.

Ableitungen mit MISCHKALIM

Wie Verben und Nomina können auch Adjektive gebildet werden, indem man eine konsonantische Wurzel mit einem Vokalraster in festgelegter Weise kombiniert. Für Nomina und Adjektive wird ein solches Wortbildungsmuster משקל MISCHKAL (Pl. MISCHKALIM) genannt. Ein MISCHKAL fügt der Grundbedeutung der konsonantischen Wurzel eine spezielle Bedeutung hinzu. Allerdings wird dabei die Bedeutung der „konstruierten" Adjektive nicht so systematisch festgelegt wie durch die BINJANIM der Verben. Die Bedeutung lässt sich also nicht immer erschließen.

Von den zahlreichen Möglichkeiten werden hier beispielhaft drei MISCHKALIM aufgeführt.

4

Die MISCHKALIM-Namen ergeben sich aus den eingefügten Vokalen und den Buchstaben KTL, die die Wurzelkonsonanten in ihrer Reihenfolge repräsentieren (K=1. T=2. L=3.).

קָטֹל *KaToL*

Mit dem Muster □ָ□ֹ□ sind viele Adjektive gebildet, die Farben bezeichnen (die beiden Vokale [a] und [o], die in der Grundform des Maskulinum Singular auftreten, können allerdings bei der Deklination abgewandelt werden).

***KaToL* קָטֹל**					
Wurzel	Singular Maskulinum	Singular Femininum	Plural Maskulinum	Plural Femininum	
א.ד.ם	אָדֹם *'adom*	אדומה *'aduma*	אדומים *'adumim*	אדומות *'adumot*	rot
י.ר.ק	יָרֹק *jarok*	ירוקה *jeruka*	ירוקים *jerukim*	ירוקות *jerukot*	grün
כ.ח.ל	כָּחֹל *kachol*	כחולה *kchula*	כחולים *kchulim*	כחולות *kchulot*	blau
צ.ה.ב	צָהֹב *zahow*	צהובה *zehuba*	צהובים *zehubim*	צהובות *zehubot*	gelb

קְטַלְטַל KTaLTal

Darüber hinaus lassen sich Adjektive mit einem Schema verknüpfen, das die letzten beiden Konsonanten der Wurzel wiederholt. Die Vokale in diesem Schema sind immer ein [a]: ◌ְ◌ַ◌ְ◌ַ◌. Dieses Verdoppelungs- oder Reduplikationsmuster bezeichnet grundsätzlich eine Abschwächung der genannten Eigenschaft:

KTaLTal קְטַלְטַל					
Wurzel	Singular Maskulinum	 Femininum	Plural Maskulinum	 Femininum	
י.ר.ק	יְרַקְרַק jerakrak	ירקרקה jerakraka	ירקרקים jerakrakim	ירקרקות jerakrakot	grünlich
כ.ח.ל	כְּחַלְחַל kchalchal	כחלחלה kchalchala	כחלחלים kchalchalim	כחלחלות kchalchalot	bläulich

קָטִיל KaTiL

Ein weiteres häufiges Muster ist ◌ָ◌ִי◌. Es ähnelt dem deutschen Suffix „-bar", denn dieses Schema bildet oftmals Adjektive mit der Bedeutung „kann 'ge-x-t' werden" (zählbar: kann gezählt werden).

KaTiL קָטִיל						
Wurzel	Verb / Nomen	Singular Maskulinum	 Femininum	Plural Maskulinum	 Femininum	
א.כ.ל	אוכל ochel essen	אָכִיל 'achil	אכילה 'achila	אכילים 'achilim	אכילות 'achilot	essbar
ז.מ.נ	זמן sman Zeit	זָמִין samin	זמינה smina	זמינים sminim	זמינות sminot	verfügbar
ק.ר.א	קורא kore lesen	קָרִיא kari	קריאה kri'a	קריאים kri'im	קריאות kri'ot	lesbar

Auch hier gilt wie bei allen MISCHKALIM, dass das Ableitungsmuster keinen so zuverlässigen Beitrag zur Bedeutung leistet, dass man sich in jedem Einzelfall darauf verlassen könnte. Aber dennoch sind die MISCHKALIM häufig eine große Hilfe, wenn man sich die Bedeutung eines unbekannten Wortes erschließen möchte.

5 Adverbien

Adverbien und adverbiale Bestimmungen

Adverbien (Umstandswörter), תואר הפועל TO'AR HAPO'AL, und adverbiale Bestimmungen (Umstandsbestimmungen) beschreiben, wie und unter welchen Umständen etwas geschieht: Wie? Wann? Wo? Warum? Wozu?
Adverbien sind einzelne Wörter, während adverbiale Bestimmungen meist eine Umschreibung sind, die sich aus mehreren Wörtern zusammensetzt: „nie" - „zu keinem Zeitpunkt", „täglich" - „an jedem Tag".

In den meisten Sprachen gibt es nur wenige „reine" Adverbien, das heißt Wörter, die sich nur auf das Verb beziehen können. Im Deutschen sind das z.B. „oft", „gerne" oder „neulich". Häufig werden Adjektive (in undeklinierter Form!) als Adverbien eingesetzt. Adjektive wie „laut" können also sowohl Nomen als auch Verben modifizieren: „Chumi bellt oft, gerne und laut. Chumis ~~oftes~~, ~~gernes~~ lautes Gebell nervt Noam".

Im Hebräischen verhält es sich genauso. Es gibt einige reine Adverbien wie die folgenden Beispiele:

Ort			Zeit			Art und Weise		
פה	*po*	hier	אז	*'as*	dann	ככה	*kacha*	so
הנה	*hena*	hierher	עכשיו	*'achschaw*	jetzt	בערך	*be'erech*	ungefähr
סביב	*ßawiw*	ringsherum	כבר	*kwar*	schon	היטב	*hejtew*	gut

Daneben kann man auch im Hebräischen Adjektive als Adverbien verwenden, und zwar üblicherweise in der Form des Maskulinum Singular. Diese Form bleibt unverändert. Ein Adverb wird nicht dekliniert, da es sich nicht auf ein Nomen bezieht (nach dessen Genus und Numerus es sich richten müsste), sondern ein Verb näher bestimmt.

namer raz maher. — נמר רץ מהר.
Ein Leopard läuft schnell.

gam nemerim ktanim razim maher. — גם נמרים קטנים רצים מהר.
Auch kleine Leoparden laufen schnell.

Sara kotewet jafe. — שרה כותבת יפה.
Sarah schreibt schön.

Mimi weLili scharot jafe. — מימי ולילי שרות יפה.
Mimi und Lili singen schön.

Daher lässt sich an zwei Dingen erkennen, dass ein Adjektiv als Adverb fungiert: Das Adverb steht hinter dem Verb, während das Adjektiv hinter dem Nomen steht (wie das zweite der obigen Beispiele zeigt), und (wie die letzten drei Beispiele zeigen) die Endungen von Nomen und Adjektiv stimmen nicht überein.

Außerdem gibt es natürlich auch für Adverbien bestimmte Wortbildungsmuster. Eine sehr oft angewandte Methode ist das Verknüpfen von Nomina mit einer der unselbstständigen Präpositionen -ב, -כ, -ל, -מ, *be-*, *ke-*, *le-* oder *mi-*.

ְל / ְבּ *be / le*						
שמחה	*ßimcha*	Freude	→	בְּשמחה	*beßimcha*	gerne
שקט	*scheket*	Ruhe	→	בְּשקט	*bescheket*	leise
עולם	*'olam*	Welt	→	לְעולם	*le'olam*	für immer
				לְעולם לא	*le'olam lo*	nie
רגע	*rega*	Moment	→	כָּרגע	*karega*	momentan

Die Nomina können zusätzlich mit einem Adjektiv näher bestimmt werden.

mit großer Freude	*beßimcha raba*	בשמחה רבה
auf professionelle Weise	*be'ofen mikzo'i*	באופן מקצועי

Adverbien, die eine Richtung angeben, werden mithilfe des Suffixes ◌ָה *-a* gebildet.

◌ָה [ ] [ ] *a*						
ימין	*jamin*	rechts	→	ימינָה	*jamina*	nach rechts
דרום	*darom*	Süden	→	דרומָה	*daroma*	nach Süden
ארץ	*'erez*	Land	→	ארצָה	*'arza*	in das Heimatland (gemeint ist Israel)

In bestimmten Fällen wird zusätzlich der bestimmte Artikel -ה *ha-* vorangestellt.

◌ָה [ ] הַ *ha* [ ] *a*						
בית	*bajit*	Haus	→	הַביתָה	*habajta*	nach Hause
חוץ	*chuz*	draußen	→	הַחוצָה	*hachuza*	nach draußen
עיר	*'ir*	Stadt	→	הַעירָה	*ha'ira*	in die Stadt

Modifizierung von Adjektiven

Obschon der Name „Adverb" nahe legt, dass sich diese Wortart auf Verben bezieht, gibt es auch Adverbien, deren Bezugswort keine Verben, sondern Adjektive sind. Diese Adverbien modifizieren Adjektive, indem sie den Grad oder die Intensität der genannten Eigenschaft genauer beschreiben. Der häufigste Vertreter ist מאד *meod* «sehr», doch auch andere dieser Adverbien sind sehr gebräuchlich:

sehr teuer	*jakar me'od*	יקר מאד
gar nicht müde	*bichlal lo 'ajef*	בכלל לא עייף
ziemlich schlau	*dej pikeach*	די פיקח
besonders groß	*gadol bimjuchad*	גדול במיוחד

Auch die Adverbien יותר *joter* «mehr» und הכי *hachi* «am meisten», die für die Steigerung von Adjektiven verwendet werden (siehe 4.3), gehören in diese Gruppe: גדול יותר *gadol joter* «größer», הכי גדול *hachi gadol* «am größten».

6 Numerale (Zahlwörter)

Zahlwörter (Numerale) benennen einen bestimmten Zahlenwert, wie beispielsweise Menge, Reihenfolge oder Bruchteil. Neben den **Grund**- oder **Kardinalzahlen**, die für das Zählen und Angeben von (ganzen) Mengen verwendet werden, unterscheidet man **Ordnungs**- oder **Ordinalzahlen**, mit denen die Position in einer Reihenfolge benannt wird, und **Bruchzahlen** für die Bezeichnung von Brüchen. Die folgenden Abschnitte behandeln zunächst diese Zahlengruppen und anschließend spezielle Redewendungen, die Zahlenangaben beinhalten.

Im allgemeinen Gebrauch verwendet auch das Hebräische die arabischen Ziffern, die von links nach rechts gelesen werden. Außerdem ist jedem Buchstaben des hebräischen Alphabets ein bestimmter Zahlenwert zugeordnet; dieses System wird auch heute noch in bestimmten Kontexten, wie zum Beispiel bei Datumsangaben, angewendet und daher hier kurz vorgestellt.

6.1 Grundzahlen

Kardinalzahlen (Grundzahlen) werden hauptsächlich zum (Ab-)Zählen (1, 2, 3 ...) und zur Mengenangabe von zählbaren Einheiten (4 Äpfel, 2 Bananen) verwendet. Bei den hebräischen Zahlwörtern, auch für die Grundzahlen, gibt es einige Besonderheiten. Denn die Zahlwörter kommen in einer femininen und einer maskulinen Variante vor. Nur das Wort für Null ist einheitlich.

6.1.1 Die Zahlen 0 bis 10

Maskulinum			Femininum	
אפס	*'efeß*	0	אפס	*'efeß*
אחד	*'echad*	1	אחת	*'achat*
שניים	*schnajim*	2	שתיים	*schtajim*
שלושה	*schloscha*	3	שלוש	*schalosch*
ארבעה	*'arba'a*	4	ארבע	*'arba*
חמישה	*chamischa*	5	חמש	*chamesch*
שישה	*schischa*	6	שש	*schesch*
שבעה	*schiw'a*	7	שבע	*schewa*
שמונה	*schmona*	8	שמונה	*schmone*
תשעה	*tisch'a*	9	תשע	*tescha*
עשרה	*'aßara*	10	עשר	*'eßer*

Beim **Zählen** und **Rechnen**, bei der **Kennzeichnung** von Objekten oder Nennung von **Telefonnummern**, also immer wenn die Zahlen isoliert stehen, werden die femininen Formen gewählt.

bajit mißpar schesch, dira 'arba.	בית מספר שש, דירה ארבע.
Haus 6, Apartment 4.	
	טלפון: חמש שלוש חמש שבע שבע שתיים אפס
telefon: chamesch schalosch chamesch schewa schewa schtajim 'efeß	
Tel: 535 77 20	

Bei **Mengenangaben** dagegen muss man das Genus des gezählten Objektes beachten und entsprechend das feminine oder maskuline Zahlwort verwenden.

fünf Bananen	*chamesch bananot*	חמש בננות
fünf Äpfel	*chamischa tapuchim*	חמישה תפוחים

Eine weitere Besonderheit besteht darin, dass im Hebräischen das Wort für die Eins als Adjektiv gilt und es daher grundsätzlich – wie alle Adjektive – hinter dem Nomen steht. Alle weiteren Zahlwörter dagegen sind Nomina und stehen vor dem nominalen Begriff, dessen Anzahl sie benennen.

6

bat 'achat weschiw'a banim	בת אחת ושבעה בנים
eine Tochter und sieben Söhne	
har 'echad weschiw'a gamadim	הר אחד ושבעה גמדים
ein Berg und sieben Zwerge	

Auch die Zahl Zwei ist bei Mengenangaben besonders zu beachten, denn sie nimmt dabei eine andere Form an, als wenn sie isoliert steht.

zwei Zwerge	*schnej gamadim*	שני גמדים
zwei Töchter	*schtej banot*	שתי בנות

6.1.2 Die Zahlen im Status constructus

Dass die auf Eins folgenden Zahlwörter Nomina sind, wirkt sich nicht nur auf die Wortstellung aus, sondern hat auch zur Konsequenz, dass sich eine Konstruktion aus zwei Nomina ergibt (Zahl + gezähltes Nomen). Zusammensetzungen aus zwei Nomina, SSMICHUT genannt, weisen besondere Eigenschaften auf (siehe 2.4). In bestimmten Fällen ändert zum Beispiel das erste Nomen seine Form, sobald es in eine solche Nomen+Nomen-Konstruktion eingebettet ist. Nomina haben daher häufig neben der „normalen“ frei stehenden Form eine weitere Form für den Fall, dass sie die erste Position in einer Zusammensetzung einnehmen und daher im sog. Status constructus, also im „Konstruktions-Zustand“ sind.

Für die Zahlen von Zwei bis Zehn (die Eins ist ja ein Adjektiv) gelten die folgenden Sonderformen.

Die Zahlen 2 bis 10 im Status constructus

Maskulinum			Femininum	
schnej	שני	2	*schtej*	שתי
schloschet	שלושת	3	*schlosch*	שלוש
'arba'at	ארבעת	4	*'arba*	ארבע
chameschet	חמשת	5	*chamesch*	חמש
scheschet	ששת	6	*schesch*	שש
schiw'at	שבעת	7	*schwa*	שבע
schmonat	שמונת	8	*schmone*	שמונה
tisch'at	תשעת	9	*tscha*	תשע
'aßeret	עשרת	10	*'eßer*	עשר

Diese gebundenen Formen werden nur dann eingesetzt, wenn das gezählte Nomen **determiniert** ist. Dabei steht der bestimmte Artikel, wie üblich bei Zusammensetzungen, unmittelbar vor dem zweiten Bestandteil (siehe 2.4).

כל ארבע הבנות שלהם יפות וחכמות.
kol 'arba habanot schelahem jafot wechachamot.
Alle vier Töchter sind hübsch und weise.

שבעת הגמדים גרו מאחורי ההר.
schiw'at hagamadim garu me'achorej hahar.
Die sieben Zwerge wohnten hinter dem Berg.

Nur bei der Zwei vor einem Nomen muss, wie schon gesagt, immer die Sonderform שני *schnej* bzw. שתי *schteij* eingesetzt werden, also auch vor einem unbestimmten Nomen.
In der gesprochenen Sprache lässt man allerdings die femininen Formen häufig außer Acht und kombiniert einfach determinierte feminine Nomina mit den maskulinen gebundenen Zahlwörtern.
Die Zahlwörter lassen sich **deklinieren**; dazu werden die femininen oder maskulinen gebundenen Zahlen mit einem Personalaffix verknüpft (allerdings verwendet man dazu in der Regel nur die Zahlen bis 4).

schtejnu holchot lekolno'a. Wir beide gehen ins Kino.	שתינו הולכות לקולנוע.
schloschtechem jecholim leßachek kaduregel. Ihr drei könnt Fußball spielen.	שלושתכם יכולים לשחק כדורגל.

6.1.3 Die Grundzahlen ab 11

Das Zählen von Hundertern bzw. Tausendern erfolgt mit den femininen bzw. maskulinen Sonderformen (siehe 6.1.2).

6

Auch für die Bildung der weiblichen Zahlen von 11 bis 19 benötigt man die gebundenen femininen Sonderformen, die dann als Einer-Angabe vor עשרה' *eßre* stehen, dem femininen Wort für die Zehnereinheit. Für die maskulinen Zahlen von 11 bis 19 werden die „normalen" maskulinen Einer-Zahlwörter mit עשר *'aßar* kombiniert, dem männlichen Wort für die Zehnereinheit. Nur die Zahl 12 ist in beiden Fällen mit einer besonderen Form für die 2 gebildet.

Die Zahlen 11 bis 19

Maskulinum			Femininum	
אחד עשר	*'achad 'aßar*	11	אחת עשרה	*'achat 'eßre*
שנים עשר	*schnejm 'aßar*	12	שתים עשרה	*schtejm 'eßre*
שלושה עשר	*schloscha 'aßar*	13	שלוש עשרה	*schlosch 'eßre*
ארבעה עשר	*'arba'a 'aßar*	14	ארבע עשרה	*'arba 'eßre*
חמישה עשר	*chamischa 'aßar*	15	חמש עשרה	*chamesch 'eßre*
שישה עשר	*schischa 'aßar*	16	שש עשרה	*schesch 'eßre*
שבעה עשר	*schiw'a 'aßar*	17	שבע עשרה	*schwa 'eßre*
שמונה עשר	*schmona 'aßar*	18	שמונה עשרה	*schmone 'eßre*
תשעה עשר	*tisch'a 'aßar*	19	תשע עשרה	*tscha 'eßre*

Determiniertheit spielt ab der Anzahl 11 keine Rolle mehr.
Mit Beginn der Anzahl 20 wird bei Zehnern (wie später bei Hundertern, Tausendern

usw.) nicht mehr zwischen Maskulinum und Femininum unterschieden:

Die Zahlen 20 bis 90

20	עשרים	*'eßrim*
30	שלושים	*schloschim*
40	ארבעים	*'arba'im*
50	חמישים	*chamischim*
60	ששים	*schischim*
70	שבעים	*schiw'im*
80	שמונים	*schmonim*
90	תשעים	*tisch'im*

Nur die mit -ו *we-* angeschlossenen Einer richten sich wiederum nach dem Genus der gezählten Menge.

> בבית הספר לומדים ארבעים ושבעה תלמידים וחמישים ותשע תלמידות.
> *bewejt haßefer lomdim 'arba'im weschiw'a talmidim wechamischim wetescha talmidot.*
> In der Schule lernen 47 Schüler und 59 Schülerinnen.

6

Hunderter werden auf Basis des femininen Nomens מאה *me'a* gebildet, Tausender auf Basis des maskulinen Wortes אלף *'elef*. Die Wörter für 200 und 2000 werden jeweils mittels Dual geformt, die höheren Hunderter bzw. Tausender jeweils mithilfe der femininen bzw. maskulinen Einer in der Form des Status constructus.

Die Zahlen 100 bis 900

100	מאה	*me'a*
200	מאתיים	*matajim*
300	שלוש מאות	*schlosch me'ot*
400	ארבע מאות	*'arba me'ot*
500	חמש מאות	*chamesch me'ot*
600	שש מאות	*schesch me'ot*
700	שבע מאות	*schwa me'ot*
800	שמונה מאות	*schmone me'ot*
900	תשע מאות	*tscha me'ot*

Die Zahlen 1.000 bis 10.000

1.000	אלף	*'elef*
2.000	אלפיים	*'alpajim*
3.000	שלושת אלפים	*schloschet 'alafim*
4.000	ארבעת אלפים	*'arba'at 'alafim*
5.000	חמשת אלפים	*chameschet 'alafim*
6.000	ששת אלפים	*scheschet 'alafim*
7.000	שבעת אלפים	*schiw'at 'alafim*
8.000	שמונת אלפים	*schmonat 'alafim*
9.000	תשעת אלפים	*tisch'at 'alafim*
10.000	עשרת אלפים	*'aßeret 'alafim*

Bei komplexen Zahlen muss nur der Einer mit ו- *we-* angefügt werden.

824	*schmone me'ot 'eßrim we'arba*	שמונה מאות עשרים וארבע
9376	*tisch'at 'alafim schlosch me'ot schiw'im weschesch*	תשעת אלפים שלוש מאות שבעים ושש

Abschließend folgen einige Beispiele für Zahlen oberhalb von 10.000:

87.000	*schmonim weschiw'a 'elef*	שמונים ושבעה אלף
200.000	*matajim 'elef*	מאתיים אלף
5 Millionen	*chamischa milion*	חמישה מליון
1 Milliarde	*miljard*	מיליארד

6.2 Ordnungszahlen

6

Ordnungszahlen geben die Position in einer Reihenfolge an. Bis auf die Ordnungszahl für Eins, die sich vom hebräischen Wort ראש *rosh* «Kopf, Haupt» ableitet, basieren die Ordnungszahlen auf den Grundzahlen. Sie werden für die Zahlen von 1 – 10 gebildet und kommen in maskuliner und femininer (Singular und Plural) Form vor.

Die Ordnungszahlen 1 bis 10

Maskulinum			Femininum	
ראשון	*rischon*	1.	ראשונה	*rischona*
שני	*scheni*	2.	שניה	*schnija*
שלישי	*schlischi*	3.	שלישית	*schlischit*
רביעי	*rewi'i*	4.	רביעית	*rewi'it*
חמישי	*chamischi*	5.	חמישית	*chamischit*
ששי	*schischi*	6.	ששית	*schischit*
שביעי	*schwi'i*	7.	שביעית	*schwi'it*
שמיני	*schmini*	8.	שמינית	*schminit*
תשיעי	*tschi'i*	9.	תשיעית	*tschi'it*
עשירי	*'aßiri*	10.	עשירית	*'aßirit*

Die Ordnungszahlen verhalten sich wie Adjektive. Sie stehen also hinter dem Bezugsnomen, an dessen Genus sie sich anpassen. Wie für Adjektive üblich, stimmen sie auch mit der Determiniertheit des Bezugsnomens überein (siehe 4.2).

כל בן אדם **שלישי** חולה במחלה קשה.
kol ben 'adam schlischi chole bemachala kascha.
Jeder dritte Mensch ist an einer schweren Krankheit erkrankt.

זאת הבחינה החמישית והאחרונה שלי!
sot habchina hachamischit weha'achrona scheli!
Das ist meine fünfte und letzte Prüfung!

ימי החופש הראשונים הם היפים ביותר.
jemej hachofesch harischonim hem hajafim bejoter.
Die ersten Ferientage sind die schönsten.

Von der elften Position an werden die Ordnungszahlen anders gebildet. Es werden die „normalen" Grundzahlen eingesetzt, allerdings in der Funktion eines Adjektives.
Sie stehen also hinter dem Nomen, passen sich ihm im Genus an und werden auch durch den bestimmten Artikel -ה *ha-* als determiniert gekennzeichnet.

הפרק השנים עשר מותח מאד.
haperek haschnejm 'aßar moteach me'od.
Das zwölfte Kapitel ist sehr spannend.

המבקרת השבעים וחמש זכתה בחמש מאות דולר.
hamewakeret haschiw'im wechamesch sachta bechamesch me'ot dolar.
Die fünfundsiebzigste Besucherin gewann 500 Dollar.

6

6.3 Bruchzahlen

Auch bei den Bruchzahlen gibt es bis einschließlich zur 10, also bis zum Zehntel, besondere Zahlwörter. Für die Angaben ½, ⅓ und ¼ sind es maskuline Nomina, während die Bezeichnungen für Brüche mit einem Nenner von 5 bis 10 feminine Nomina sind, die den weiblichen Ordnungszahlen entsprechen (siehe 6.2).

½	חצי	*chezi*
⅓	שליש	*schlisch*
¼	רבע	*rewa*
⅕	חמישית	*chamischit*
⅙	שישית	*schischit*
⅐	שביעית	*schwi'it*
⅛	שמינית	*schminit*
⅑	תשיעית	*tschi'it*
⅒	עשירית	*'aßirit*

6

שליש מהתלמידים היה חולה אתמול.
schlisch mehatalmidim haja chole 'etmol.
Ein Drittel der Schüler war gestern krank.

עשירית מהסטודנטים גרים בדירה משלהם.
'aßirit mehaßtudentim garim bedira mischelahem.
Ein Zehntel der Studenten wohnt in einer eigenen Wohnung.

Das Nomen חֵצִי *chezi* «Hälfte, halb» ändert seine Aussprache in חֲצִי *chazi*, wenn es mit einem anderen Nomen zusammengesetzt wird; denn dann steht es an erster Stelle in einem SSMICHUT und nimmt entsprechend die Form des Status constructus an (siehe 2.4).

'ani roze chezi mehapiza schelcha. — אני רוצה חֵצִי מהפיצה שלך.
Ich möchte eine Hälfte von deiner Pizza.

'ani roze chazi piza. — אני רוצה חֲצִי פיצה.
Ich möchte eine halbe Pizza.

Bruchzahlen mit einem Nenner größer als 10 benennt man mithilfe des Wortes חלק *chelek* «Teil»; ist der Zähler größer als 1, erscheint חלק *chelek* im Plural und zwar in der gebundenen Form des Status constructus.

$\frac{1}{15}$	*chelek hachamesch 'eßre*	חלק החמש עשרה
$\frac{4}{25}$	*'arba chelkej 'eßrim wechamesch*	ארבע חלקי עשרים וחמש

6.4 Der Zahlenwert von Buchstaben

Jeder der 22 (Grund-)Buchstaben des hebräischen Alphabets repräsentiert einen bestimmten Zahlenwert. Die Null wird nicht dargestellt, die Zahlen von 1 bis 9 sind durch die ersten neun Buchstaben repräsentiert, die folgenden neun Buchstaben stellen die Zehner dar, die verbleibenden vier stehen für die Zahlen 100 bis 400.

1 - 9		10 - 20		100 - 400	
1	א	10	י	100	ק
2	ב	20	כ	200	ר
3	ג	30	ל	300	ש
4	ד	40	מ	400	ת
5	ה	50	נ		
6	ו	60	ס		
7	ז	70	ע		
8	ח	80	פ		
9	ט	90	צ		

Früher dienten die Schlussbuchstaben zur Darstellung der Zahlen 500 bis 900. Heute werden diese Zahlen durch Aneinanderreihung der Hunderter-Buchstaben und Addition ihrer Werte dargestellt.

700	=			400	+	300
ת"ש				ת		ש
900	=	400	+	400	+	100
תת"ק				ת		ק

Grundsätzlich wird bei Aneinanderreihungen vor dem letzten Buchstaben ein Doppel-Apostroph **גרשיים** GERSCHAJIM «Anführungszeichen» gesetzt, um zu kennzeichnen, dass es um den Zahlenwert der Buchstaben geht. Der Buchstabe mit dem höchsten Wert ist immer der erstgenannte.
Mit diesen Kombinationsregeln werden alle weiteren Zahlen dargestellt.

6	ו'
19	י"ט
47	מ"ז
382	שפ"ב

Um einen Tausender zu markieren, wird ein einfacher Apostroph גרש GERESCH «halbes Anführungszeichen» hinter den Buchstaben gefügt.

3.420 ג'ת"כ

9.991 ט'תתתק"א

Für die Zahlen 15 und 16 gilt eine Ausnahme.
Denn, regulär gebildet, würden sich die Buchstabenkombinationen **י** plus **ה** bzw. **י** plus **ו** ergeben, die jedoch in der geheiligten Bezeichnung Gottes vorkommen.
Daher weicht man aus auf die Kombinationen
ט"ו 15=6+9
ט"ז 16=7+9

6

6.5 Besondere Wendungen mit Zahlenangaben

6.5.1 Altersangabe

Für eine Altersangabe greift man im Hebräischen auf eine feste Formulierung zurück, die ungefähr „männliche/weibliche Person(en) von 'x' Jahren“ bedeutet. Der Bezug auf die entsprechende(n) Person(en) wird über die Begriffe **בן** *ben* «Sohn» und **בת** *bat* «Tochter» sowie deren Pluralformen ausgedrückt.

Mask.Sg.	*hu ben schmone.* Er ist 8 Jahre alt.	הוא בן 8.
Fem.Sg.	*Dina bat tescha.* Dina ist 9 Jahre alt.	דינה בת 9.
Mask.Pl.	*hachawerim bnej schesch 'eßre.* Die Freunde sind 16 Jahre alt.	החברים בני 16.
Fem.Pl.	*ha'imahot bnot schloschim weschalosch.* Die Mütter sind 33 Jahre alt.	האימהות בנות 33.

Das Wort שנה *schana* «Jahr», שנים *schanim* «Jahre» entfällt, legt aber fest, dass die Anzahl der Jahre in der femininen Form genannt wird. Die Anzahl von Monaten dagegen wird mit einem maskulinen Zahlwort angegeben, da das hebräische Wort חודש *chodesch* «Monat» männlich ist.

הבת שלי בת **שלוש ושלושה חודשים.**

habat scheli bat ***schalosch uschloscha chodaschim.***
Meine Tochter ist drei Jahre und drei Monate alt.

Die Frage nach dem Alter basiert auf der gleichen Formulierung und bedeutet ungefähr „Ein Sohn/eine Tochter wie vieler (Jahre) bist du?"

'uri, ***ben kama*** *'ata? - 'ani ben 16.* — אורי, **בן כמה** אתה? - אני בן 16.
Uri, wie alt bist du? - Ich bin 16

בנות כמה אמך וסבתך? - הן בנות 47 ו-71.

bnot kama *'imech weßawatech? - hen bnot 47 we 71.*
Wie alt sind deine Mutter und deine Großmutter? - Sie sind 47 und 71 Jahre alt.

6.5.2 Wochentage

Bis auf den Schabbat haben die Wochentage keine speziellen Namen, sondern werden - mit Beginn am Sonntag - einfach durchgezählt. Üblicherweise folgt auf das Wort יום *jom* «Tag» die entsprechende Ordnungszahl (siehe 6.2), es kann aber auch der jeweilige Buchstabe verwendet werden, der den entsprechenden Zahlenwert repräsentiert (siehe 6.4).

Sonntag	*jom rischon / jom 'alef*	יום א'	יום ראשון
Montag	*jom scheni / jom bet*	יום ב'	יום שני
Dienstag	*jom schlischi / jom gimel*	יום ג'	יום שלישי
Mittwoch	*jom rewi'i / jom dalet*	יום ד'	יום רביעי
Donnerstag	*jom chamischi / jom he*	יום ה'	יום חמישי
Freitag	*jom schischi / jom waw*	יום ו'	יום ששי
Samstag	*schabat*		שבת

6.5.3 Datum

In Israel gibt es zwei Kalendersysteme: den jüdischen Kalender, der nur in Israel (und weltweit in den jüdischen Gemeinden) offiziellen Status hat, und den mittlerweile weltweit eingeführten (christlichen) gregorianischen Kalender.

Jüdischer Kalender

Der amtliche, im religiösen wie im alltäglichen Leben verwendete jüdische Kalender beginnt mit der biblischen Schöpfung der Welt. Dieses Ereignis wurde für das Jahr 3761 (vor der christlichen Zeitrechnung) berechnet, sodass der jüdische Kalender dem gregorianischen um fast 4000 Jahre voraus ist und aktuell daher bereits das sechste Jahrtausend erreicht hat (2018 entspricht 5778).

6

Für die Datumsangabe wird, wie im Deutschen, die Reihenfolge Tag-Monat-Jahr gewählt. Der Tag wird nicht mit einer Ordnungszahl, sondern als Grundzahl benannt, und vor die Monatsnamen (TISCHREJ, CHESCHWAN, KISLEW, TEWET, SCHWAT, ADAR, NISSAN, 'IJAR, SIWAN, TAMUS, 'AW, ELUL) wird die Präposition -ב *be-* eingesetzt. Statt der arabischen Ziffern verwendet man immer die hebräischen Buchstaben mit entsprechendem Zahlenwert (siehe 6.4).

> יום א', י"ט באדר ה'תשע"ח
> *jom rischon, jod tet be'adar taw schin 'ajin chet (tasch'ach)*
> Sonntag, 19. Adar 5778

Im täglichen Gebrauch wird bei der Jahreszahl häufig auf das ה' (für 5.000) verzichtet, weil das aktuelle Jahrtausend als bekannt vorausgesetzt wird.

Gregorianischer Kalender

Auch Datumsangaben mithilfe des gregorianischen Kalenders sind ganz üblich. Der Tag wird auch hier mit der Grundzahl angegeben, und dem Monat geht die Präposition -ב *be-* voran. Häufig wird eine gregorianische Datumsangabe zusätzlich zum jüdischen Datum genannt. Beispielsweise erscheinen bei amtlichen Dokumenten oder Tageszeitungen beide Angaben parallel.

עשרים ושבעה בפברואר, אלפיים ושמונה עשרה
'eßrim weschiw'a befebru'ar, 'alpajim weschmone 'eßre
27.2.2018

6.5.4 Uhrzeit

Für die Angabe der Stunden verwendet man im Hebräischen - wie im Englischen - nur die Zahlen von 1 bis 12, wobei häufig zusätzlich die Tageszeit genannt wird. Da die Wörter für die Zeiteinheiten **שעה** *scha'a*, **דקה** *daka*, **שנייה** *schnija* «Stunde, Minute, Sekunde» feminin sind, werden in der Regel die femininen Zahlen verwendet, auch wenn die jeweilige Zeiteinheit ungenannt bleibt.

um 10:00	*be'eßer baboker*	בעשר בבוקר
um 20:00	*beschmone ba'erew*	בשמונה בערב

Auf die Frage nach der Uhrzeit **?מה השעה** *ma hascha'a?* beginnt die Antwort mit **...השעה** *hascha'a...* (wörtl. „Die Stunde ist ...").

Dabei werden die ersten dreißig Minuten hinter die bereits erreichte volle Stunde gesetzt und mit der Konjunktion **-ו** *we-* angeschlossenen. In Verbindung mit **רבע** *rewa* «Viertel» und **חצי** *chezi* «halb» wird die Konjunktion als **-ו** *wa-* vokalisiert.

hascha'a schmone we'eßrim. Es ist zwanzig (Minuten) nach acht.	השעה שמונה ועשרים.
hascha'a chamesch warewa. Es ist Viertel nach fünf.	השעה חמש ורבע.
hascha'a chamesch wachezi. Es ist halb sechs.	השעה חמש וחצי.

Die zweiten dreißig Minuten stehen vor der nächsten vollen Stundenzahl, die mit der Präposition **-ל** *le-* verknüpft wird.

hascha'a 'eßrim le'achat 'eßre. Es ist zwanzig (Minuten) vor elf.	השעה עשרים לאחת עשרה.
hascha'a rewa leschalosch. Es ist Viertel vor drei.	השעה רבע לשלוש.

Eine Ausnahme bilden die Angaben für fünf und für zehn Minuten. In diesen Fällen kann auch die maskuline Zahl verwendet werden, sofern das Wort **דקות** *dakot* fehlt.

הרכבת יוצאת בחמישה לתשע ומגיעה בעשר ועשרה ברציף ארבע.

harakewet jozet bechamischa letescha umagi'a be'eßer wa'aßara birzif 'arba.

Der Zug fährt um fünf vor neun ab und kommt um zehn nach zehn auf Gleis vier an.

7 Partikeln

Mit dem Sammelbegriff „Partikeln" bezeichnet man verschiedenartige Satzteilchen, die kein eigenständiges Satzglied sein können. Sie unterscheiden sich in Form und Funktion, haben aber im Deutschen das gemeinsame Merkmal, dass sie formal unveränderlich sind, also grundsätzlich nicht dekliniert werden.

Dies ist dagegen im Hebräischen kein einheitliches Merkmal. Denn etliche Partikeln können ihre Form verändern, indem sie mit Personalsuffixen verbunden und auf diese Weise dekliniert werden. Außerdem gibt es im Hebräischen die wichtige Unterscheidung zwischen selbstständigen Partikeln und solchen, die aus nur einem Konsonanten bestehen und eine feste Verbindung mit dem nachfolgenden Wort eingehen müssen. Diese unselbstständigen Partikeln, die nicht isoliert stehen können, werden **אותיות השימוש** OTIOT HASCHIMUSCH (formbildende Buchstaben) genannt.

Aus der umfangreichen und sehr heterogenen Gruppe der Partikeln werden hier nur die wichtigsten vorgestellt, und zwar geordnet unter dem Gesichtspunkt ihrer Funktion. Das formale Kriterium der (Un-)Selbstständigkeit ist dann jeweils ein Unterpunkt in diesen Abschnitten.

Häufig werden auch Adverbien zu den Partikeln gezählt. Sie haben hier ein eigenes Kapitel (siehe 5).

7.1 Präpositionen

Präpositionen, **מילת יחס** MILAT JACHASS «Verhältniswörter», geben eine räumliche, zeitliche oder ursächliche Beziehung zwischen Lebewesen, Dingen oder Geschehnissen an. Es gibt freie, ungebundene Präpositionen und unselbstständige einkonsonantige Varianten (OTIOT HASCHIMUSCH), die ausschließlich in fester Verbindung mit dem Folgewort auftreten. Die freien und einige der gebundenen Präpositionen sind durch Anfügen eines Personalsuffixes deklinierbar.

7.1.1 Selbstständige Präpositionen

Einige der gebräuchlichsten freistehenden Präpositionen sind **עם** *'im* «mit», **בלי** *bli* «ohne», **אצל** *'ezel* «bei», **על** *'al* «auf», **תחת** *tachat* «unter», **על יד** *'al jad* «neben», **לפני** *lifnej* «vor», **אחרי** *'acharej* «nach/hinter», **של** *schel* «von», **עד** *'ad* «bis».
Wie auch im Deutschen stehen die Präpositionen vor einem Nomen, einer Nominalgruppe oder einem Pronomen.

לפני העבודה נועם שותה עם אשתו קפה. *lifnej ha'awoda No'am schote 'im 'ischto kafe.* Vor der Arbeit trinkt Noam mit seiner Frau Kaffee.
חומי יושב על יד נועם תחת שולחן האוכל. *Chumi joschew 'al jad No'am tachat schulchan ha'ochel.* Chumi sitzt neben Noam unter dem Esstisch.

Steht eine Präposition vor einem Pronomen, erscheint das Pronomen grundsätzlich nicht in seiner selbstständigen Form, sondern immer in der verkürzten Form des Personalsuffixes (siehe 3.1.2) und wird entsprechend an die Präposition gebunden. Präpositionen werden also (in der Definition der hebräischen Grammatik) dekliniert.

No'am schote 'ita kafe. No'am trinkt mit ihr Kaffee.	נועם שותה איתה קפה.
Chumi joschew 'al jado. Chumi sitzt neben ihm.	חומי יושב על ידו.

7

Zur Veranschaulichung folgt die vollständige Deklination von drei Präpositionen. Präpositionen werden auf zwei leicht unterschiedliche Weisen dekliniert, und zwar im Hinblick auf die Wahl des Personalsuffixes. Wie in Kapitel 3.1.2 beschrieben, ändern Personalsuffixe ihre Form, je nachdem ob sie sich an ein Singular- oder ein Plural-Nomen binden (vgl. אָחִי *'achi* «mein Bruder», אַחַי *'achaj* «meine Brüder»).

Manche Präpositionen verhalten sich nun so, als wären sie ein Nomen im Singular, und verbinden sich mit den entsprechenden Personalsuffixen; andere dagegen wählen die Formen der Personalpronomen, die an Pluralnomina gefügt werden. Diese jeweiligen „Vorlieben“ der Präpositionen haben jedoch keinerlei inhaltliche Bedeutung, sondern bestehen nur in dem geringfügigen formalen Unterschied.

Singular-Deklination

אֵצֶל *'ezel* «bei»					
אֶצְלִי	*'ezli*	bei mir	אֶצְלֵנוּ	*'ezlenu*	bei uns
אֶצְלְךָ	*'ezlecha*	bei dir (m.)	אֶצְלְכֶם	*'ezlechem*	bei euch (m.)
אֶצְלֵךְ	*'ezlech*	bei dir (f.)	אֶצְלְכֶן	*'ezlechen*	bei euch (f.)
אֶצְלוֹ	*'ezlo*	bei ihm	אֶצְלָם	*'ezlam*	bei ihnen (m.)
אֶצְלָהּ	*'ezla*	bei ihr	אֶצְלָן	*'ezlan*	bei ihnen (f.)

Plural-Deklination

אֶל *'el* «zu»					
אֵלַי	*'elaj*	zu mir	אֵלֵינוּ	*'elejnu*	zu uns
אֵלֶיךָ	*'elecha*	zu dir (m.)	אֲלֵיכֶם	*'alejchem*	zu euch (m.)
אֵלַיִךְ	*'elajich*	zu dir (f.)	אֲלֵיכֶן	*'alejchen*	zu euch (f.)
אֵלָיו	*'elaw*	zu ihm	אֲלֵיהֶם	*'alejhem*	zu ihnen (m.)
אֵלֶיהָ	*'eleha*	zu ihr	אֲלֵיהֶן	*'alejhen*	zu ihnen (f.)

gemischte Deklination

שֶׁל *schel* «von»					
שֶׁלִּי	*scheli*	von mir/mein	שֶׁלָּנוּ	*schelanu*	von uns/unser
שֶׁלְּךָ	*schelcha*	von dir/dein (m.)	שֶׁלָּכֶם	*schelachem*	von euch/euer (m.)
שֶׁלָּךְ	*schelach*	von dir/dein (f.)	שֶׁלָּכֶן	*schelachen*	von euch/euer (f.)
שֶׁלּוֹ	*schelo*	von ihm/sein	שֶׁלָּהֶם	*schelahem*	von ihnen/ihr (m.)
שֶׁלָּהּ	*schela*	von ihr/ihr	שֶׁלָּהֶן	*schelahen*	von ihnen/ihr (f.)

7

7.1.2 Unselbstständige Präpositionen

Die unselbstständigen Präpositionen: -ב *be-* «in», -ל *le-* «zu, nach», -כ *ke-* «wie», -מ *mi-* «aus, von» gehören zu den OTIOT HASCHIMUSCH und müssen daher eine feste Verbindung mit dem Folgewort eingehen.

Für die Präpositionen -ב *be-*, -ל *le-* und -כ *ke-* gelten wie für alle unselbstständigen Partikeln, die ein SCHWA enthalten, einige besondere Vokalisierungsregeln. Die wichtigste gilt in Verbindung mit dem bestimmten Artikel -ה *ha-*: Werden -ב *be-*, -ל *le-* und -כ *ke-* mit einem Nomen verknüpft, dem schon der bestimmte Artikel -ה *ha-* vorangeht, werden die beiden vorgeschalteten unselbstständigen Elemente zusammengezogen. Dabei geht das ה des Artikels verloren und die Präposition übernimmt die Punktierung des -ה *ha-*. Meistens werden also -ב ,-ל und -כ als *ba*, *la* und *ka* vokalisiert (siehe 2.3).

בְּ+הַ=בַּ *be+ha=ba*	בְּ+ הַכיתה = בַּכיתה	*be+hakita=bakita*	in der Klasse
לְ+הַ=לַ *le+ha=la*	לְ+ הַשוק = לַשוק	*le+haschuk=laschuk*	zum Markt
כְּ+הַ=כַּ *ke+ha=ka*	כְּ+ הַילד = כַּילד	*ke+hajeled=kajeled*	wie das Kind

In Verbindung mit der Präposition -מ *mi-* bleibt der bestimmte Artikel unverändert, aber der Vokal der Präposition verändert sich zu [e].

מִ+הַ=מֵהַ *mi+ha=meha*	מִ+ הַבית = מֵהַבית	*mi+habajit=mehabajit*	aus dem Haus

בבוקר רץ חומי כטיל מהבית לפארק.
baboker raz Chumi ketil mehabajit lapark.
Am Morgen läuft Chumi wie eine Rakete von zu Hause in den Park.

Darüber hinaus gibt es weitere Regeln für Vokaländerungen bei diesen Präpositionen. Sie werden zwar im offiziellen Sprachgebrauch eingehalten, umgangssprachlich bleiben sie jedoch häufig unbeachtet und werden nur in festen Verbindungen beibehalten. Sie werden hier daher nur kurz aufgelistet:

be-, ke-, le- בְּ-, כְּ-, לְ-		
vor ◌ְ	vor יְ	vor ◌ֱ, ◌ֲ, ◌ֳ
בִּ, כִּ, לִ *bi, ki, li*	בִּ(י), כִּ(י), לִ(י) *bi, ki, li* Das JOD verliert das SCHWA.	בֶּ,כֶּ,לֶ, בַּ,כַּ,לַ, בָּ,כָּ,לָ *be,ke,le* oder *ba,ka,la* Der Vokal des Folgekonsonanten wird übernommen.
כְּ+גְבינה=כִּגְבינה *ke+gwina=kigwina* wie Käse	לְ+יְריחו=לִיריחו *le+Jericho=liricho* nach Jericho	כְּ+חֲלום=כַּחֲלום *ke+chalom=kachalom* wie ein Traum

mi- מִ-	
vor א, ה, ח, ע, ר	vor יְ
מֵ *me* מִ+חיפה=מֵחיפה *mi+Chejfa=meChejfa* aus Haifa	מִ(י) mi das JOD verliert das SCHWA מִ+יְרושלים=מִירושלים *mi+Jeruschalajim=miruschalajim* aus Jerusalem

לִפני כִּשְׁנתיים עברתי מֵחיפה לִירושלים וּמֵאז אני עובד כְּרופא בְּבית חולים.
lifnej kischnatajim 'awarti meChejfa liruschalajim ume'as 'ani 'owed kerofe bewejt cholim.
Vor circa zwei Jahren bin ich von Haifa nach Jerusalem umgezogen, und seitdem arbeite ich als Arzt im Krankenhaus.

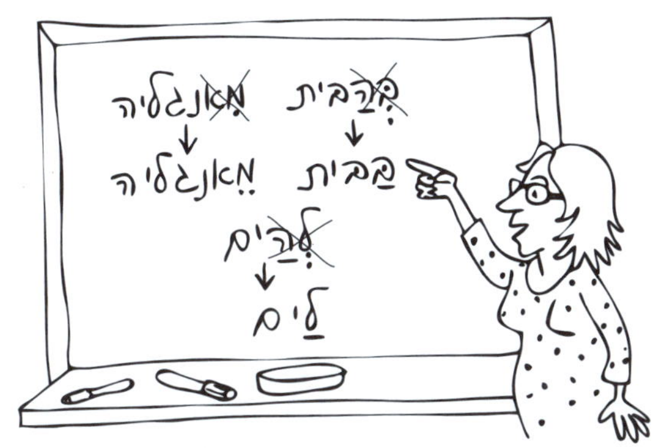

Die Konsonanten ב, כ, פ nach -בְּ- ,לְ- und -כְּ

Dadurch, dass die Konsonanten ב, כ, פ nicht mehr am Wortanfang stehen, verlieren sie ihr DAGESCH (siehe 1.4).

בְּכֵיף =	כֵּיף	+ בְּ	*be + kef = bechef*	mit Spaß
כְּפִיל =	פִּיל	+ כְּ	*ke + pil = kefil*	wie ein Elefant
לְבַת ים =	בַּת ים	+ לְ	*le + Bat Jam= leWat Jam*	nach Bat Jam

Deklination

Die beiden unselbstständigen Präpositionen -בּ *be-* und -ל *le-* können dekliniert werden. Für sie gilt das gleiche (Singular-)Schema wie oben bei den freien Präpositionen:

-לְ *le-* «zu»			
לִי *li*	mir	לָנוּ *lanu*	uns
לְךָ *lecha*	dir (m.)	לָכֶם *lachem*	euch (m.)
לָךְ *lach*	dir (f.)	לָכֶן *lachen*	euch (f.)
לוֹ *lo*	ihm	לָהֶם *lahem*	ihnen (m.)
לָהּ *la*	ihr	לָהֶן *lahen*	ihnen (f.)

7.2 Konjunktionen

Eine Konjunktion (Bindewort), מילת חיבור / מילת קישור MILAT CHIBUR / MILAT KISCHUR, hat die Funktion, einzelne Wörter, Wortgruppen oder Sätze zu verbinden. Koordinierende (gleichordnende) Konjunktionen verbinden Elemente, die hierarchisch gleichrangig sind. Subordinierende (unterordnende) Konjunktionen fügen einen untergeordneten Nebensatz an einen Hauptsatz oder einen übergeordneten Nebensatz an. Sie kommen daher nur in komplexen Satzgefügen vor.

7

7.2.1 Gleichordnende Konjunktionen

Es gibt zahlreiche unterschiedliche Konjunktionen. Die am häufigsten verwendeten Konjunktionen, die gleichrangige Wörter, Satzglieder und Sätze koordinieren, sind das unselbstständige -ו *we-* «und» und או *'o* «oder».

-ו *we-* und	רן וחבריו מבית הספר משחקים כדורגל. *Ran wechaweraw mibejt haßefer meßachakim kaduregel.* Ran und seine Freunde aus der Schule spielen Fußball.
או *'o* oder	אתה רוצה או לא רוצה? *'ata roze 'o lo roze?* Möchtest du oder möchtest du nicht?
אבל *'awal* aber	דינה מבקרת את כל המשפחה אבל לא את דודה מרים. *Dina mewakeret 'et kol hamischpacha 'awal lo 'et doda Mirjam.* Dina besucht die ganze Familie, aber nicht Tante Miriam.

גם *gam* auch	מימי ולילי היו במסיבה. גם אני הייתי שם. *Mimi weLili haju bameßiba. gam 'ani hajiti scham.* Mimi und Lili waren auf der Party. Auch ich war dort.
גם וגם *gam wegam* sowohl als auch	גם לילי וגם מימי לומדות הסטוריה. *gam Lili wegam Mimi lomdot hißtorja.* Sowohl Lili als auch Mimi studieren Geschichte.
לא רק אלא גם *lo rak 'ela gam* nicht nur – sondern auch	תמר לא רק עובדת כל יום אלא היא גם לומדת באוניברסיטה. *Tamar lo rak 'owedet kol jom, 'ela hi gam lomedet ba'uniwerßita.* Tamar arbeitet nicht nur jeden Tag, sondern sie studiert auch an der Universität.
חוץ מ- *chuz mi-* außer	המשרד פתוח כל יום חוץ משבת. *hamißrad patuach kol jom chuz mischabat.* Das Büro ist jeden Tag geöffnet, außer am Schabbat.
אפילו *'afilu* sogar	מיה הקטנה אוכלת הכל - אפילו זיתים! *maja haktana 'ochelet hakol – 'afilu sejtim!* Die kleine Maja isst alles – sogar Oliven!

Besondere Ausspracheregeln für -ו *we-*

Für die Konjunktion -ו *we-* als 'OT HASCHIMUSCH gelten wie für alle unselbstständigen Partikeln, die ein SCHWA enthalten, einige besondere Vokalisierungsregeln. In der Umgangssprache bleiben diese Regeln jedoch häufig unbeachtet.

-וְ *-we*			
vor ◌ְ	vor יְ	vor ב, ו, מ, פ	vor ◌ֳ, ◌ֲ, ◌ֱ
וּ *u*	וִי *wi* Das JOD verliert das SCHWA.	וּ *u*	וָ, וַ, וֶ *we* oder *wa* Der Vokal des Folgekonsonanten wird übernommen.
וְ+גְבינה=וּגְבינה *we+gwina=* *ugwina* und Käse	וְ+יְריחו=וִיריחו *we+Jericho=* *wiricho* und Jericho	וְ+מלח=וּמלח *we+melach=* *umelach* und Salz	וְ+חֲלום=וַחֲלום *we+chalom=* *wachalom* und ein Traum

Zudem wirkt sich das -ו *we* auf die Aussprache der Konsonanten פ, כ, ב aus. Am Wort- oder Silbenanfang sind sie sog. Verschlusslaute und erhalten zur Kennzeichnung in punktierten Texten ein DAGESCH. Wenn ihnen das -ו *we* als gebundene Konjunktion vorausgeht, stehen sie jedoch nicht mehr unmittelbar am Wortanfang und werden daher als Reibelaut artikuliert. Auch in punktierten Texten haben sie dann kein DAGESCH mehr.

> אימא וּמיכל קנו בשוק פירות וִירקות וּבַסופרמרקט הן קנו לחם, חלב וּגבינה.
> *'ima uMichal kanu baschuk perot wirakot uwaßupermarket hen kanu lechem, chalaw ugwina.*
> Mutter und Michal kauften auf dem Markt Obst und Gemüse, und im Supermarkt kauften sie Brot, Milch und Käse.

7.2.2 Unterordnende Konjunktionen

Subordinierende Konjunktionen treten nur in komplexen Satzgefügen auf. Denn sie haben die Funktion, einen untergeordneten Nebensatz einzuleiten und dabei an einen übergeordneten (Haupt-)Satz anzufügen. Häufig sind Konjunktionen einzelne Wörter, manche bestehen aber auch aus zwei oder mehr Wörtern; vielfach werden Adverbien als Konjunktionen eingesetzt.
Außer der am häufigsten verwendeten Konjunktion -ש *sche-* «dass», die zu den OTIOT HASCHIMUSCH gehört, kommen sie nur in selbstständiger Form vor.
Neben der formalen unterordnenden Verknüpfung stellen sie auch eine inhaltliche Beziehung zwischen den Sätzen her, zum Beispiel:

7

Objektsatz	
-ש *sche-* dass	אימא אומרת לדנדוש שהיא אוהבת אותו. *'ima 'omeret leDandusch schehi 'ohewet 'oto.* Mama sagt Dandusch, dass sie ihn liebt.
Kausal	
כי *ki* weil	לא הלכתי אתמול לאוניברסיטה כי לא היה לי חשק. *lo halachti 'etmol la'uniwerßita ki lo haja li cheschek.* Ich ging gestern nicht zur Uni, weil ich keine Lust hatte.
-מפני ש *mipnej sche-* weil	בני לא בא למשרד מפני שהוא היה חולה. *Benny lo ba lamißrad mipnej schehu haja chole.* Benny kam nicht ins Büro, weil er krank war.
Temporal	
-כש / כאשר *ksche-/kaascher* als, während	כשנועם הגיע הביתה חומי היה בבית. *kscheNo'am higi'a habajta, Chumi haja babajit.* Als Noam nach Hause gekommen ist, war Chumi zu Hause.

-לפני ש *lifnej sche-* bevor	התקשרי לפני שאת באה! *hitkaschri lifnej sche'at ba'a!* Ruf an, bevor du kommst!
Konditional	
אם *'im* wenn	אם יהיה לנו זמן, נבוא לבקר אתכם. *'im jihje lanu sman, nawo lewaker etchem.* Wenn wir Zeit haben, werden wir euch besuchen.
Final	
-כדי ש *kdej sche-* damit, um zu	הוא לומד יום ולילה כדי שיצליח בבחינות. *hu lomed jom walajla kdei schejazliach babchinot.* Er lernt Tag und Nacht, damit er die Prüfungen besteht.
Konzessiv	
-אף על פי ש *'af 'al pi sche-* obwohl	אף על פי שדן למד כל הלילה, הוא לא הצליח בבחינה. *'af 'al pi scheDan lamad kol halajla, hu lo hizliach babchina.* Obwohl Dan die ganze Nacht gelernt hatte, hat er die Prüfung nicht bestanden.
Konsekutiv	
לכן *lachen* sodass	דן לא למד מספיק, לכן הוא נכשל בבחינה. *Dan lo lamad maßpik, lachen hu nichschal babchina.* Dan hatte nicht genug gelernt, sodass er die Prüfung nicht bestanden hat.

7.3 Der Akkusativ-Marker את *'et*

Die selbstständige Partikel את *'et* dient zur Kennzeichnung eines Akkusativ-Objekts, dem sie vorangestellt wird. Sie ist nicht ins Deutsche zu übersetzen, da sie nur die Funktion hat, den Akkusativ zu markieren, vergleichbar mit dem „n" in „er sieht de**n** Mann" beim Akkusativ im Deutschen.
Die Partikel wird aber nicht vor unbestimmten Akkusativ-Objekten verwendet, sondern tritt nur vor determinierten Objekten auf, also nur vor solchen, die mit dem bestimmten Artikel -ה *ha-* verknüpft sind oder ein Eigenname, Personalpronomen oder dekliniert sind (siehe 2.3).

רן אוהב את מיכל. הוא מבקר את חברתו ונותן לה את הספר החדש של עמוס עוז.
Ran ohew 'et Michal. hu mewaker 'et chawerto wenoten la 'et haßefer hachadasch schel Amos Oz.
Ran liebt Michal. Er besucht seine Freundin und schenkt ihr das neue Buch von Amos Oz.

7

Aber:

רן מבקר חברה ונותן לה ספר חדש.
Ran mewaker chawera wenoten la ßefer chadasch.
Ran besucht eine Freundin und schenkt ihr ein neues Buch.

Wenn das Akkusativ-Objekt ein **Personalpronomen** ist, wird את *'et* mit dem entsprechenden Personalsuffix verknüpft, also dekliniert.

נועם מחפש את הכלב שלו. הוא מוצא אותו בפארק.
No'am mechapeß 'et hakelew schelo. Hu moze 'oto bapark.
Noam sucht seinen Hund. Er findet ihn im Park.

Die deklinierten Formen der Partikel אֶת *'et*:

אֶת *'et*					
אוֹתִי	*'oti*	mich	אוֹתָנוּ	*'otanu*	uns
אוֹתְךָ	*'otcha*	dich (m.)	אֶתְכֶם	*'etchem*	euch (m.)
אוֹתָךְ	*'otach*	dich (f.)	אֶתְכֶן	*'etchen*	euch (f.)
אוֹתוֹ	*'oto*	ihn	אוֹתָם	*'otam*	sie (m.)
אוֹתָהּ	*'ota*	sie	אוֹתָן	*'otan*	sie (f.)

7

Die Singular- und Plural-Formen der 3. Person Maskulinum und Femininum (אותו, אותה, אותם, אותן *'oto,'ota,'otam,'otan*) fungieren auch als Artikelwort „der-die-, dasselbe".

מימי ולילי אוהבות אותו בחור.
Mimi weLili 'ohawot 'oto bachur.
Mimi und Lili lieben denselben Mann.
אנחנו נפגשים עם אותם האנשים כל בוקר באותה תחנת האוטובוס.
'anachnu nifgaschim 'im 'otam ha'anaschim kol boker be'ota tachanat ha'otobus.
Wir treffen uns jeden Morgen mit denselben Leuten an derselben Bushaltestelle.

7.4 Negationspartikeln

Das Hebräische hat drei verschiedene, unterschiedlich einzusetzende Negativpartikeln: לא *lo*, אין *'ejn* und אל *'al*.

לא *lo*

Die Verwendung von לא *lo* ist die einfachste und daher umgangssprachlich favorisierte Form der Verneinung. Die Partikel לא *lo* kann „nicht" und als schlichte Antwort auf eine Frage auch „nein" bedeuten. Im Satz steht es gewöhnlich vor dem Prädikat.

את באה לפיצריה החדשה? - לא. אני לא אוהבת את המסעדה הזאת.
הפיצות שם לא טובות.

'at ba'a lapizarija hachadascha? - lo. 'ani lo 'ohewet 'et hamiß'ada hasot.
hapizot scham lo towot.
Kommst du mit in die neue Pizzeria? - Nein. Ich mag das Restaurant nicht.
Die Pizzen sind dort nicht gut.

לא *lo* + Infinitiv

Die Kombination von לא *lo* und einem Infinitiv drückt – genau wie im Deutschen – eine allgemeine Aufforderung zur Unterlassung aus:

na lo leha'achil 'et hachajot! Bitte die Tiere nicht füttern!	נא לא להאכיל את החיות!
na lo lidroch 'al hadesche! Bitte die Rasenfläche nicht betreten!	נא לא לדרוך על הדשא!

אין *'ejn*

Der Gebrauch von אין *'ejn* ist ein wenig formeller und nur in Präsens-Sätzen möglich. Es kann nicht als „nein" verwendet werden, ist aber ansonsten mit לא *lo* bedeutungsgleich. Anders als לא *lo* kann אין *'ejn* dekliniert, also mit einem Personalsuffix verknüpft werden:

אין 'ejn					
Singular			Plural		
ich nicht	('ani) 'ejneni / 'ejni	(אני) אֵינֶנִּי / אֵינִי	wir nicht	('anachnu) 'ejnenu	(אנחנו) אֵינֶנּוּ
du nicht (m.)	('ata) 'ejncha	(אתה) אֵינְךָ	ihr nicht (m.)	('atem) 'ejnchem	(אתם) אֵינְכֶם
du nicht (f.)	('at) 'ejnech	(את) אֵינֵךְ	ihr nicht (f.)	('aten) 'ejnchen	(אתן) אֵינְכֶן
er nicht	hu 'ejnenu / ejno	הוא אֵינֶנּוּ / אֵינוֹ	sie nicht (m.)	hem 'ejnam	הם אֵינָם
sie nicht	hi 'ejnena / ejna	היא אֵינֶנָּה / אֵינָהּ	sie nicht (f.)	hen ' ejnan	הן אֵינָן

Die Personalpronommen müssen nur in der 3. Person Singular und Plural genannt werden.

Das deklinierte אין *'ejn* steht hinter dem Subjekt, nach dem es sich in Genus und Numerus richtet.

hatalmidim 'ejnam mewinim 'et hamora. Die Schüler verstehen die Lehrerin nicht.	התלמידים אינם מבינים את המורה.

7

Wenn das Subjekt ein Personalpronomen ist und אין *'ejn* in deklinierter Form, also mit Personalsuffix auftritt, dann kann das Subjekt entfallen. Das angefügte Personalsuffix ist dann praktisch ein Stellvertreter für das Subjekt. Dies gilt jedoch nicht für die 3. Person Singular und Plural.

hi zimchonit – hi 'eina 'ochelet baßar. Sie ist Vegetarierin – Sie isst kein Fleisch.	היא צמחונית - היא אינה אוכלת בשר.
'ani zimchonit – 'ejneni 'ochelet baßar. Ich bin Vegetarierin – Ich esse kein Fleisch.	אני צמחונית - אינני אוכלת בשר.

Die Kombination von אין *'ejn* und einem Infinitiv drückt – genau wie im Deutschen – eine allgemeine Aufforderung zur Unterlassung aus:

'ejn lidroch 'al hadesche! Den Rasen nicht betreten!	אין לדרוך על הדשא!

אין *'ejn* als Gegenteil von יש *jesch*

Eine weitere wichtige Funktion von אין *'ejn* ist es, die Nicht-Existenz von etwas auszudrücken. Bei Sätzen im Präsens bildet es das Gegenstück zu יש *jesch* «es gibt», siehe 8.10.2, da es ein Vorhandensein verneint «es gibt nicht». Es steht immer in unveränderter Form vor dem Nomen.

בירושלים אין חנויות פתוחות בשבת.
bijruschalajim 'ejn chanujot ptuchot beschabat.
In Jerusalem gibt es am Schabbat keine geöffneten Geschäfte.

אין פינגווינים בקוטב הצפוני.
'ejn pinguinim bakotew hazfoni.
Es gibt keine Pinguine am Nordpol.

אל *'al*

Die Partikel אל *'al* wird ausschließlich verwendet, wenn man einen direkten negativen Imperativ ausdrücken möchte. Anders als im Deutschen kann im Hebräischen nicht die positive Imperativ-Form verneint werden. Stattdessen wird אל *'al* mit der entsprechenden Futur-Form des Verbs kombiniert.

רותי ושרה, אל תחזרו מאוחר הביתה!
Ruti weßara, 'al tachseru me'uchar habajta!
Ruthi und Sarah, kommt nicht so spät nach Hause!

דנדוש, אל תעבור את הכביש ברמזור אדום!
Dandusch, 'al ta'awor 'et hakwisch beramsor 'adom!
Dandusch, überquer nicht die Straße bei roter Ampel!

7

Verstärkung bei negativen Ausdrücken (doppelte Verneinung)

Negative Ausdrücke wie

אף אחד	*'af 'echad* «niemand»
אף פעם	*'af pa'am* «niemals»
שום דבר / כלום	*schum dawar / klum* «nichts»
בשום מקום	*beschum makom* «nirgendwo»

können alleine stehen, wenn sie als knappe Antwort auf eine Frage dienen:

מה יש לך לאכול? - כלום!
ma jesch lach le'echol? – klum!
Was hast du zu essen da? – Nichts!

את מי ראיתם? - אף אחד.
'et mi ra'item? – 'af 'echad.
Wen habt ihr gesehen? – Niemanden.

Wenn diese Ausdrücke jedoch in einem ganzen Satz auftreten, müssen sie zusätzlich mit einer Negativpartikel wie לא *lo* oder אין *ejn* kombiniert werden, damit eine verneinende Bedeutung erreicht wird.

יש משהו לאכול בבית? - לא, אין כלום במקרר.
jesch maschehu le'echol babajit? – lo, ejn klum bamekarer.
Gibt es was zu essen zu Hause? – Nein, es ist nichts im Kühlschrank.

היא לא הכירה אף אחד במסיבה.
hi lo hikira 'af 'echad bameßiba.
Sie hat niemanden auf der Party gekannt.

Gegenteilige Bedeutung bei Nomina und Adjektiven

Einige Negativpartikeln, vor allem לא *lo* und אי *'i* sowie bei Adjektiven auch בלתי *bilti*, können Nomina und Adjektiven vorangestellt werden und so deren gegenteilige Bedeutung bewirken.

אי *'i*	unmöglich	*'i 'efschar*	אי אפשר
	Unordnung	*'i ßeder*	אי סדר
	Unruhe	*'i scheket*	אי שקט
לא *lo*	unklar	*lo barur*	לא ברור
	unlogisch	*lo hegjoni*	לא הגיוני
	ungewöhnlich	*lo ragil*	לא רגיל
בלתי *bilti*	ungerecht	*bilti hogen*	בלתי הוגן
	ungesetzlich	*bilti chuki*	בלתי חוקי
	unverständlich	*bilti muwan*	בלתי מובן

8 Verben

Ein Verb (Zeitwort, Tätigkeitswort), פועל *po'al*, benennt eine Tätigkeit, einen Vorgang oder Zustand. In konjugierter Form hat es als Prädikat die wichtigste Funktion im Satz. Es weist dann Endungen für Person, Numerus und ggf. Genus auf, die mit dem Subjekt des Satzes übereinstimmen (kongruieren); und es ist außerdem für ein bestimmtes Tempus markiert, womit das vom Verb benannte Ereignis in der Vergangenheit, Gegenwart oder Zukunft verankert wird.

8.1 Allgemeines

Verben lassen sich generell unter zahlreichen formal-grammatischen und inhaltlichen Gesichtspunkten unterscheiden und kategorisieren. Eine einzelne Sprache verfügt in der Regel nicht über alle universell möglichen Verbtypen und Verbformen. Manche Sprachen sind sozusagen etwas schlichter gestrickt, andere dagegen sind filigraner ausgeprägt und entsprechend komplizierter. Typisierungen sind daher nicht immer übertragbar, und manchmal erfolgt eine namentlich gleiche Kategorisierung aufgrund ganz anderer Kriterien (so meint etwa die Bezeichnung „schwaches Verb" im Deutschen etwas anderes als im Hebräischen, und auch der Begriff „Verbstamm" wird für europäische Sprachen anders verwendet).

Einige der uns vertrauten „Etikettierungen" lassen sich aber problemlos auf das Hebräische übertragen. Denn auch hier gibt es neben der konjugierten (finiten) Verbform einen ungebeugten Infinitiv sowie bestimmte Formen und Endungen für unterschiedliche Personen, Zeiten und Modi (Indikativ, Imperativ). Neben Vollverben gibt es Hilfs- bzw. Modalverben, intransitive Verben (ohne Akkusativ-Objekt), transitive (mit Akkusativ-Objekt und passivierbar), Verben mit Dativ-Objekt und reflexive (rückbezügliche) Verben. Auch Aktiv- und Passiv-Bildungen lassen sich unterscheiden, auch wenn die „Strickart" vollständig anders ist.

Manche verbale Einheiten fehlen dagegen im Vergleich zum deutschen Verbsystem. Das moderne Hebräisch hat beispielsweise nur drei Zeitstufen: Vergangenheit (Imperfekt), Gegenwart (Präsens) und Zukunft (Futur). Die Zeiten vollendete Vergangenheit, Gegenwart und Zukunft (Plusquamperfekt, Perfekt und Futur II) gibt es nicht. Auch den Modus des Konjunktivs kennt das heutige Hebräisch nicht.

Wir werden hier im Weiteren zunächst den grundsätzlichen Aufbau des einzelnen Verbs sowie des gesamten verbalen Systems erläutern. Die anschließenden Kapitel behandeln die verschiedenen Verbtypen (und Untertypen) mit ihren Konjugationsmustern. Die Verben nehmen im Hebräischen eine zentrale Rolle ein und stellen ein so komplexes Thema dar, dass sich ganze Grammatikbücher nur dem hebräischen Verb widmen und umfangreiche Lexika ausschließlich Verben und deren Formen auflisten. Wir werden uns eingangs auf Verben der Gruppe PA'AL, die als einfacher Basis-Typ gilt, konzentrieren und damit repräsentativ die Formen- und Tempusbildungen ganz ausführlich erklären. Die Erläuterungen der anderen Verbgruppen können dann in verkürzter Form darauf aufbauen.

8.2 Die Struktur von Verben und des Verbalsystems

8.2.1 Interner Aufbau der Verben

Ein hebräisches Verb setzt sich grundsätzlich aus zwei Komponenten zusammen: der konsonantischen Wurzel שורש SCHORESCH und dem verbalen Wortbildungsmuster בניין BINJAN. Eine Wurzel besteht in der Regel aus drei Konsonanten und hat eine gewisse Grundbedeutung. Sie ist jedoch allein nicht artikulierbar, erst in Verbindung mit einem BINJAN, das der Wurzel ein spezifisches Vokalschema hinzufügt, entsteht ein artikulierbares Verb (so wie aus der Verbindung von Wurzel und nominalem Muster, MISCHKAL, ein Nomen gebildet wird, siehe 2.6). Die Bedeutung des Verbs ergibt sich dann aus der spezifischen Grundbedeutung der individuellen Wurzel und dem (mehr oder minder) systematischen Bedeutungsaspekt des jeweiligen BINJAN.

	Wurzel	+	BINJAN	→	Ergebnis
	כ.ת.ב *k.t.w*		PA'AL □ָ□ַ□		כָּתַב (הוא) *(hu) kataw*
Bedeutung	schreiben		einfache aktive Handlung; hier: im Imperfekt		(er) schrieb

In diesem Beispiel wurde die Wurzel כ.ת.ב mit dem Vokalschema PA'AL kombiniert. Dieses Vokalmuster legt fest, dass in der Zeitstufe des Imperfekt die ersten zwei Konsonanten (von rechts ausgehend) der Wurzel mit [a] zu vokalisieren sind (die Konsonanten der Wurzel sind durch die Platzhalter repräsentiert). Daraus ergibt sich die Verbform כָּתַב *kataw*, die besagt, dass die 3. Person Singular Maskulinum die einfache, aktive Handlung des Schreibens ausgeführt hat.

Auch wenn im Deutschen Wort-Bildung und -Beugung ganz anders funktionieren, könnte man zur Veranschaulichung folgenden (hinkenden) Vergleich anstellen:
Wäre die Konsonantenfolge s-t-ch eine Wurzel, die die Grundbedeutung „mit einem spitzen Gegenstand eindringen" hätte, und würde man sie mit einem Vokalmuster kombinieren, das zur Bildung eines Verbs im Imperfekt in bestimmten Fällen nach den ersten zwei Konsonanten ein „a" einfügt, dann erhielte man mit „stach" eine aktive Verbform für die 1. und 3. Person Singular im Imperfekt. Dieses Vokalmuster wäre mit gleichem Ergebnis auf s-t-n-k, k-l-n-g oder t-r-n-k

übertragbar: (es) stank, klang, trank. (Der bestimmte Bedeutungsaspekt, den ein hebräisches Vokalmuster liefert, bleibt in unserem – hinkenden – Beispiel unberücksichtigt, wird aber gleich unter den BINJANIM ausführlich erklärt.)

Zu den Komponenten Wurzel und BINJAN können als weiterer Verb-Bestandteil Konjugationsendungen auftreten, die Person und Numerus kennzeichnen, oder auch Vorsilben, die zur Zeitstufe des Futurs gehören.
Damit kann eine komplexe Verbform beispielsweise die folgenden Strukturen haben:

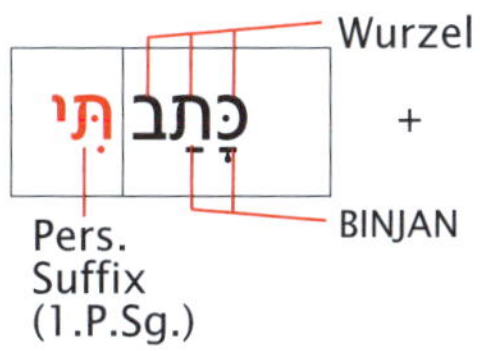

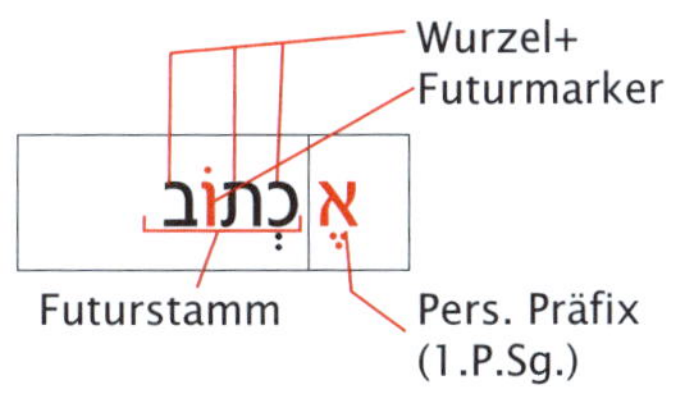

Das zweite Strukturbeispiel enthält die Bezeichnung „Futurstamm“ und verdeutlicht, dass die Begriffe „Stamm“ und „Wurzel“ nicht dasselbe meinen. Eine Wurzel enthält tatsächlich nur die – in der Regel – drei Konsonanten, während der Verbstamm zwar auch eine Basiseinheit ist, die durch Konjugationsendungen erweitert wird, aber der dennoch weniger „nackt“ ist, denn ein Stamm enthält neben den Wurzelkonsonanten noch einen Vokal, der einen grammatischen Hinweis gibt. Im obigen Beispiel ist es ein mit [o] vokalisiertes WAW וֹ, das den Futurstamm kennzeichnet. 8

Die einfachste konjugierte Form eines Verbs
ist die 3. Person Singular Maskulinum im Imperfekt.
Denn diese Form besteht rein aus den Wurzelkonsonanten und dem Beitrag des BINJAN, hat also kein Personalaffix.
Daher ist dies die Form, mit der ein Verb häufig im Lexikon gelistet ist (und nicht, wie wir es gewohnt sind, der Infinitiv).

8.2.2 Die BINJANIM

Der Begriff בניין **BINJAN** «Gebäude» bezeichnet ein festgelegtes Vokalschema, das in Verbindung mit einer konsonantischen Wurzel ein Verb entstehen lässt, das dann zu einer bestimmten Bedeutungsgruppe gehört. Der Begriff wird häufig mit „Verbstamm" übersetzt – eine irreführende Bezeichnung, da sie bei den europäischen Sprachen etwas anderes meint. Wir werden daher diese Bezeichnung in diesem Zusammenhang vermeiden und überwiegend den hebräischen Begriff BINJAN verwenden und ihn nur gelegentlich seiner Funktion nach als (semantisches) „Verbbildungsmuster" oder seiner Form nach als „Vokalschema" bezeichnen.

Insgesamt gibt es sieben verschiedene BINJANIM. Jeder BINJAN ist gekennzeichnet durch ein bestimmtes Vokalschema, legt ein Konjugationsmuster fest und spezifiziert bzw. modifiziert die Art und Weise des Geschehens. Jeder BINJAN leistet also nicht nur einen formalen Beitrag, sondern auch einen Beitrag zur Bedeutung (deshalb werden die BINJANIM im Englischen häufig als „meaning classes" bezeichnet). Drei der BINJANIM haben eine aktive Bedeutung, drei legen passive Bedeutung fest und ein BINJAN drückt reflexive Handlungen aus.

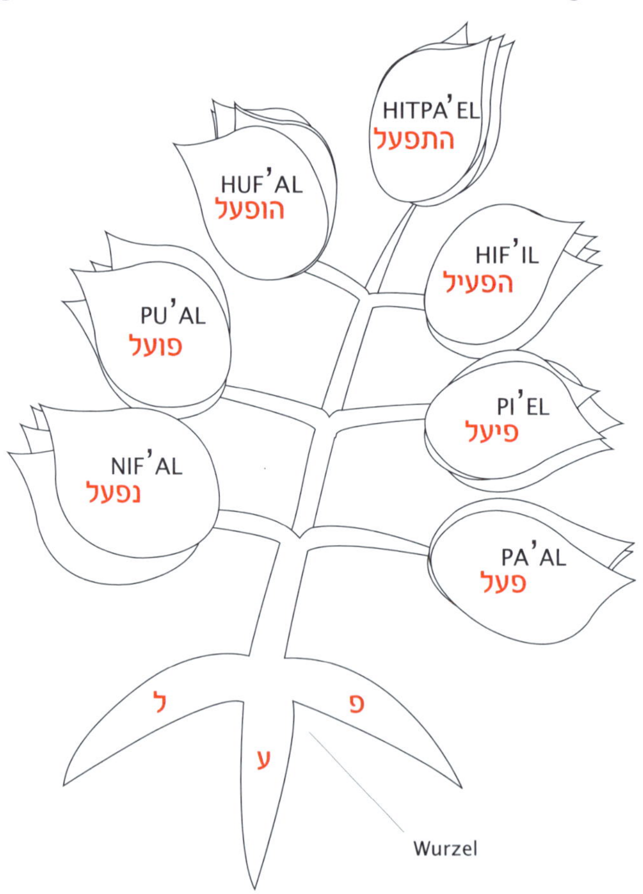

8

Das Vokalschema PA'AL gilt als Grundmuster, das eine einfache, aktive Handlung bezeichnet, die durch die anderen BINJANIM modifiziert wird. Etwas ansatzweise Vergleichbares erreicht man im Deutschen durch Kombination mit Vor- oder Nachsilben. Wenn zum Beispiel bestimmte intransitive Verben, die ein unwillkürliches Geschehen ausdrücken („fallen“, „brechen“, „sinken“), mit dem Präfix „-ver“ oder „zer-“ verknüpft werden, entstehen transitive Handlungsverben mit kausativer (veranlassender) Bedeutung: das Schiff sinkt – er versenkt das Schiff, die Scheibe bricht – er zerbricht die Scheibe. Die beiden Verbklassen sind so unterschiedlich, dass sie sogar das Perfekt mit verschiedenen Hilfsverben bilden: ist gesunken – hat versenkt, ist gebrochen – hat zerbrochen.

Das meistgewählte Beispiel zur Veranschaulichung der BINJANIM ist die Wurzel כ.ת.ב in ihren verschiedenen Kombinationsvarianten.

Wurzel	בניין BINJAN	Infinitiv		Bedeutung
כ.ת.ב	פָּעַל □ָ□ַ□ PA'AL	לִכְתֹּב	*lichtow*	schreiben
	פִּעֵל □ִ□ֵ□ PI'EL	לְכַתֵּב	*lechatew*	intensiv schreiben (z. B. viel oder in Stein meißeln)
	הִפְעִיל הִ□ְ□ִי□ HIF'IL	לְהַכְתִּיב	*lehachtiw*	diktieren
	הִתְפַּעֵל הִתְ□ַ□ֵ□ HITPA'EL	לְהִתְכַּתֵּב	*lehitkatew*	korrespondieren
	נִפְעַל נִ□ְ□ַ□ NIF'AL	לְהִכָּתֵב	*lehikatew*	geschrieben werden
	פֻּעַל □ֻ□ַ□ PU'AL	–	–	–
	הֻפְעַל הֻ□ְ□ַ□ HUF'AL	(הוא) מֻכְתָּב	*(hu) muchtaw (kein Infinitiv vorhanden)*	(etw.) wird diktiert

Die Tabelle zeigt, welchen formalen/lautlichen Beitrag jeder BINJAN leistet: Der Wurzel wird jeweils ein bestimmtes Vokalschema oder ein Vokalschema plus Präfix hinzugefügt. Dieser Beitrag ist einheitlich und bleibt konstant, egal mit welcher Wurzel ein BINJAN verschmilzt. Auch der semantische Beitrag ist in unserem Beispiel recht systematisch: Jeder BINJAN bewirkt die für ihn typische Bedeutungsmodifizierung (z.B. PI'EL verstärkt die Handlung), lässt dabei aber die im PA'AL beschriebene Grundbedeutung erkennbar bleiben. So ausgesprochen

„beispielhaft“ verläuft es aber nicht bei jeder Wurzel. Es gibt häufig Bildungen, bei denen keine Parallele zu dem sonst üblichen Beitrag des betreffenden BINJAN zu erkennen ist und auch der Bezug zur Grundbedeutung des Verbs fehlt.

Formal betrachtet, gibt es außerdem zahlreiche „Lücken im System“: Eine Wurzel tritt nur selten in Kombination mit allen sieben BINJANIM auf. Die obige Tabelle zeigt zum Beispiel, dass die Wurzel כ.ת.ב sich nicht mit dem Muster PU'AL verknüpft, obschon theoretisch nichts dagegenspräche. Es gibt auch ganz systematische Beschränkungen, zum Beispiel wenn eine Wurzel mehr als drei Konsonanten hat.

Außerdem verweist die Tabelle auf eine weitere formale Lücke, und zwar bei den Konjugationsmöglichkeiten. Denn jeder einzelne BINJAN kann zwar in allen drei Tempora auftreten, aber er kann nicht jede Verbform annehmen. So ist in manchen (logischen) Fällen der Imperativ ausgeschlossen und in unserem Beispiel gibt es im HUF'AL keinen Infinitiv.

Bevor nun die BINJANIM im Einzelnen vorgestellt werden, noch ein Hinweis zu ihrer jeweiligen Bezeichnung. Ihre Namen setzen sich zusammen aus den Wurzelkonsonanten פ ע ל und ihrem speziellen (Vokal)Schema, das entsprechend mit dieser Wurzel kombiniert wird. An ihrem Namen kann man daher erkennen, welchen formalen/lautlichen Beitrag sie leisten. Die Konsonantenfolge פ.ע.ל hat man gewählt, weil sie die Wurzel für das Verb לפעול *lif'ol* «handeln, tun» ist. Der Name PA'AL ergibt sich also aus dieser Wurzel plus Vokalmuster für die 3. Person Singular Maskulinum Imperfekt, das in diesem Fall den ersten und zweiten Konsonanten einer Wurzel mit [a] vokalisiert:

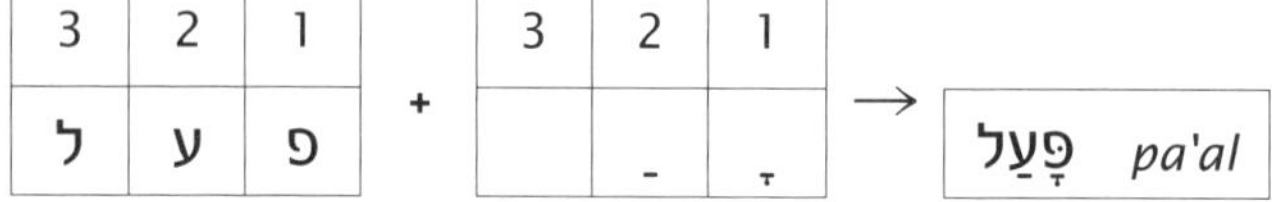

Entsprechend erfolgt die Namensgebung für die anderen BINJANIM; so ergibt sich beispielsweise der Name PI'EL aus der Vokalisierung mit [i] und [e].

Der folgende Überblick listet die BINJANIM in der standardmäßig gewählten Reihenfolge auf. Dabei wird direkt nach einem aktiven Verbbildungsmuster das dazugehörige passive Muster genannt. Und den drei Aktiv-Passiv-Pendants folgt abschließend das BINJAN mit reflexiver Bedeutung. Zu den Bedeutungsbeschreibungen muss noch mal grundsätzlich erwähnt werden, dass die angegebene Bedeutung nur typisch, aber nicht strikt regelhaft ist, also eher als „Tendenzaussage“ betrachtet werden kann.

1 פָּעַל PA'AL □ָ□ַ□

Dieser BINJAN kommt am häufigsten vor und beschreibt die einfache Grundbedeutung eines Verbs. Diese Bedeutung kann dann durch die anderen BINJANIM modifiziert werden. Es sind grundsätzlich aktivische Verben; sie können transitiv oder intransitiv sein. Weil dieser BINJAN typischerweise die einfache Basisaktivität beschreibt und außerdem die „schlichteste“ Form bietet, wird er häufig als קל *kal* «leicht» bezeichnet und daher in anderen Grammatiken statt PA'AL auch KAL (oder QAL) genannt.

Grammatische Besonderheiten: Verknüpfungen sind nur mit dreikonsonantigen Wurzeln möglich; für die Konjugationsformen gibt es keine Beschränkungen, das heißt, die Verben können Infinitiv, Partizip Perfekt, Gerundium (Verbalsubstantiv) und Imperativ bilden.

2 נִפְעַל NIF'AL נִ□ְ□ַ□

NIF'AL gilt als das passive Gegenstück zum PA'AL. Ein passives Geschehen wird also nicht wie im Deutschen mithilfe eines Hilfsverb ausgedrückt „er badet den Hund - der Hund wird gebadet“, sondern indem man die Wurzel (bzw. den Verbstamm) mit einem anderen BINJAN verknüpft.
Es gibt jedoch zahlreiche NIF'AL-Verben, die keine passivische Bedeutung haben. Häufig kommen sog. inchoative Verben vor (sie beschreiben den Prozess eines nicht willentlich herbeigeführten Zustandswechsels wie להרדם *leheradem* «einschlafen» oder auch wechselseitig reflexive (reziproke) Verben wie להיפגש *lehipagesch* «sich begegnen». Auch bei aktiver Bedeutung sind es immer intransitive Verben.

Grammatische Besonderheiten: Der Imperativ kann nur bei den Verben gebildet werden, die eine aktive Handlung bezeichnen; das Partizip Perfekt (Passiv) ist in dieser Gruppe grundsätzlich ausgeschlossen.

3 פִּעֵל PI'EL □ִ□ֵּ□

Die Verben dieser Gruppe haben durchaus unterschiedliche Bedeutungen, aber allen gemeinsam ist, dass sie eine willkürliche, also bewusst durchgeführte Aktivität beschreiben. Wenn ein PA'AL-Verb modifiziert wird, erfolgt meistens eine Art Intensivierung gegenüber der Grundbedeutung: Die Grundhandlung wird entweder mit größerer Intensität („brechen“ → „zerschmettern“) oder auch andauernder Wiederholung durchgeführt („springen“ → „hüpfen“). Daneben entstehen auch Verben mit kausativer (veranlassender) Bedeutung („wissen“ → „wissen lassen / benachrichtigen“). Es gibt in dieser Gruppe auch Verben, die gar keine Entsprechung in der PA'AL-Gruppe haben. Insgesamt können die Verben transitiv oder intransitiv sein.

Grammatische Besonderheiten: Es sind Verknüpfungen mit Wurzeln möglich, die aus vier oder mehr Konsonanten bestehen (daher werden aus anderen Sprachen übernommene Fremd- bzw. Lehnwörter meistens in diesem BINJAN konjugiert). Infinitiv, Imperativ und Gerundium (Verbalsubstantiv) können gebildet werden; das Partizip Perfekt (Passiv) wird nicht geformt, da hierfür das Partizip Präsens des PU'AL eintritt.

4 פֻּעַל PU'AL ◻ֻ◻ַ◻

Dieser BINJAN formt aus PI'EL-Verben passive Verben. Anders als beim NIF'AL, dem passiven Gegenstück zum PA'AL, haben hier ausnahmslos alle Verben eine passive Bedeutung („storniert werden"). PU'AL-Verben kommen eher im formellen als im umgangssprachlichen Bereich zum Einsatz, und vielfach sind sie aufgrund ihrer Bedeutung nur eingeschränkt konjugierbar, zum Beispiel indem die Formen der ersten und zweiten Person ausgeschlossen sind oder nur der Plural möglich ist. Nur das Partizip Präsens dieser Gruppe ist sehr gebräuchlich und wird oft als Adjektiv eingesetzt.

Grammatische Besonderheiten: Es kann kein Infinitiv, Imperativ oder Gerundium (Verbalsubstantiv) gebildet werden.

5 הִפְעִיל HIF'IL הִ◻ְ◻ִי◻

Dieser BINJAN formt grundsätzlich aktive Verben; sie können transitiv oder intransitiv sein. Viele dieser Verben haben eine kausative Bedeutung, die bei den intransitiven Verben häufig eine Zustandsveränderung beschreibt („reifen", „dick werden") und bei den transitiven Verben häufig die Veranlassung zu einer bestimmten Handlung oder Veränderung bezeichnet („schreiben lassen / diktieren", „größer werden lassen / vergrößern, erweitern"). Oftmals lässt sich die systematische inhaltliche Beziehung zum Verb eines anderen BINJAN erkennen: PA'AL לעבוד *la'awod* «arbeiten» → HIF'IL להעביד *leha'awid* «zur Arbeit zwingen, arbeiten lassen».

6 הֻפְעַל HUF'AL הֻ◻ְ◻ַ◻

HUF'AL bildet das Passiv aus den HIF'IL-Verben. Es gibt praktisch nur Verben mit passivischer Bedeutung („eingeladen werden"), die so gut wie immer eine aktivische Entsprechung im HIF'IL haben. In seiner eingeschränkten Verwendung ähnelt es dem PU'AL (dem Passiv zum PI'EL).

Grammatische Besonderheiten: Entsprechend sind auch hier die Formen von Infinitiv, Imperativ und Gerundium (Verbalsubstantiv) ausgeschlossen.

7 הִתְפַּעֵל HITPA'EL הִתְ□□□

Die Verben dieser Gruppe sind in der Regel intransitiv und können verschiedene (gelegentlich sogar passivische) Bedeutung haben. Aber ein gemeinsames Grundmerkmal der Bedeutungen ist, dass nicht der Vorgang selbst oder das handelnde/grammatische Subjekt im Vordergrund steht, sondern das Resultat, also der herbeigeführte Zustand des Subjekts („kaputtgehen"). Ein Großteil der Verben hat reflexive oder reziproke (wechselseitig rückbezügliche) Bedeutung („sich anziehen", „sich küssen"). Diese rückbezügliche Bedeutung ist ein inhärentes, an den BINJAN geknüpftes Merkmal, sodass im Hebräischen, anders als im Deutschen, ein Reflexiv- oder Reziprok-Pronomen („sich") überflüssig ist und nur in bestimmten Fällen zur starken Hervorhebung eingesetzt wird.

8.2.3 גזרות GSAROT

Klassifizierung in regelmäßige und unregelmäßige Verbtypen

Unabhängig von der Zuordnung der Verben im System der BINJANIM gibt es eine grundsätzliche Aufteilung aller Verben in zwei Gruppen, indem man regelmäßige (auch: vollständige, starke) Verben von unregelmäßigen (auch: unvollständigen, schwachen) Verben unterscheidet. Diese Unterscheidung basiert auf der jeweiligen „Intaktheit" der Wurzelkonsonanten: Wenn in sämtlichen Konjugationsformen, also in allen BINJANIM, allen Zeitstufen sowie allen Personen, jeder einzelne Wurzelkonsonant vollständig und unverändert erhalten bleibt, dann liegt ein regelmäßiges, starkes Verb vor. Wenn dagegen im Zuge der Konjugationen an irgendeiner Stelle ein oder zwei Wurzelkonsonanten verloren gehen oder sich verändern, dann wird ein Verb als unvollständig, schwach oder unregelmäßig klassifiziert.

Auch in der Gruppe der regelmäßigen Verben kommen allerdings einige abweichende Varianten vor. Denn wenn der erste Wurzelkonsonant ein Kehllaut (ח, ה ,א oder ע) ist, wirkt sich das auf die Aussprache des vorausgegangenen Vokals aus. Da eine solche Abweichung aber nur die Vokalisierung und nicht die Wurzelkonsonanten betrifft, werden die Verben mit solchen Wurzeln trotzdem als regelmäßig typisiert.

In der Gruppe der unregelmäßigen Verben erfolgt eine klare, systematische Klassifizierung der „Schwächen". Die Einteilung der Untergruppen (גזרות GSAROT) erfasst, wer der „Problemkandidat" ist und in welcher Position innerhalb der Wurzel er sich befindet. Und der Name eines solchen Sub-Typs (גזרה GISRA) gibt an, ob der erste, zweite oder dritte Wurzelkonsonant betroffen ist, und benennt den Konsonanten, der diese Wurzelposition besetzt und bestimmte Unregelmäßigkeiten verursacht. Zur Bezeichnung der Positionen wählt man häufig die Konsonantenfolge פ.ע.ל, die ja auch bei der Benennung der BINJANIM verwendet wird (s.o).

3	2	1
ל	ע	פ

Die erste Position wird also als פ, die zweite als ע und die dritte als ל bezeichnet; danach wird der „Problemkandidat" genannt.

פ"י PE JOD	bedeutet, dass es um eine Wurzel geht, deren erster Konsonant ein JOD ist, und dass dieses JOD im Verlauf der Verbkonjugationen zu bestimmten Unregelmäßigkeiten führt.

Es folgt eine Aufstellung aller GSAROT mit einem einzelnen problematischen Wurzelkonsonanten (die doppelten Anführungszeichen nach dem ersten Buchstaben des Namens kennzeichnen, dass es eine Abkürzung ist):

8

Name		Position des Konsonanten	Konsonant	Beispiel
פ"י	PE JOD	1	י	י.ש.ב
פ"נ	PE NUN	1	נ	נ.פ.ל
פ"א	PE 'ALEF	1	א	א.מ.ר
ע"י	'AJIN JOD	2	י	ש.י.ר
ע"ו	'AJIN WAW	2	ו	ג.ו.ר
ל"א	LAMED 'ALEF	3	א	ק.ר.א
ל"ה	LAMED HE	3	ה	ק.נ.ה
ל"י	LAMED JOD	3	י	ש.נ.י
ל"נ	LAMED NUN	3	נ	ב.ח.נ

Es gibt auch einige Verben, deren Wurzel an zwei Positionen Konsonanten enthält, die während der Konjugationen zu Unregelmäßigkeiten führen. Die Gruppen solcher Wurzeln werden auf folgende Weise bezeichnet:

פ"י+ל"ה	PE JOD + LAMED HE	Dies beschreibt eine Wurzel, deren erster Konsonant, ein י, und deren dritter Konsonant, ein ה, im Verlauf der Verbkonjugationen zu bestimmten Unregelmäßigkeiten führen.

Eine weitere, sehr kleine Ausnahmegruppe bilden Verben, in deren Wurzel der zweite und dritte Konsonant identisch sind. Diese Gruppe trägt den Namen ע"ע ('AJIN 'AJIN), HAKFULIM «die Doppelten». Unregelmäßigkeiten der beiden betroffenen Konsonanten zeigen sich aber nicht bei allen Verben, die zu dieser Gruppe gehören.

Daneben gibt es auch noch eine geringe Anzahl von „individuellen Sonderlingen", deren Unregelmäßigkeiten sich keiner anderen Ausnahmegruppe zuordnen lassen und die deshalb in einer eigenen GISRA zusammengefasst werden: גזרה מיוחדת GISRA MEJUCHEDET «Einzelgängerklasse».

Das Entscheidende all der verschiedenen גזרות GSAROT ist, dass bei allen Verben, deren Wurzel einer dieser Gruppen angehört, die gleichen Unregelmäßigkeiten auftreten. Wenn man also erkennt, dass ein Verb zu einer bestimmten גזרה GISRA gehört, dann weiß man, wie dieses Verb zu konjugieren ist. Abgesehen von der Einzelgängergruppe kann man also ein גזרה GISRA (von לגזור *ligsor* «schneiden») als Schnittmuster oder Konjugationsanleitung verstehen.

8

Welche speziellen Unregelmäßigkeiten die einzelnen גזרות GSAROT konkret beinhalten, wird im Folgenden unter den בניינים BINJANIM gezeigt.

8.3 פעל PA'AL

8.3.1 Infinite Formen: Infinitive und Partizipien

Eine gebeugte (finite) Verbform enthält aufgrund der spezifischen einzelnen Konjugations-Endungen und -Merkmale zahlreiche Informationen: zu Person, Numerus, Tempus, Aktiv oder Passiv und Modus (Indikativ, Konjunktiv, Imperativ). Eine in-finite Verbform dagegen ist, zumindest in der einfachsten Version, frei von solchen grammatischen Markierungen und somit auch frei von entsprechenden Informationen. Ein Infinitiv wird daher im Deutschen auch als Grundform bezeichnet. Die deutsche Sprache hat neben der einfachsten und gebräuchlichsten Form, dem Infinitiv Präsens („lesen"), noch den Infinitiv Perfekt

(„gelesen haben“) sowie den Infinitiv Präsens Passiv und Perfekt Passiv („gelesen werden“ und „gelesen worden sein“). Hier kann ein (zusammengesetzter) Infinitiv also Angaben zum Tempus, Aktiv und Passiv enthalten, aber Person, Numerus und Modus sind auch hier nicht festgelegt.

Das Hebräische kennt im Prinzip zwei Infinitive: einen absolut stehenden, das heißt unverknüpften Infinitiv, den Infinitivus absolutus, und einen mit einer Partikel verknüpften und in diesem Sinne „konstruierten“ Infinitiv, den Infinitivus constructus.

Der **absolute Infinitiv**, מקור מוחלט MAKOR MUCHLAT, gleicht formal häufig einem „nackten“ Verbstamm. Er wird im modernen Hebräisch nur noch selten benutzt, kommt aber in festen Formulierung vor wie הלוך וחזור *haloch wechasor* «vor und zurück». Aber da man heute diese Form insgesamt nur selten verwendet, werden wir sie hier nicht weiter besprechen.

Der **konstruierte Infinitiv**, שם הפועל SCHEM HAPO'AL, dagegen entspricht in seiner Bedeutung unserem Infinitiv Präsens und wird auch in gleicher Häufigkeit und Funktion verwendet. Man kann ihn also wie den deutschen Infinitiv Präsens als Standard-Fall betrachten, und deshalb beziehen wir uns hier, wenn nicht ausdrücklich anders erwähnt, mit der schlichten Bezeichnung „Infinitiv“ auf den konstruierten Infinitiv des Hebräischen und auf den Infinitiv Präsens des Deutschen. Am gebräuchlichsten ist dieser Infinitiv in Verbindung mit Modalverben (siehe 8.1.1):

8

> אני רוצה לשבת עכשיו בחוף הים, אבל אני צריכה לעבוד.
> *'ani roza laschewet 'achschaw bechof hajam, 'awal 'ani zricha la'awod.*
> Ich möchte jetzt am Strand sitzen, aber ich muss arbeiten.

Daneben gibt es feste Formulierungen, die mit einem Infinitiv kombiniert werden (im Deutschen ist der Infinitiv dann meist durch „zu“ erweitert):

> כדאי לעשות ספורט.
> *kedaj la'aßot ßport.*
> Es lohnt sich, Sport zu machen.

Auch im Hebräischen kann man ihn zudem für allgemein ausgesprochene, knappe (Unterlassungs-)Anweisungen einsetzen:

lo lidroch 'al hadesche! Den Rasen nicht betreten!	לא לדרוך על הדשא!
bewakascha laschewet! Bitte hinsetzen!	בבקשה לשבת!

Im Hebräischen ist der Infinitiv keine Grundform. Er setzt sich zusammen aus dem Verbstamm (Wurzel plus eventuell [o] vor dem letzten Wurzelkonsonanten) und der vorangestellten Präposition -ל. Ist das WAW im Verbstamm vorhanden, dann wird es als [o] vokalisiert. Das -ל wird immer geschrieben und ist daher in allen BINJANIM ein zuverlässiger Infinitiv-Indikator. Im PA'AL wird es im Standardfall mit [i] vokalisiert.

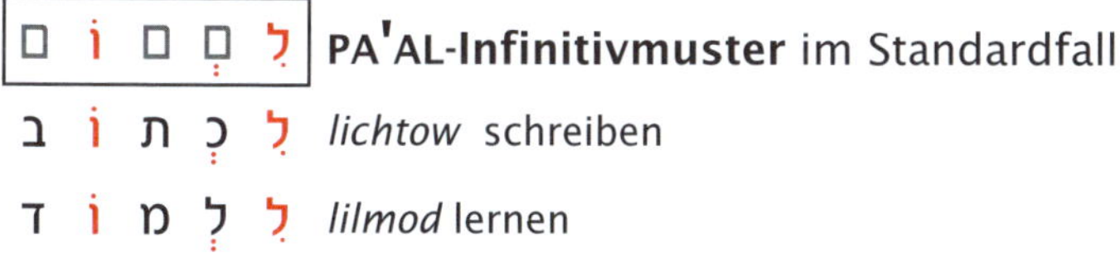

Wenn jedoch der erste Wurzelkonsonant ein Kehllaut ist (א, ה, ח, ע), kommt es zu abweichenden Vokalisierungen des Infinitiv-LAMED.

Bei ה, ח, ע als erstem Wurzelkonsonanten wird das -ל mit [a] vokalisiert:

ה.ר.ג	לַהֲרוֹג	*laharog*	töten
ע.ב.ד	לַעֲבוֹד	*la'awod*	arbeiten
ח.ל.מ	לַחֲלוֹם	*lachalom*	träumen

Ist der erste Wurzelkonsonant ein א, dann wird das -ל mit [e] vokalisiert:

א.כ.ל	לֶאֱכוֹל	*le'echol*	essen

8.3.1.1 Ausnahmegruppen beim Infinitiv

Auch bei den oben eingeführten Ausnahmegruppen, den GSAROT, weicht die Infinitivbildung vom Standard ab. Für das **PA'AL** ergeben sich folgende Sonderformen:

GISRA	Wurzel-Muster	Infinitiv-Muster	Beschreibung	Beispiel
פ"י	□□י	לָ□ֶ□ֶת	Das Infinitiv -ל „verdrängt“ das י und wird mit [a] vokalisiert. Hinter dem dritten Wurzelkonsonanten wird ein ת angefügt.	י.ש.ב → לָשֶׁבֶת *laschewet* sitzen
פ"נ	□□נ	לִ□וֹ□	Häufig wird das נ durch das Infinitiv -ל verdrängt. Aber die Vokalisierung des ל und die Hinzufügung von ו und ת sind nicht einheitlich.	נ.פ.ל → לִפּוֹל *lipol* fallen
		לָ□ַ□ַת		נ.ג.ע → לָגַעַת *laga'at* berühren
ע"י	□י□	לָ□ִי□	Als einziger Buchstabe wird das Infinitiv -ל hinzugefügt; es wird mit [a] vokalisiert.	ש.י.ר → לָשִׁיר *laschir* singen
ע"ו	□ו□	לָ□וּ□	Auch hier wird nur das Infinitiv -ל hinzugefügt und mit [a] vokalisiert.	ג.ו.ר → לָגוּר *lagur* wohnen
ל"ה	□□ה	לִ□ְ□וֹת	Das vorangestellte Infinitiv -ל wird mit [i] vokalisiert. Der dritte Wurzelkonsonant, das ה, entfällt und wird durch die Buchstabenfolge ות- *-ot* ersetzt.	ק.נ.ה → לִקְנוֹת *liknot* einkaufen

Diese Systematik lässt sich gut als Faustregel anwenden. Aber natürlich gibt es daneben auch bei der Infinitivbildung „unangepasste Einzelgänger“, deren Form sich nicht herleiten lässt, sondern einfach gelernt werden muss, gerade auch bei häufig vorkommenden Verben wie zum Beispiel נ.ת.נ - לתת *latet* «geben» oder ה.ל.כ - ללכת *lalachet* «gehen».

Das -ל , das zur Bildung des Infinitivs verwendet wird, gehört zur Gruppe der unselbstständigen Präpositionen, den OTIJOT HASCHIMUSCH (siehe 7.1.2). Auch die anderen Mitglieder dieser Gruppe, -ב, -כ und -מ, können mit einem Wortstamm verbunden werden und so einen (konstruierten) Infinitiv formen, dessen Bedeutung von der jeweiligen Präposition abhängt. Diese Infinitiv-Varianten gleichen einem Gerundium (Verbalsubstantiv). Aber anders als das deutsche („das Lesen“, „beim Lesen“) oder gar englische Gerundium („reading“) ist diese hebräische Infinitiv-Form in der gesprochenen, nicht-literarischen Sprache kaum zu finden.

Auch ein **Partizip** (Mittelwort) **בינוני** BEJNONI ist eine infinite Verbform, denn es fehlt die Festlegung auf eine bestimmte Person. Im Hebräischen wie im Deutschen gibt es zwei Arten von Partizipien: das **Partizip Präsens Aktiv** beschreibt den gegenwärtig anhaltenden Verlauf eines Geschehens „zerstörend“, das **Partizip Perfekt Passiv** bezeichnet das entsprechende Resultat „zerstört“.

□ □ֵ וֹ □	**Partizip Präsens Aktiv** Standardmuster im **PA'AL**
ב תֵ וֹ כ	*kotew* schreibend
ר גֵ וֹ ס	*ßoger* schließend

□ וּ □ □ָ	**Partizip Perfekt Passiv** Standardmuster im **PA'AL**
ב וּ ת כָ	*katuw* geschrieben
ר וּ ג סָ	*ßagur* geschlossen

Die deutsche Bezeichnung „Mittelwort“ verweist ebenso wie das hebräische BEJNONI «mittlerer» auf die grammatische Besonderheit der Partizipien, denn sie nehmen eine mittlere Position ein zwischen Verben und Nomina bzw. Adjektiven: Von den Verben haben sie die Fähigkeit übernommen, Objekte zu verlangen „Kaffee trinkend“, „Zeitung lesend“, und zu den nominalen bzw. adjektivischen Eigenschaften zählt, dass sie mit den üblichen Endungen für Anzahl und Genus (im Deutschen auch Kasus) verknüpft bzw. dekliniert werden können; außerdem können auch sie sowohl attributiv (siehe 4.1) wie prädikativ (siehe 4.3) eingesetzt werden.

hatalmid halomed	התלמיד הלומד
der lernende Schüler (attributives Partizip Präsens)	
hajeladot _lomdot	הילדות _לומדות
die Mädchen sind Lernende / lernen (prädikatives Partizip Präsens)	
hajom kol habankim _ßgurim.	היום כל הבנקים _סגורים.
heute sind alle Banken geschlossen (prädikatives Partizip Perfekt Passiv)	

Dieser „Amphibien“-Status, mit verbalen und adjektivischen Eigenschaften ausgestattet zu sein, spielt besonders beim Partizip Präsens eine wichtige Rolle, da es im modernen Hebräischen zur Bildung des Präsens eingesetzt wird. Wir werden darauf im nächsten Abschnitt, der das Präsens behandelt, zurückkommen. Dabei sind dann auch die Abweichungen vom Standardmuster der Partizip-Präsens-Bildung im PA'AL genannt (die Abweichungen in den anderen BINJANIM sind dann später ebenso in den jeweiligen Präsens-Abschnitten aufgeführt).

Da das passivische Partizip Perfekt allerdings nur im PA'AL vorkommt, können seine Formen und Sonderformen gleich hier gezeigt werden:

□	וּ	□	◌ָ	**Partizip Perfekt Passiv** Standardmuster im **PA'AL**
ח	וּ	ת	פָּ	*patuach* geöffnet

Die Endungen für Genus und Numerus		
Mask. Sg.	פָּתוּחַ	*patuach*
Fem. Sg.	פְּתוּחָה	*ptucha*
Mask. Pl.	פְּתוּחִים	*ptuchim*
Fem. Pl.	פְּתוּחוֹת	*ptuchot*

8.3.1.2 Ausnahmegruppen beim Partizip Perfekt

Es gibt zwei Untergruppen, in denen das Perfektpartizip nicht auf die Standardweise gebildet wird. Für die GSAROT ל"א und ל"ה gilt das gleiche abweichende Muster:

GISRA	Wurzel-Muster	Partizip-Perfekt-Muster	Beschreibung	Beispiel
ל"א	□□א	◌ָ□וּי	Der dritte Wurzelkonsonant, das א bzw. ה, entfällt und wird durch die Buchstabenfolge וּי- -*uj* ersetzt.	מ.צ.א → מָצוּי *mazuj* gefunden
ל"ה	□□ה	◌ָ□וּי		ק.נ.ה → קָנוּי *kanuj* gekauft

Die Kasus- und Numerusendungen bleiben unverändert. Beim Maskulinum Plural treten dadurch zwei JOD nebeneinander auf.

Die Endungen für Genus und Numerus		
Mask. Sg.	מָצוּי	*mazuj*
Fem. Sg.	מְצוּיָה	*mezuja*
Mask. Pl.	מְצוּיִים	*mezujim*
Fem. Pl.	מְצוּיוֹת	*mezujot*

Die GSAROT ע"י und ע"ו bilden auch eine Ausnahme: Sie können gar kein Partizip Perfekt bilden. Für einige andere PA'AL-Verben ist es aus semantischen Gründen ausgeschlossen, denn der Vorgang, den diese intransitiven Verben beschreiben, ist gar nicht passivierbar, wie zum Beispiel לישון *lischon* «schlafen».

8

Die Verwendung des Partizip Perfekt als Adjektiv ist im Hebräischen ganz gebräuchlich. Im Deutschen nutzen wir diese Möglichkeit auch (man spricht dann vom Zustandspassiv).

8.3.2 Präsens

Das Präsens, הווה HOWE, hat als Verbform der Gegenwart im Hebräischen keine Entsprechung wie die Zeitformen der Vergangenheit und Zukunft. Denn das (biblische) Althebräisch unterschied bei der zeitlichen Betrachtung nur zwei Ereignistypen: ein vergangenes, vollständig abgeschlossenes (perfektivisches) Geschehen im Gegensatz zu einem noch nicht abgeschlossenen (im-perfektivischen), also gegenwärtig und künftig noch anhaltenden Geschehen. Unter diesem Aspekt der Nicht-/Abgeschlossenheit gibt es keine Unterscheidung zwischen Gegenwart und Zukunft, da nur das Kriterium „nicht erledigt" entscheidend ist. Im modernen Hebräisch wollte man jedoch nicht auf die Möglichkeit verzichten, einen Vorgang oder einen Zustand als gegenwärtig zu kennzeichnen und damit eine Differenzierung zwischen Vergangenem, gerade Aktuellem und Zukünftigem zu ermöglichen. Um Vergangenes auszudrücken, wurden die alten perfektivischen Verbformen übernommen, und die früheren imperfektivischen Verbformen, die Nicht-Abgeschlossenes markierten, kennzeichnen nun die Zeitstufe des Futur. Aber für die Zeitstufe der Gegenwart musste eine neue Ausdrucksform gefunden werden. Diese „Ersatzkonstruktion" greift auf das Partizip Präsens Aktiv zurück, das wir im vorausgegangenen Kapitel 8.3.1 vorgestellt haben.

□ □ֵ וֹ □	**Partizip Präsens Aktiv** Standardmuster im **PA'AL**

ל וֹ מֵ ד *lomed* lernend (Maskulinum Singular)

8

Mit einem Subjekt, das in der Einzahl und maskulin ist, lässt sich damit ein Sachverhalt in der Gegenwart ausdrücken:

Daniel lomed 'achschaw. Daniel lernt jetzt.	דניאל לומד עכשיו.

Wörtlich: Daniel (ist) jetzt lernend (das „ist“ steht in Klammern, weil das Hebräische das Hilfsverb „sein“ im Präsens nicht ausdrückt).

Partizip Präsens plus Endungen für Genus und Numerus bei regelmäßigen Verben			
Mask. Sg.	□וֹ□ֵ□	לוֹמֵד	*lomed*
Fem. Sg.	□וֹ□ֶ□ֶת	לוֹמֶדֶת	*lomedet*
Mask. Pl.	□וֹ□ְ□ִים	לוֹמְדִים	*lomdim*
Fem. Pl.	□וֹ□ְ□וֹת	לוֹמְדוֹת	*lomdot*

mimi 'ochelet glidat schokolad.
Mimi isst ein Schokoladeneis.

מימי אוכלת גלידת שוקולד.

dubim 'ohawim dwasch.
Bären lieben Honig.

דובים אוהבים דבש.

Gibt es kein Nomen als Subjekt, dann werden die selbstständigen Personalpronomen (siehe 3.1.1) vor das Präsensspartizip gestellt, um eine vollständige finite Verbform zu erhalten. Diese vorangestellten Personalpronomen können nicht ausgelassen werden.

	Maskulinum Femininum		
Singular	אני לוֹמֵד אני לוֹמֶדֶת	*'ani lomed* (m.) *'ani lomedet* (f.)	ich lerne
	אתה לוֹמֵד את לוֹמֶדֶת	*'ata lomed* (m.) *'at lomedet* (f.)	du lernst
	הוא לוֹמֵד היא לוֹמֶדֶת	*hu lomed* *hi lomedet*	er lernt sie lernt
Plural	אנחנו לוֹמְדִים אנחנו לוֹמְדוֹת	*'anachnu lomdim* (m.) *'anachnu lomdot* (f.)	wir lernen
	אתם לוֹמְדִים אתן לוֹמְדוֹת	*'atem lomdim* (m.) *'aten lomdot* (f.)	ihr lernt
	הם לוֹמְדִים הן לוֹמְדוֹת	*hem lomdim* (m.) *hen lomdot* (f.)	sie lernen

Einige Verben, besonders solche, die einen Zustand und nicht eine dynamische Aktion beschreiben, bilden das Partizip Präsens auf folgende Weise:

Partizip Präsens plus Endungen für Genus und Numerus bei regelmäßigen Verben			
Mask. Sg.	◻ָ◻ֵ◻	גָדֵל	*gadel*
Fem. Sg.	◻ְ◻ֵ◻ָה	גְדֵלָה	*gedela*
Mask. Pl.	◻ְ◻ֵ◻ִים	גְדֵלִים	*gedelim*
Fem. Pl.	◻ְ◻ֵ◻וֹת	גְדֵלוֹת	*gedelot*

Verwendung des Präsens

Die Verwendung des Präsens im Hebräischen entspricht weitgehend den Einsatzmöglichkeiten im Deutschen. Neben seiner hauptsächlichen Funktion, ein gegenwärtiges Ereignis zu beschreiben, kann das Präsens unter anderem auch in folgenden Fällen verwendet werden:

- zur Beschreibung gewohnheitsmäßiger, wiederholter Ereignisse

כל בוקר קם נועם בשבע, ורץ עם חומי לפארק.

kol boker kam No'am beschewa, weraz 'im Chumi lapark.

Jeden Morgen steht Noam um 7 Uhr auf und läuft mit Chumi in den Park.

- für Ereignisse in der nahen Zukunft

מחר אני הולכת עם דינה למוזיאון.

machar 'ani holechet 'im Dina lamuse'on.

Morgen gehe ich mit Dina ins Museum.

- für allgemeine, „zeitlos gültige" Aussagen

אחרי שפל באה גאות.

'acharej schefel ba'a ge'ut.

Nach Ebbe folgt Flut.

8

8.3.2.1 Ausnahmegruppen beim Präsens

פעל ע"ו / ע"י PA'AL 'AJIN WAW / 'AJIN JOD

Der mittlere Wurzelkonsonant (ו bzw. י) entfällt. Damit besteht das Partizip nur noch aus einer Silbe, artikuliert mit [a].

PA'AL 'AJIN WAW		פעל ע"ו
latuß fliegen		לָטוּס ט.ו.ס
Singular	אני טָס	*'ani taß* (m.)
	אני טָסָה	*'ani taßa* (f.)
	אתה טָס	*'ata taß* (m.)
	את טָסָה	*'at taßa* (f.)
	הוא טָס	*hu taß*
	היא טָסָה	*hi taßa*
Plural	אנחנו טָסִים	*'anachnu taßim* (m.)
	אנחנו טָסוֹת	*'anachnu taßot* (f.)
	אתם טָסִים	*'atem taßim* (m.)
	אתן טָסוֹת	*'aten taßot* (f.)
	הם טָסִים	*hem taßim* (m.)
	הן טָסוֹת	*hen taßot* (f.)

PA'AL 'AJIN JOD	פעל ע"י
laschir singen	לָשִׁיר ש.י.ר
אני שָׁר	*'ani schar* (m.)
אני שָׁרָה	*'ani schara* (f.)
אתה שָׁר	*'ata schar* (m.)
את שָׁרָה	*'at schara* (f.)
הוא שָׁר	*hu schar*
היא שָׁרָה	*hi schara*
אנחנו שָׁרִים	*'anachnu scharim* (m.)
אנחנו שָׁרוֹת	*'anachnu scharot* (f.)
אתם שָׁרִים	*'atem scharim* (m.)
אתן שָׁרוֹת	*'aten scharot* (f.)
הם שָׁרִים	*hem scharim* (m.)
הן שָׁרוֹת	*hen scharot* (f.)

8

פעל ל"ה PA'AL LAMED HE

Im Femininum Singular wird das ה- mit [a] vokalisiert. Bei unpunktiertem Schriftbild lässt sich jedoch dieser lautliche Unterschied zur maskulinen Singularform nicht erkennen. In den Pluralformen entfällt das Wurzel ה.

PA'AL LAMED HE			פעל ל"ה
liknot kaufen			לִקְנוֹת ק.נ.ה
Singular		Plural	
אני קוֹנֶה	*'ani kone* (m.)	אנחנו קוֹנִים	*'anachnu konim*
אני קוֹנָה	*'ani kona* (f.)	אנחנו קוֹנוֹת	*'anachnu konot*
אתה קוֹנֶה	*'ata kone* (m.)	אתם קוֹנִים	*'atem konim*
את קוֹנָה	*'at kona* (f.)	אתן קוֹנוֹת	*'aten konot* (f.)
הוא קוֹנֶה	*hu kone*	הם קוֹנִים	*hem konim* (m.)
היא קוֹנָה	*hi kona*	הן קוֹנוֹת	*hen konot* (f.)

8.3.3 Imperfekt

Die Zeitform der Vergangenheit עבר *'awar* «Präteritum» gestaltet sich im Hebräischen deutlich unkomplizierter, als wir es aus dem Deutschen oder anderen europäischen Sprachen kennen. Denn es gibt weder verschiedene Vergangenheitsformen wie Imperfekt „ich las“ oder Perfekt „ich habe gelesen“ noch unterschiedliche Vergangenheitszeitstufen, so wie wir etwa mit dem Plusquamperfekt ein noch weiter zurückliegendes, abgeschlossenes Geschehen der Vergangenheit ausdrücken können „zuerst hatte ich alle seine letzten E-Mails nochmal gelesen, bevor ich ihm antwortete“. Das moderne Hebräisch differenziert bei der Tempuswahl nicht unter dem Aspekt der Abgeschlossenheit oder relativen Vorzeitigkeit eines zurückliegenden Geschehens und kommt mit einer einzigen Form aus; relevant ist nur, dass es bereits geschehen ist. Genau diesen Aspekt erfasst auch der hebräische Name für das (Im)Perfekt עבר *'awar*, der mit dem Verb לעבור *la'awor* «vorbeigehen» zusammenhängt und – wie dieser Abschnitt gleich zeigen wird – die Form der 3. Person Singular Maskulinum dieses Verbs ist, er bedeutet also wörtlich „(er/es) ist vorbei(gegangen), es ist passiert“. Mehr soll nicht gesagt werden, wenn man im Hebräischen ein Geschehen der Zeitstufe 'AWAR zuordnet. Wenn wir hier dafür den Begriff „Imperfekt“ verwenden, ist damit genau diese einfache, „aspektneutrale“ Einordnung in die Vergangenheit gemeint.

Der formale Aufbau des Imperfekts ist gekennzeichnet durch das Anfügen von Personalendungen. Dies sind stark verkürzte, unselbstständige Einheiten, die sich aus den selbstständigen Personalpronomen (siehe 3.1.1) entwickelt haben und als Suffixe, also Nachsilben an die Wurzelkonsonanten angeschlossen werden (im Futur dagegen werden Personal-Präfixe vorangestellt). Diese Personalendungen bleiben in jedem BINJAN gleich. Nur das spezifische Vokalmuster, das die Wurzelkonsonanten „auffüllt“, ändert sich. Wie in Abschnitt 8.2.2 gesagt, ist dieses Vokalmuster, angewendet auf die 3. Person Singular Maskulinum des Verbs לפעול *lif'ol*, der jeweilige Namensgeber für die einzelnen BINJANIM und liefert uns daher die Information, welche Vokale einzusetzen sind.

Hier im **PA'AL** ergibt sich damit das folgende allgemeine Schema für die regelmäßigen Verben im Imperfekt (zusammengesetzt aus Wurzelkonsonanten mit PA'AL-Vokalmuster + Personalaffix):

Singular		Plural
□ָ□ַ□ְתִּי	1. Pers.	□ָ□ַ□ְנוּ
□ָ□ַ□ְתָּ	2. Pers. (m.)	□ְ□ַ□ְתֶּם
□ָ□ַ□ְתְּ	2. Pers. (f.)	□ְ□ַ□ְתֶּן
□ָ□ַ□	3. Pers. (m.)	□ָ□ְ□וּ
□ָ□ְ□ָה	3. Pers. (f.)	□ָ□ְ□וּ

Übertragen auf das Beispiel ללמוד *lilmod* «lernen» erhält man die folgende vollständige Konjugationstabelle:

	לִלְמֹד ל.מ.ד				lernen
Singular	לָמַדְתִּי	(אני)	*('ani)*	*lamadeti*	ich (m., f.) lernte
	לָמַדְתָּ	(אתה)	*('ata)*	*lamadeta*	du (m.) lerntest
	לָמַדְתְּ	(את)	*('at)*	*lamadet*	du (f.) lerntest
	לָמַד	הוא	*hu*	*lamad*	er lernte
	לָמְדָה	היא	*hi*	*lamda*	sie lernte
Plural	לָמַדְנוּ	(אנחנו)	*('anachnu)*	*lamadnu*	wir (m., f.) lernten
	לְמַדְתֶּם	(אתם)	*('atem)*	*lemadetem*	ihr (m.) lerntet
	לְמַדְתֶּן	(אתן)	*('aten)*	*lemadeten*	ihr (f.) lerntet
	לָמְדוּ	הם	*hem*	*lamdu*	sie (m.) lernten
		הן	*hen*		sie (f.) lernten

Die Ähnlichkeit zwischen den Personalendungen und den Personalpronomen, aus denen sie sich entwickelt haben, ist noch mehr oder weniger gut zu erkennen. Eine Parallele sieht man auch darin, dass die Endungen für die 1. Person im Singular wie auch im Plural für das Maskulinum und Femininum gleich sind (-תי bzw. -נו). Ungewöhnlich dagegen ist, dass die 3. Person Plural für Maskulinum und Femininum das gleiche, also nur ein Personalsuffix hat (-וּ).

Die 3. Person Singular Maskulinum ist endungslos, sie besteht ausschließlich aus den vokalisierten Wurzelkonsonanten. Daher ist dies häufig die Form, in der Verben in Wörterbüchern verzeichnet sind, und nicht die Infinitivform.
Nur in den Fällen aller 3. Personen müssen zusätzlich zu den Verbformen auch die Personalpronomen genannt werden. Deshalb sind in der vorausgegangenen Beispiel-Konjugationstabelle die Personalpronomen der 1. und 2. Personen in Klammern angegeben.

> אתמול למדתי עם דינה לבחינה. בערב הלכנו לקולנוע.
> *'etmol lamadeti 'im Dina labchina. ba'erew halachnu lakolno'a.*
> Gestern habe ich mit Dina für die Prüfung gelernt. Abends sind wir ins Kino gegangen.

אתמול היא עבדה והוא למד לבחינה. בערב הם הלכו למסעדה.

'etmol hi 'awda wehu lamad labchina. ba'erew hem halchu lemiß'ada.

Gestern hat sie gearbeitet und er hat für die Prüfung gelernt. Abends sind sie ins Restaurant gegangen.

Noch eine Anmerkung zur **Betonung**: Die beiden Personalsuffixe, die offen auf eine Vokalisierung enden (das ◌ָה- *-a* für die 3. Person Singular Femininum und das וּ- *-u* für die 3. Personen Plural), erhalten im Regelfall die Betonung. Der mittlere Wurzelkonsonant büßt die [a]-Vokalisierung ein, und es entsteht eine nur zweisilbige Form wie z.B. *lamda* statt *lamada* und *lamdu* statt *lamadu*.

Bei den regelmäßigen Verben liegt also die Betonung in fast allen Fällen auf der zweiten Silbe. Nur bei der 2. Person Plural Maskulinum und Femininum hat sich mit der Betonung der Personalsuffixe (-תם, -תן) die Betonung auf die dritte Silbe verschoben. Dadurch verliert die erste Silbe ihre [a]-Vokalisierung und erhält stattdessen nur noch ein SCHWA, also ein mehr oder weniger artikuliertes [e], daher *lemadetem* statt *lamadetem* oder *gmartem* statt *gamartem*.
Umgangssprachlich jedoch wird diese Besonderheit der 2. Person Plural häufig außer Acht gelassen und einfach die „übliche" zweite Silbe betont, also *pa'altem* oder *lamadetem* gesagt.

8

8.3.3.1 Ausnahmegruppen beim Imperfekt

Vom eben beschriebenen PA'AL-Standardschema weichen drei GSAROT (Ausnahmegruppen) ab.

פעל ע"ו / ע"י PA'AL 'AJIN WAW / 'AJIN JOD

Bei den Verben dieser Ausnahmegruppen ist der mittlere Wurzelkonsonant ein ו bzw. ein י. Wie beim Präsens entfallen diese speziellen Mittelkonsonanten bei der Konjugation, sodass nur noch der erste und der letzte Wurzelkonsonant erhalten bleiben.

PA'AL 'AJIN WAW				פעל ע"ו
lagur wohnen		ג.ו.ר		לָגוּר
Singular	גַרְתִּי	(אני)	('ani)	garti
	גַרְתָּ	(אתה)	('ata)	garta
	גַרְתְּ	(את)	('at)	gart
	גָר	הוא	hu	gar
	גָרָה	היא	hi	gara
Plural	גַרְנוּ	(אנחנו)	('anachnu)	garnu
	גַרְתֶּם	(אתם)	('atem)	gartem
	גַרְתֶּן	(אתן)	('aten)	garten
	גָרוּ	הם	hem	garu
		הן	hen	

PA'AL 'AJIN JOD				פעל ע"י
laschir singen		ש.י.ר		לָשִׁיר
Singular	שַׁרְתִּי	(אני)	('ani)	scharti
	שַׁרְתָּ	(אתה)	('ata)	scharta
	שַׁרְתְּ	(את)	('at)	schart
	שָׁר	הוא	hu	schar
	שָׁרָה	היא	hi	schara
Plural	שַׁרְנוּ	(אנחנו)	('anachnu)	scharnu
	שַׁרְתֶּם	(אתם)	('atem)	schartem
	שַׁרְתֶּן	(אתן)	('aten)	scharten
	שָׁרוּ	הם	hem	scharu
		הן	hen	

Vergleicht man bei diesen beiden Ausnahmegruppen die Imperfekt-Konjugation mit der Präsens-Konjugation (siehe 8.3.2), dann fällt auf, dass die Formen der 3. Person Singular in beiden Zeitstufen identisch sind. Hier muss man dann über den Kontext erkennen, welches Tempus gemeint ist.

פעל ל"ה PA'AL LAMED HE

Bei den Verben dieser Ausnahmegruppe ist der letzte Wurzelkonsonant ein ה. Wie bei der Infinitivbildung entfällt dieser Konsonant auch hier bei der Imperfekt-Konjugation, allerdings mit Ausnahme der 3. Person Singular Maskulinum, die als einzige Form regelhaft gebildet ist. In der 3. Person Singular Femininum tritt ein ת an die Stelle des ה, und in der 3. Plural ist es ersatzlos gestrichen. In den übrigen Fällen ist das ה durch ein י ersetzt.
Insgesamt ist dies also eine recht unregelmäßige Untergruppe. Aber dadurch, dass der Infinitiv auf markante Weise mit der spezifischen Endung ות- endet, lässt

sich diese Gruppe leicht erkennen (vgl. *lischtot*, *liknot*, *la'assot*).

PA'AL LAMED HE				פעל ל"ה
liknot kaufen		ק.נ.ה		לִקְנוֹת
Singular	קָנִיתִי	(אני)	*('ani)*	*kaniti*
	קָנִיתָ	(אתה)	*('ata)*	*kanita*
	קָנִית	(את)	*('at)*	*kanit*
	קָנָה	הוא	*hu*	*kana*
	קָנְתָה	היא	*hi*	*kanta*
Plural	קָנִינוּ	(אנחנו)	*('anachnu)*	*kaninu*
	קְנִיתֶם	(אתם)	*('atem)*	*knitem*
	קְנִיתֶן	(אתן)	*('aten)*	*kniten*
	קָנוּ	הם	*hem*	*kanu*
		הן	*hen*	

Es gibt die spezielle, komplexe Form eines „kombinierten Imperfekts": Sie setzt sich aus einer konjugierten Vergangenheitsform des Hilfsverbs **להיות** *lihjot* «sein» und dem Präsens-Partizip eines Vollverbs zusammen. Damit lassen sich (irreale) Bedingungssätze ausdrücken; auch in der Vergangenheit gewohnheitsmäßig ausgeführte (habituelle) Handlungen kann man damit beschreiben. Da diese Konstruktionen aber immer eine Imperfektform von **להיות** *lihjot* beinhalten, behandeln wir sie unter diesem Hilfsverb in Abschnitt 8.10.1.

8.3.4 Futur

Mit der Zeitstufe des Futur **עתיד** 'ATID wird auch im Hebräischen ein Geschehen beschrieben, das noch in der Zukunft liegt. Darüber hinaus dient diese Zeitform auch dazu, Imperative auszudrücken (wir werden darauf in Abschnitt 8.3.5 zurückkommen). Anders als das Deutsche kennt das Hebräische nur eine Zukunftsstufe, also keine Vorzeitigkeit in der Zukunft, wie unser Futur II es beschreibt. Aber dafür ist die Formenbildung recht unregelmäßig und reich an Ausnahmen.

Im Gegensatz zum zuvor besprochenen Imperfekt zeichnet sich das Futur durch das Anfügen von Personal**prä**fixen aus (andere Grammatiken verwenden daher hierfür auch den Begriff Präformativ-Konjugation oder schlicht die Abkürzung

PK). Ein weiterer Unterschied besteht darin, dass – anders als im Imperfekt – nicht die Wurzel, sondern der Verbstamm (siehe 8.2.1) das Basiselement ist, an das „angedockt“ wird. Die vorangestellten Personalpräfixe haben sich zwar auch aus den Personalpronomen entwickelt, die Ähnlichkeit ist aber leider nicht immer klar zu erkennen. Das wird im folgenden Grundschema deutlich, das den grundsätzlichen Aufbau aus Verbstamm (meistens inklusive ו), Präfix und, in bestimmten Fällen, einem zusätzlichen Suffix zeigt. Diese Personalpräfixe und Suffixe gelten unverändert – auch in den Ausnahmefällen!

Singular		Plural
אֶ□ְ□ֹ□	1. Pers.	נִ□ְ□ֹ□
תִּ□ְ□ֹ□	2. Pers. (m.)	תִּ□ְ□ְ□ וּ
תִּ□ְ□ְ□ י	2. Pers. (f.)	תִּ□ְ□ְ□ וּ
יִ□ְ□ֹ□	3. Pers. (m.)	יִ□ְ□ְ□ וּ
תִּ□ְ□ֹ□	3. Pers. (f.)	יִ□ְ□ְ□ וּ

Es fällt auf, dass die Personal-Präfixe alle auf einen einzigen Buchstaben reduziert sind und daher die Parallele zu den entsprechenden selbstständigen Pronomen, wenn überhaupt, nur rudimentär zu erkennen ist. Auffällig ist außerdem, dass die Präfixe in fünf Fällen identisch sind, nämlich das -ת bei der 2. Person Singular und Plural, Maskulinum wie Femininum und bei der 3. Person Singular Femininum. Auch das Präfix -י tritt mehrfach auf: in der 3. Person Singular Maskulinum und bei der 3. Person Plural im Maskulinum sowie Femininum.

Für eine bessere Unterscheidbarkeit sorgen daher zusätzlich angefügte Endungen. Im Singular erhält die 2. Person Femininum das Suffix □ִי- *-i*, an alle 2. und 3. Personen wird zur Pluralmarkierung die Endung וּ- *-u* angefügt. Damit sind dann nur noch die 2. Person Maskulinum und die 3. Femininum im Singular identisch, und im Plural sind bei der 2. und 3. Person jeweils die Formen für Maskulinum und Femininum gleich (für die 3. Person kennen wir das schon aus dem Imperfekt). In all diesen Fällen, in denen zusätzlich ein Suffix auftritt, entfällt systematisch das ו des Wortstammes eines regelmäßigen Verbs.

Bevor wir dieses formale Grundschema nun auf ein konkretes Beispiel anwenden können, muss noch einiges zur lautlichen Seite angemerkt werden. Es gibt im PA'AL-Futur eine große Bandbreite an Vokalisierungen, manche sind systematisch, andere zählen zu gruppenhaften Ausnahmen oder sind singuläre Erscheinungen. Bei den regelmäßigen Verben unterscheidet man grundsätzlich zwischen zwei Gruppen: den sog. EF'OL-Verben und den EF'AL-Verben, der deutlich kleineren Variante. Die EF'AL-Verben enthalten häufig an der zweiten oder dritten Wurzelposition einen Kehllaut (א, ה , ח, oder ע). Das führt zwar zu Abweichungen, hat jedoch keine Auswirkungen auf die Präsenz von Wurzelkonsonanten. Daher zählen die EF'AL-Verben noch zu den regelmäßigen Verben. Zunächst aber zeigen wir als konkretes Beispiel ein vollkommen regelmäßiges Verb der EF'OL-Gruppe.

'EF'OL-Verben

Diese Verben bilden die bei weitem größte Gruppe. Der Name dieser Gruppe verweist darauf, welche Vokale in der 1. Person Singular erscheinen: Denn übertragen auf die Wurzelkonsonanten des üblichen Musterverbs פ.ע.ל ergibt die für diese Gruppe typische Vokalisierung mit [e] und [o] die Bezeichnung אֶפעוֹל EF'OL. Diese Vokalisierung gilt jedoch - auch wenn sie der Namensgeber ist - ausschließlich für die 1. Person Singular, bei allen anderen Personen weicht sie ab, wie die folgende vollständige Konjugationstabelle zeigt:

	כ.ת.ב	לִכְתֹב			schreiben
Singular	אֶכְתֹב	(אני)	*('ani)*	*'echtow*	ich werde schreiben (m., f.)
	תִּכְתֹב	(אתה)	*('ata)*	*tichtow*	du wirst schreiben (m.)
	תִּכְתְבִי	(את)	*('at)*	*tichtewi*	du wirst schreiben (f.)
	יִכְתֹב	הוא	*hu*	*jichtow*	er wird schreiben
	תִּכְתֹב	היא	*hi*	*tichtow*	sie wird schreiben
Plural	נִכְתֹב	(אנחנו)	*('anachnu)*	*nichtow*	wir werden schreiben (m., f.)
	תִּכְתְבוּ	(אתם)	*('atem)*	*tichtewu*	ihr werdet schreiben (m.)
		(אתן)	*('aten)*		ihr werdet schreiben (f.)
	יִכְתְבוּ	הם	*hem*	*jichtewu*	sie werden schreiben (m.)
		הן	*hen*		sie werden schreiben (f.)

8

Wie schon gesagt, ist das Personalpräfix der 1. Person Singular mit [e] vokalisiert, bei sämtlichen weiteren Personen jedoch mit [i]. Der Verbstamm selbst wird mit [o] vokalisiert (sofern kein zusätzliches Personal-Suffix den Schwund des Stamm-WAWS bewirkt). Die überwiegende und daher charakteristische Vokalfolge der regelmäßigen EF'OL-Verben ist also [i] - [o].

Eine Ausnahme bilden die Verben, deren erster Wurzelkonsonant ein Kehllaut (außer א) ist. Denn in der Futur-Konjugation erhalten die ersten Wurzelkonsonanten üblicherweise ein SCHWA, ein Kehllaut kann aber nicht als SCHWA artikuliert werden. Daher kommt es in diesen Fällen zu Abweichungen bei der Aussprache

Die Verben, deren erster Wurzelkonsonant ע oder ה und in manchen Fällen א ist, werden wie folgt gebildet:

	ע.ב.ד	לַעֲבֹד	arbeiten	
Singular	אֶעֱבֹד	(אני)	*('ani)*	*'e'ewod*
	תַּעֲבֹד	(אתה)	*('ata)*	*ta'awod*
	תַּעַבְדִי	(את)	*('at)*	*ta'awdi*
	יַעֲבֹד	הוא	*hu*	*ja'awod*
	תַּעֲבֹד	היא	*hi*	*ta'awod*
Plural	נַעֲבֹד	(אנחנו)	*('anachnu)*	*na'awod*
	תַּעַבְדוּ	(אתם)	*('atem)*	*ta'awdu*
		(אתן)	*('aten)*	
	יַעַבְדוּ	הם	*hem*	*ja'awdu*
		הן	*hen*	

Die Verben, deren erster Wurzelkonsonant ח ist, werden wie folgt gebildet:

	ח.ש.ב	לַחְשֹׁב	denken	
Singular	אֶחְשֹׁב	(אני)	*('ani)*	*'echschow*
	תַּחְשֹׁב	(אתה)	*('ata)*	*tachschow*
	תַּחְשְׁבִי	(את)	*('at)*	*tachschewi*
	יַחְשֹׁב	הוא	*hu*	*jachschow*
	תַּחְשֹׁב	היא	*hi*	*tachschow*
Plural	נַחְשֹׁב	(אנחנו)	*('anachnu)*	*nachschow*
	תַּחְשְׁבוּ	(אתם)	*('atem)*	*tachschewu*
		(אתן)	*('aten)*	
	יַחְשְׁבוּ	הם	*hem*	*jachschewu*
		הן	*hen*	

'EF'AL-Verben

Die 'EF'AL-Verben enthalten häufig an zweiter oder dritter Wurzelposition einen Kehllaut (א, ה, ח, oder ע), was zu abweichender Vokalisierung des Verbstamms führt.

Das Grundschema der Präfixe und Suffixe für die einzelnen Personen bleibt erhalten. Ebenso die Vokalisierung dieser Personalaffixe ist gegenüber den EF'OL-Verben unverändert, das heißt [e] beim Präfix der 1. Person Singular und [i] bei allen anderen Personalpräfixen. Das Stamm-WAW ist jedoch bei allen Personen, d.h. auch bei den Formen ohne zusätzliche Nachsilbe, verloren gegangen und der Verbstamm wird nun mit [a] vokalisiert. Daraus ergibt sich die namengebende Vokalfolge [e] - [a] für die 1. Person im Singular und [i] - [a] als charakteristische Vokalfolge für alle weiteren Personenformen der meisten Verben dieser Gruppe.

	ק.ר.א לִקְרֹא				lesen
Singular	אֶקְרָא	(אני)	*('ani)*	*'ekra*	ich werde lesen (m., f.)
	תִּקְרָא	(אתה)	*('ata)*	*tikra*	du wirst lesen (m.)
	תִּקְרְאִי	(את)	*('at)*	*tikre'i*	du wirst lesen (f.)
	יִקְרָא	הוא	*hu*	*jikra*	er wird lesen
	תִּקְרָא	היא	*hi*	*tikra*	sie wird lesen
Plural	נִקְרָא	(אנחנו)	*('anachnu)*	*nikra*	wir werden lesen (m., f.)
	תִּקְרְאוּ	(אתם)	*('atem)*	*tikre'u*	ihr werdet lesen (m.)
		(אתן)	*('aten)*		ihr werdet lesen (f.)
	יִקְרְאוּ	הם	*hem*	*jikre'u*	sie werden lesen (m.)
		הן	*hen*		sie werden lesen (f.)

Stark vereinfacht ausgedrückt, lässt sich der Unterschied zwischen 'EF'OL- und 'EF'AL-Verben also darauf reduzieren, dass bei den 'EF'AL-Verben die zweite Silbe mit [a] vokalisiert wird.

Die Frage jedoch, welche PA'AL-Verben der 'EF'AL-Gruppe zuzuordnen sind, lässt sich nicht so einfach beantworten. Als grobe Richtlinie gilt:
Ist der zweite oder der dritte Wurzelkonsonant ein Kehllaut (ח, ה, א, oder ע), dann gehört das Verb zur 'EF'AL-Gruppe. Die folgende Tabelle zeigt einige Beispiele:

8

Wurzel-Muster	Wurzel	Infinitiv		
□א□	ש.א.ל	לִשְׁאֹל	*lisch'ol*	fragen
א□□	מ.צ.א	לִמְצֹא	*limzo*	finden
□ה□	נ.ה.ג	לנהֹג	*linhog*	Auto fahren
□ח□	צ.ח.ק	לִצְחֹק	*lizchok*	lachen
ח□□	ש.כ.ח	לִשְׁכֹּחַ	*lischkoach*	vergessen
□ע□	צ.ע.ק	לִצְעֹק	*liz'ok*	schreien
ע□□	ש.מ.ע	לִשְׁמֹעַ	*lischmo'a*	hören

Von dieser groben Faustregel gibt es allerdings zahlreiche Ausnahmen, zum Beispiel: ללבוש *lilbosch* «anziehen», ללמוד *lilmod* «lernen», לשכב *lischkaw* «liegen».

8

8.3.4.1 Ausnahmegruppen beim Futur

Die schon mehrfach besprochenen verschiedenen Ausnahmegruppen, die sich durch einen bestimmten „Problemkandidaten" innerhalb der Wurzel auszeichnen, führen auch bei der Bildung der Futur-Formen zu Abweichungen. Die folgende Auflistung zeigt einige Beispiele:

פעל פ"א PA'AL PE 'ALEF

Bei einem Teil der Verben, deren erster Wurzelkonsonant א ist, wird dieses א der Wurzel durch ein וֹ [o] ersetzt, um zu vermeiden, dass in der ersten Person Singular zwei א unmittelbar zusammentreffen. Das Vokalmuster verändert sich zu [o] - [a].

PA'AL PE 'ALEF				פעל פ"א
le'echol essen			א.כ.ל	לֶאֱכֹל
Singular	אֹכַל	(אני)	*('ani)*	*'ochal*
	תֹּאכַל	(אתה)	*('ata)*	*tochal*
	תֹּאכְלִי	(את)	*('at)*	*tochli*
	יֹאכַל	הוא	*hu*	*jochal*
	תֹּאכַל	היא	*hi*	*tochal*
Plural	נֹאכַל	(אנחנו)	*('anachnu)*	*nochal*
	תֹּאכְלוּ	(אתם)	*('atem)*	*tochlu*
		(אתן)	*('aten)*	
	יֹאכְלוּ	הם	*hem*	*jochlu*
		הן	*hen*	

פעל פ"י PA'AL PE JOD

Der erste Wurzelkonsonant, das י, entfällt; die konjugierten Formen enthalten nur den zweiten und dritten Wurzelkonsonanten.

PA'AL PE JOD				פעל פ"י
lischon schlafen			י.ש.נ	לִישֹׁן
Singular	אִישַׁן	(אני)	*('ani)*	*'ischan*
	תִּישַׁן	(אתה)	*('ata)*	*tischan*
	תִּישְׁנִי	(את)	*('at)*	*tischni*
	יִישַׁן	הוא	*hu*	*jischan*
	תִּישַׁן	היא	*hi*	*tischan*
Plural	נִישַׁן	(אנחנו)	*('anachnu)*	*nischan*
	תִּישְׁנוּ	(אתם)	*('atem)*	*tischnu*
		(אתן)	*('aten)*	
	יִישְׁנוּ	הם	*hem*	*jischnu*
		הן	*hen*	

פעל פ"נ PA'AL PE NUN

Zahlreiche Verben, die das נ als ersten Wurzelkonsonanten bei der Infinitiv-Bildung verlieren, verlieren das נ auch bei den Futurformen. Bei einigen Konjugationsformen (außer bei der ersten Person Singular) übernimmt dann ein י die Position des נ.

8

PA'AL PE NUN			פעל פ"נ
latet geben		נ.ת.ת	לָתֵת

Singular	אֶתֵּן	(אני)	*('ani)*	*'eten*
	תִּתֵּן	(אתה)	*('ata)*	*titen*
	תִּתְּנִי	(את)	*('at)*	*titni*
	יִתֵּן	הוא	*hu*	*jiten*
	תִּתֵּן	היא	*hi*	*titen*

Plural	נִתֵּן	(אנחנו)	*('anachnu)*	*niten*
	תִּתְּנוּ	(אתם)	*('atem)*	*titnu*
		(אתן)	*('aten)*	
	יִתְּנוּ	הם	*hem*	*jitnu*
		הן	*hen*	

פעל ע"ו / ע"י PA'AL 'AJIN WAW / 'AJIN JOD

Die erste Silbe ist (wie beim Infinitiv) mit [a] vokalisiert, und zwar bei allen Personen. Es gibt also nicht den üblichen Vokalisierungsunterschied zwischen der 1. Person Singular und allen weiteren.

PA'AL 'AJIN WAW / 'AJIN JOD			פעל ע"ו / ע"י
laschir singen		ש.י.ר	לָשִׁיר

Singular	אָשִׁיר	(אני)	*('ani)*	*'aschir*
	תָּשִׁיר	(אתה)	*('ata)*	*taschir*
	תָּשִׁירִי	(את)	*('at)*	*taschiri*
	יָשִׁיר	הוא	*hu*	*jaschir*
	תָּשִׁיר	היא	*hi*	*taschir*

Plural	נָשִׁיר	(אנחנו)	*('anachnu)*	*naschir*
	תָּשִׁירוּ	(אתם)	*('atem)*	*taschiru*
		(אתן)	*('aten)*	
	יָשִׁירוּ	הם	*hem*	*jaschiru*
		הן	*hen*	

8

פעל ל"ה PA'AL LAMED HE

Bei den Konjugationsformen, die ein Suffix enthalten, entfällt das ה; der letzte Wurzelkonsonant wird also durch die jeweilige Nachsilbe verdrängt.

PA'AL LAMED HE				פעל ל"ה
liknot kaufen			ק.נ.ה	לִקְנוֹת
Singular	אֶקְנֶה	(אני)	*('ani)*	*'ekne*
	תִּקְנֶה	(אתה)	*('ata)*	*tikne*
	תִּקְנִי	(את)	*('at)*	*tikni*
	יִקְנֶה	הוא	*hu*	*jikne*
	תִּקְנֶה	היא	*hi*	*tikne*
Plural	נִקְנֶה	(אנחנו)	*('anachnu)*	*nikne*
	תִּקְנוּ	(אתם)	*('atem)*	*tiknu*
		(אתן)	*('aten)*	
	יִקְנוּ	הם	*hem*	*jiknu*
		הן	*hen*	

Daneben gibt es - wie üblich - Verben, deren individuelle Ausnahmeformen selbst von den Ausnahmeschemen abweichen. Das einzig Verlässliche bei der Futurbildung sind die Vor- und die Nachsilben für die einzelnen Personen.

Zur groben Einschätzung hilft es zunächst,
bei den Wurzelkonsonanten zumindest auf „übliche Verdächtige" zu achten,
also auf die Konsonanten, die in bestimmten Positionen auch in
anderen Zusammenhängen Unregelmäßigkeiten bewirken.
Und als ganz allgemeine Richtschnur für die Aussprache
kann bei den PA'AL-Verben ein Blick auf den Infinitiv hilfreich sein,
denn die erste Silbe der Futurformen
(außer der üblicherweise abweichenden 1. Person Singular)
wird oftmals genauso vokalisiert wie die erste Silbe des Infinitivs:
לכתוב - אתה תכתוב *lichtow - ata tichtow,*
לשיר - אתה תשיר *laschir - ata taschir.*
Ansonsten hilft häufig nur noch der Blick ins
Wörterbuch oder Verbtabellenbuch.
Denn aufgrund der zahlreichen Unregelmäßigkeiten
geben umfangreiche Wörterbücher einen Hinweis darauf,
welche Futurform(en) ein Verb hat.

8.3.5 Imperativ

Der Modus des Imperativs (Befehlsform), ציווי *ziwuj*, kommt in nur fünf BINJANIM vor. Mit den beiden passivischen Verbbildungsmustern PU'AL und HUF'AL kann keine Befehlsform ausgedrückt werden. Im Vergleich zum Deutschen lassen sich für den Imperativ des heutigen Hebräisch drei wesentliche Punkte hervorheben: Es gibt insgesamt drei Formen, die sich alle auf die zweite Person beziehen (maskulin und feminin im Singular sowie eine Form für den Plural); die Formen stehen im engen Zusammenhang mit den Formen für das Futur; es gibt keinen verneinenden Imperativ.

Für regelmäßige Verben des **PA'AL** gilt das folgende Grundschema:

	Singular	Plural
Maskulinum	□ְ□וֹ□	□ִ□ְ□וּ
Femininum	□ִ□ְ□ִי	

Das allgemeine Schema unterscheidet sich von den entsprechenden Futurformen also nur dadurch, dass die Personal-Präfixe fehlen. Übertragen auf ein konkretes Beispiel ergeben sich die folgenden Befehlsformen (zum Vergleich sind daneben die entsprechenden Formen des Futur aufgeführt).

	ס.ג.ר	Imperativ			Futur		
Singular	2.P.Mask.	!סְגוֹר	*ßgor*	Schließ!	תִּסְגֹּר	*('ata) tißgor*	
	2.P.Fem.	!סִגְרִי	*ßigri*	Schließ!	תִּסְגְּרִי	*('at) tißgeri*	
Plural	2.P.Mask.	!סִגְרוּ	*ßigru*	Schließt!	תִּסְגְּרוּ	*('atem)*	*tißgeru*
	2.P.Fem.					*('aten)*	

Der Zusammenhang mit dem Futur zeigt sich auch darin, dass bei den regelmäßigen Verben ebenso der Imperativ zwischen EF'OL- und EF'AL-Verben unterscheidet (siehe 8.3.4). Das wird allerdings nur bei der maskulinen Singularform deutlich, wie das folgende Beispiel zeigt, dessen Wurzel an dritter Stelle einen Kehllaut enthält und das daher zu den EF'AL-Verben zählt:

	פ.ת.ח	Imperativ			Futur		
Singular	2.P.Mask.	!פְּתַח	*ptach*	Öffne!	תִּפְתַּח	*('ata) tiftach*	
Singular	2.P.Fem.	!פִּתְחִי	*pitchi*	Öffne!	תִּפְתְּחִי	*('at) tiftechi*	
Plural	2.P.Mask.	!פִּתְחוּ	*pitchu*	Öffnet!	תִּפְתְּחוּ	*('atem)*	*tiftechu*
Plural	2.P.Fem.					*('aten)*	

8.3.5.1 Ausnahmegruppen beim Imperativ

Auch die einzelnen Abweichungen der Ausnahmegruppen gleichen häufig denen des Futur: Bei פעל פ"י **PA'AL PE JOD** und פעל פ"נ **PA'AL PE NUN** entfällt der erste Wurzelkonsonant:

		י.ש.ב (פעל פ"י)			נ.ת.נ (פעל פ"נ)		
Singular	2.P.Mask.	!שֵׁב	*schew*	Sitz!	!תֵּן	*ten*	Gib!
Singular	2.P.Fem.	!שְׁבִי	*schwi*	Sitz!	!תְּנִי	*tni*	Gib!
Plural	2.P.Mask.	!שְׁבוּ	*schwu*	Sitzt!	!תְּנוּ	*tnu*	Gebt!
Plural	2.P.Fem.						

Bei פעל ל"ה **PA'AL LAMED HE** verlieren die feminine Singularform und die Pluralform das ה der Wurzel:

		ש.ת.ה (פעל ל"ה)		
Singular	2.P.Mask.	!שְׁתֵה	*schte*	Trink!
Singular	2.P.Fem.	!שְׁתִי	*schti*	Trink!
Plural	2.P.Mask.	!שְׁתוּ	*schtu*	Trinkt!
Plural	2.P.Fem.			

Abschließend noch einige Bemerkungen zum **Gebrauch des Imperativs**:
Der Imperativ hat im Hebräischen einen eher formalen Charakter. Daher ist er zum Beispiel in Bedienungsanleitungen oder Rezepten üblich. In der persönlichen Anrede wird er meist durch ein hinzugefügtes בבקשה *bewakascha* «bitte» abgemildert (auch im Deutschen würde eine Aufforderung wie „Treten Sie ein und nehmen Sie bitte dort drüben Platz" ohne „bitte" unhöflich wirken).

Ganz häufig jedoch weicht man im Alltag auf die Futurform der angesprochenen Person aus, also auf die Formen der 2. Personen im Singular und Plural, oder auf eine Kombination aus בבקשה *bewakascha* + Infinitiv.

Setzt euch bitte!	*schwu bewakascha!*	שבו בבקשה!
Setzt euch bitte!	*teschwu bewakascha!*	תשבו בבקשה!
Bitte setzt euch!	*bewakascha laschewet!*	בבקשה לשבת!

Nur die sehr kurzen, meist einsilbigen Imperative sind üblich und oft verwendet. Sie gehören meistens zu den Verben der Gruppen פעל ל"ה, פ"י und פ"נ **PA'AL LAMED HE, PE JOD** und **PE NUN**:

קום!	*kum*	Steh auf!
שב!	*schew*	Setz dich!
לך!	*lech*	Geh!
בוא!	*bo*	Komm!

Imperative können im Hebräischen nur positiv ausgedrückt werden. Wenn ein direkter negativer Befehl formuliert werden soll („Geh nicht!"), können dazu nicht die Imperativformen verwendet werden. Stattdessen wählt man auch hier die Futurform der angesprochenen Person (also die Formen der 2. Personen im Singular und Plural) und kombiniert sie mit der Negativpartikel אל *al*.

8

Daniel, 'al tischan bashi'ur! Daniel, schlaf nicht im Unterricht!	דניאל, אל תישן בשיעור!
Ruti, 'al tochli 'et kol ha'uga! Ruthi, iss nicht den ganzen Kuchen!	רותי, אל תאכלי את כל העוגה!
'al tizchaku 'al ta'ujot schel 'acherim! Lacht nicht über Fehler von anderen!	אל תצחקו על טעויות של אחרים!

Bei nicht direkten, sondern allgemeinen Negativ-Aufforderungen bzw. Verboten wählt man – wie im Deutschen – den verneinten Infinitiv (siehe 8.3.1).

In der gesprochenen Sprache
gilt heute für eine Aufforderung an mehrere
männliche oder weibliche Lebewesen die gleiche Form.
Die alte Form für den Imperativ der 2. Person Plural Femininum
סגורנה *ßgorna* / פתחנה *ptachna*
wird praktisch nicht mehr benutzt, ist aber
(wie die entsprechende alte Futurform
תסגורנה *tißgorna* / תפתחנה *tiftachna*)
gelegentlich in literarischen Texten noch zu finden.

8.4 נפעל NIF'AL

Das Verbbildungsmuster NIF'AL zählt zu den drei Passiv-BINJANIM. Wie in Abschnitt 8.2.2 beschrieben, bildet es das passivische Gegenstück zum BINJAN PA'AL. Denn um ein Geschehen im Passiv auszudrücken, wählt man keine Konstruktion mit einem zusätzlichen Hilfsverb (wie zum Beispiel im Deutschen mit „werden"), sondern Verbwurzel oder Verbstamm werden mit dem entsprechenden passivischen BINJAN kombiniert:

hem ßogrim 'et hachalonot. Sie schließen die Fenster.	הם סוגרים את החלונות.
hachalonot nißgarim. Die Fenster werden geschlossen.	החלונות נסגרים.

Jedoch dient das NIF'AL-Muster nicht nur dazu, PA'AL-Verben ins Passiv zu setzen. Es gibt zahlreiche NIF'AL-Verben, die eine eigenständige, nicht-passivische Bedeutung haben. Dies sind häufig Verben, die einen Zustand (להמצא *lehimaze*

8

«sich befinden», להשאר *lehischa'er* «bleiben») oder Zustandswechsel beschreiben (להרדם *leheradem* «einschlafen», להכנס *lehikaneß* «eintreten»). Auch reziproke (wechselseitig reflexive) Bedeutungen kommen bei NIF'AL-Verben vor (להיפגש *lehipagesch* «sich treffen»,להפרד *lehipared* «sich trennen»).

Ganz generell lässt sich sagen, dass die meisten NIF'AL-Verben typischerweise eine Bedeutung haben, bei der das eigentliche (häufig unwillkürliche) Geschehen im Vordergrund steht, wie in „die Tür öffnet sich". Bei PA'AL-Verben dagegen liegt der Fokus eher auf dem aktiv Handelnden („Der Hausmeister öffnet die Tür") und beim entsprechenden Partizip Perfekt auf dem Ergebnis des Vorgangs („Die Tür ist nun geöffnet", siehe 8.3.1).

In den folgenden Abschnitten steht die Formenbildung der im NIF'AL konjugierten Verben im Vordergrund. Die allgemeinen Hinweise zum Aufbau hebräischer Verben finden sich in den Abschnitten 8.1 und 8.2. Die grundsätzliche Verwendung bestimmter Formen sowie der einzelnen Tempora wird im vorausgegangenen Abschnitt 8.3 unter der jeweiligen Rubrik der PA'AL-Verben ausführlich erläutert und daher hier nicht wiederholt.

Die folgenden Abschnitte 8.4.1 bis 8.4.4 beschränken sich darauf, die Bildung der Formen im jeweiligen Standardfall zu erklären. Sämtliche Abweichungen werden anschließend in Abschnitt 8.4.5 in Übersichtstabellen zusammengefasst.

8.4.1 Infinite Formen: Infinitiv und Partizip Präsens

Der **Infinitiv** in seiner Standardform beginnt wie in allen Binjanim mit einem ל- ; zusätzlich folgen beim NIF'AL ein ה und ein [i], die zwischen ל und erstem Wurzelkonsonanten stehen.

לְהִ□ָּ□ֵ□ **NIF'AL-Infinitivmuster** im Standardfall

לְהִכָּנֵס *lehikaneß* eintreten

לְהִפָּגֵשׁ *lehipagesch* sich treffen

Für das **Partizip Präsens** wird der Wurzel ein נ vorangestellt, das mit [i] vokalisiert ist.

נִ□ְ□ַ□ **Partizip Präsens** Standardmuster im **NIF'AL**

נפרד *nifrad* getrennt

Da das נ mit dem ersten Konsonanten der Wurzel eine Silbe bildet und dieser Konsonant dadurch am Silbenende steht, verlieren in diesem Fall ב, כ und פ ihr DAGESCH und werden zu Reibelauten (im Beispiel [p] zu [f]).

8.4.2 Präsens

Verben in der Gegenwart werden wie üblich mithilfe des eben vorgestellten Partizip Präsens gebildet, das dann die entsprechenden Endungen für Genus und Numerus erhält.

לְהִסָּגֵר ס.ג.ר *lehißager* geschlossen werden			
Mask. Sg.	נִ□ְ□ָ□	נִסְגָּר	*nißgar*
Fem. Sg.	נִ□ְ□ֶ□ֶת	נִסְגֶּרֶת	*nißgeret*
Mask. Pl.	נִ□ְ□ָ□ִים	נִסְגָּרִים	*nißgarim*
Fem. Pl.	נִ□ְ□ָ□וֹת	נִסְגָּרוֹת	*nißgarot*

8.4.3 Imperfekt

Zur Formenbildung verwendet das Imperfekt wie das Präsens ein vorangestelltes נ. An den Komplex aus נ plus Wurzelkonsonanten werden dann die üblichen Personalendungen angefügt, wie sie auch in allen anderen BINJANIM zum Einsatz kommen. Die für das NIF'AL typische Vokalisierung lässt sich aus dem Namen ableiten: [i] in der ersten Silbe, die sich aus dem NUN und dem ersten Konsonanten der namengebenden Wurzel פ.ע.ל ergibt (*nif*), und [a] in der zweiten Silbe, gebildet aus zweitem und drittem Wurzelkonsonanten (*'al*).

Standardschema für das Imperfekt im **NIF'AL**:

Singular		Plural
נִ□ְ□ַ□ְ תִּי	1. Pers.	נִ□ְ□ַ□ְ נוּ
נִ□ְ□ַ□ְ תָּ	2. Pers. (m.)	נִ□ְ□ַ□ְ תֶּם
נִ□ְ□ַ□ְ תְּ	2. Pers. (f.)	נִ□ְ□ַ□ְ תֶּן
נִ□ְ□ַ□	3. Pers. (m.)	נִ□ְ□ְ□ וּ
נִ□ְ□ְ□ָ ה	3. Pers. (f.)	נִ□ְ□ְ□ וּ

Für ein regelmäßiges Verb ergibt sich die folgende vollständige Konjugationstabelle:

	לְהִדָּלֵק ד.ל.ק		*lehidalek* angezündet werden	
Singular	נִדְלַקְתִּי	(אני)	*('ani)*	*nidlakti*
	נִדְלַקְתָּ	(אתה)	*('ata)*	*nidlakta*
	נִדְלַקְתְּ	(את)	*('at)*	*nidlakt*
	נִדְלַק	הוא	*hu*	*nidlak*
	נִדְלְקָה	היא	*hi*	*nidleka*
Plural	נִדְלַקְנוּ	(אנחנו)	*('anachnu)*	*nidlaknu*
	נִדְלַקְתֶּם	(אתם)	*('atem)*	*nidlaktem*
	נִדְלַקְתֶּן	(אתן)	*('aten)*	*nidlakten*
	נִדְלְקוּ	הם	*hem*	*nidleku*
		הן	*hen*	

8.4.4 Futur und Imperativ

Wie beim Infinitiv fehlt auch bei den Formen des Futurs und des Imperativs das charakteristische נ vor den Wurzelkonsonanten. Betrachtet man den Infinitiv als Ausgangsmuster, streicht man für das Futur-Grundschema ל und ה, sodass nur das י vor der Wurzel erhalten bleibt (außer bei der 1. Person Singular, die auch das י einbüßt).

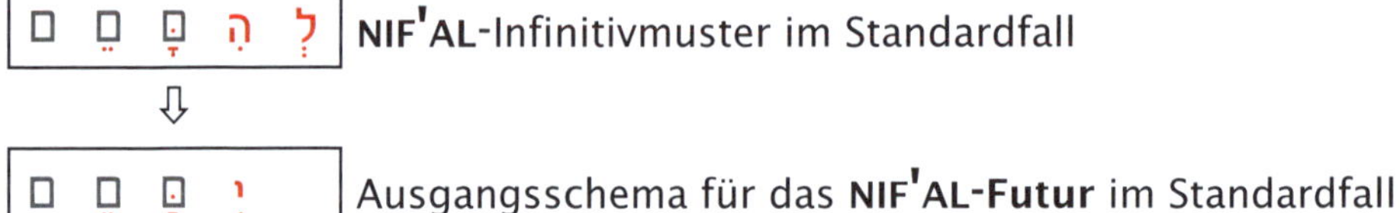

Standardschema für das **Futur** im **NIF'AL**:

Singular		Plural
אֶ□ָ□ֵ□	1. Pers.	נִ□ָ□ֵ□
תִּ□ָ□ֵ□	2. Pers. (m.)	תִּ□ָ□ְ□וּ
תִּ□ָ□ְ□ִי	2. Pers. (f.)	תִּ□ָ□ְ□וּ
יִ□ָ□ֵ□	3. Pers. (m.)	יִ□ָ□ְ□וּ
תִּ□ָ□ֵ□	3. Pers. (f.)	יִ□ָ□ְ□וּ

Ein konkretes Beispiel zeigt die nächste Tabelle:

	לְהִכָּנֵס כ.נ.ס		*lehikaneß* eintreten	
Singular	אֶכָּנֵס	(אני)	*('ani)*	*'ekaneß*
	תִּכָּנֵס	(אתה)	*('ata)*	*tikaneß*
	תִּכָּנְסִי	(את)	*('at)*	*tikanßi*
	יִכָּנֵס	הוא	*hu*	*jikaneß*
	תִּכָּנֵס	היא	*hi*	*tikaneß*
Plural	נִכָּנֵס	(אנחנו)	*('anachnu)*	*nikaneß*
	תִּכָּנְסוּ	(אתם)	*('atem)*	*tikanßu*
		(אתן)	*('aten)*	
	ייִכָּנְסוּ	הם	*hem*	*jikanßu*
		הן	*hen*	

Betrachtet man, wie oben beim Futur, den Infinitiv als Ausgangsbasis für den **Imperativ**, dann wird nur das ל gestrichen, ה und י bleiben vor der Wurzel erhalten. Anschließend folgen die üblichen Personalendungen.

Das Grundschema für den **Imperativ** im **NIF'AL**:

	Singular	Plural
Maskulinum	הִ◻ָ◻ֵ◻	הִ◻ָ◻ְ◻וּ
Femininum	הִ◻ָ◻ְ◻ִי	

Ein konkretes Beispiel zeigt die nächste Tabelle:

	להיכנס כ.נ.ס	eintreten	
Singular	2.P.Mask.	הִכָּנֵס	*hikaneß*
	2.P.Fem.	הִכָּנְסִי	*hikanßi*
Plural	2.P.Mask.	הִכָּנְסוּ	*hikanßu*
	2.P.Fem.		

Ein Imperativ kann natürlich nur von den NIF'AL-Verben gebildet werden, die eine aktive Bedeutung haben.

8.4.5 Ausnahmegruppen
(פ' גרונית PE GRONIT, פ"י PE JOD und ל"ה LAMED HE)

Die nachstehenden Tabellen geben eine Übersicht über alle Formen, wie sie in einer bestimmten Untergruppe besonderer bzw. unregelmäßiger Verben vorkommen.

PE GRONIT (Kehllaut als erster Wurzelkonsonant)

Ist der erste Wurzelkonsonant einer der Kehllaute א, ה, ע oder ein ר, kommt es zu Abweichungen in der Aussprache, denn Kehllaute können nicht mit einem vorausgehenden [i] kombiniert werden. Das [i] wird daher in ein [e] verwandelt:

NIF'AL PE GRONIT *lehe'alem* verschwinden				**נפעל פ' גרונית** לְהֵעָלֵם ע.ל.מ	
ציווי Imperativ	עתיד Futur	עבר Imperfekt	הווה Präsens		
	אֵעָלֵם *'e'alem*	נֶעֱלַמְתִּי *ne'elamti*	נֶעֱלָם *ne'elam*	m.	אני
			נֶעֱלֶמֶת *ne'elemet*	f.	
הֵעָלֵם *he'alem*	תֵּעָלֵם *te'alem*	נֶעֱלַמְתָּ *ne'elamta*	נֶעֱלָם *ne'elam*		אתה
הֵעָלְמִי *he'almi*	תֵּעָלְמִי *te'almi*	נֶעֱלַמְתְּ *ne'elamt*	נֶעֱלֶמֶת *ne'elemet*		את
	יֵעָלֵם *je'alem*	נֶעֱלַם *ne'elam*	נֶעֱלָם *ne'elam*		הוא
	תֵּעָלֵם *te'alem*	נֶעֶלְמָה *ne'elma*	נֶעֱלֶמֶת *ne'elemet*		היא
	נֵעָלֵם *ne'alem*	נֶעֱלַמְנוּ *ne'elamnu*	נֶעֱלָמִים *ne'elamim*	m.	אנחנו
			נֶעֱלָמוֹת *ne'elamot*	f.	
הֵעָלְמוּ *he'almu*	תֵּעָלְמוּ *te'almu*	נֶעֱלַמְתֶּם *ne'elamtem*	נֶעֱלָמִים *ne'elamim*		אתם
		נֶעֱלַמְתֶּן *ne'elamten*	נֶעֱלָמוֹת *ne'elamot*		אתן
	יֵעָלְמוּ *je'almu*	נֶעֶלְמוּ *ne'elmu*	נֶעֱלָמִים *ne'elamim*		הם
			נֶעֱלָמוֹת *ne'elamot*		הן

Ähnliche Verben: להאמר *lehe'amer* «gesagt werden», להרג *lehehareg* «getötet werden», להרשם *leheraschem* «eingetragen werden»

NIF'AL PE JOD — נפעל פ"י

lehiwaled geboren werden — לְהִוָּלֵד י.ל.ד

ציווי Imperativ	עתיד Futur	עבר Imperfekt	הווה Präsens	
	אִוָּלֵד *'iwaled*	נוֹלַדְתִּי *noladeti*	נוֹלָד *nolad*	m. אני
			נוֹלֶדֶת *noledet*	f.
הִוָּלֵד *hiwaled*	תִּוָּלֵד *tiwaled*	נוֹלַדְתָּ *noladeta*	נוֹלָד *nolad*	אתה
הִוָּלְדִי *hiwaldi*	תִּוָּלְדִי *tiwaldi*	נוֹלַדְתְּ *noladet*	נוֹלֶדֶת *noledet*	את
	יִוָּלֵד *jiwaled*	נוֹלַד *nolad*	נוֹלָד *nolad*	הוא
	תִּוָּלֵד *tiwaled*	נוֹלְדָה *nolda*	נוֹלֶדֶת *noledet*	היא
	נִוָּלֵד *niwaled*	נוֹלַדְנוּ *noladnu*	נוֹלָדִים *noladim*	m. אנחנו
			נוֹלָדוֹת *noladot*	f.
הִוָּלְדוּ *hiwaldu*	תִּוָּלְדוּ *tiwaldu*	נוֹלַדְתֶּם *noladetem*	נוֹלָדִים *noladim*	אתם
		נוֹלַדְתֶּן *noladeten*	נוֹלָדוֹת *noladot*	אתן
	יִוָּלְדוּ *jiwaldu*	נוֹלְדוּ *noldu*	נוֹלָדִים *noladim*	הם
			נוֹלָדוֹת *noladot*	הן

Ähnliche Verben: **להיווצר** *lehiwazer* «geschaffen werden», **להיווסד** *lehiwaßed* «gegründet werden»

8

NIF'AL LAMED HE — נפעל ל"ה

lehibanot gebaut werden — לְהִבָּנוֹת ב.נ.ה

ציווי Imperativ	עתיד Futur	עבר Imperfekt	הווה Präsens	
	אֶבָּנֶה *'ebane*	נִבְנֵיתִי *niwneti*	נִבְנֶה *niwne*	m. אני
			נִבְנֵית *niwnet*	f.
הִבָּנֵה *hibane*	תִּבָּנֶה *tibane*	נִבְנֵיתָ *niwneta*	נִבְנֶה *niwne*	אתה
הִבָּנִי *hibani*	תִּבָּנִי *tibani*	נִבְנֵית *niwnet*	נִבְנֵית *niwnet*	את
	יִבָּנֶה *jibane*	נִבְנָה *niwna*	נִבְנֶה *niwne*	הוא
	תִּבָּנֶה *tibane*	נִבְנְתָה *niwneta*	נִבְנֵית *niwnet*	היא

	נִבָּנֶה *nibane*	נִבְנֵינוּ *niwnenu*	נִבְנִים *niwnim*	m. אנחנו
			נִבְנוֹת *niwnot*	f.
הִבָּנוּ *hibanu*	תִּבָּנוּ *tibanu*	נִבְנֵיתֶם *niwnetem*	נִבְנִים *niwnim*	אתם
		נִבְנֵיתֶן *newneten*	נִבְנוֹת *niwnot*	אתן
	יִבָּנוּ *jibanu*	נִבְנוּ *niwnu*	נִבְנִים *niwnim*	הם
			נִבְנוֹת *niwnot*	הן

Ähnliche Verben: **להראות** *lehera'ot* «aussehen», **להנות** *lehenot* «Spaß haben», **להעשות** *lehe'aßot* «gemacht werden»

8.5 פיעל PI'EL

Verben des PI'EL beschreiben eine aktive, ganz bewusst durchgeführte Handlung. Diese generelle Bedeutung ist zwar allen PI'EL-Verben gemeinsam, ansonsten weisen sie aber eine ganze Bandbreite verschiedener Bedeutungen auf, von denen drei Varianten besonders häufig sind: Intensivierung, Verursachung und Wiederholung im Hinblick auf die Grundbedeutung des entsprechenden PA'AL-Verbs (siehe Abschnitt 8.2.2). Daneben gibt es zahlreiche PI'EL-Verben, die keine Entsprechung unter den PA'AL-Verben haben.

טינה מלמדת את תומר גרמנית ולומדת ממנו עברית.

Tina melamedet 'et Tomer germanit welomedet mimenu 'iwrit.

Tina lehrt Tomer Deutsch und lernt von ihm Hebräisch.

אבא, כבר סיפרת לי את הסיפור הזה אלף פעמים!

'aba, kwar ßiparta li 'et haßipur hase 'elef pe'amim!

Papa, du hast mir diese Geschichte schon tausend Mal erzählt!

Ein gemeinsames formales Kennzeichen für die Verben dieses BINJAN ist, dass der zweite Wurzelkonsonant grundsätzlich ein DAGESCH hat (mit Ausnahme der Kehllaute). Ein weiteres formales Merkmal besteht in der Fähigkeit, dass sich das PI'EL-Muster mit Wurzeln verbinden kann, die aus vier oder mehr Konsonanten bestehen. Das ermöglicht die Bildung neuer, aktueller Wörter, die aus anderen Sprachen entlehnt werden.

Die kommenden Abschnitte konzentrieren sich auf die verschiedenen Konjugationsformen der PI'EL-Verben. Die allgemeinen Hinweise zum Aufbau hebräischer Verben finden sich in den Abschnitten 8.1 und 8.2, und die grundsätzliche Verwendung bestimmter Formen sowie der einzelnen Tempora wird in Abschnitt 8.3 unter der jeweiligen Rubrik der PA'AL-Verben gründlich erläutert und daher hier nicht wiederholt.

In den folgenden Abschnitten 8.5.1 bis 8.5.4 ist die ausführliche Darstellung der PI'EL-Konjugationen auf die Formen im jeweiligen Standardfall beschränkt. Sämtliche Abweichungen werden anschließend in Abschnitt 8.5.5 in Übersichtstabellen zusammengefasst.

8.5.1 Infinite Formen: Infinitiv und Partizip Präsens

Der Infinitiv beginnt wie üblich mit einem -ל. Weitere Elemente werden der Wurzel nicht vorangestellt. Die Wurzelkonsonanten sind mit [a] und [e] vokalisiert.

לְ □ַ □ֵ □	**PI'EL-Infinitivmuster** im Standardfall
לְ סַ פֵּ ר	*leßaper* erzählen
לְ שַׁ לֵּ ם	*leschalem* bezahlen

Für das **Partizip** Präsens Aktiv wird der Wurzel ein מ vorangestellt. Auch dieses Präsens -מ ist für alle BINJANIM typisch – mit Ausnahme des PA'AL und NIF'AL. Die Vokalisierung entspricht der des Infinitivs:

מְ □ַ □ֵ □	**Partizip Präsens Aktiv** Standardmuster im **PI'EL**
מְ סַ פֵּ ר	*meßaper* erzählend
מְ שַׁ לֵּ ם	*meschalem* bezahlend

Das Präsenspartizip des PI'EL wird sehr oft zur Bildung von Adjektiven genutzt.
Treten פ, כ, ב als erste Wurzelkonsonanten auf, werden sie nach den Präfixen -ל und -מ, also im Infinitiv und Präsenspartizip, grundsätzlich als Reibelaute ausgesprochen (לבקר *lewaker*, לפזר *lefaser*, לכבס *lechabeß*), weil sie in dieser Position kein DAGESCH bekommen.
Ein Partizip Perfekt Passiv gibt es im PI'EL nicht. Stattdessen wird das Präsenspartizip des BINJAN PU'AL gewählt (siehe 8.6.1).

8

8.5.2 Präsens

Die Verbformen der Gegenwart bauen wie üblich auf dem Partizip Präsens auf, das mit den Endungen für Genus und Numerus verknüpft wird.

לספר ס.פ.ר *leßaper* erzählen			
Mask. Sg.	מְ□ַ□ֵ□	מְסַפֵּר	*meßaper*
Fem. Sg.	מְ□ַ□ֶ□ֶת	מְסַפֶּרֶת	*meßaperet*
Mask. Pl.	מְ□ַ□ְּ□ִים	מְסַפְּרִים	*meßaprim*
Fem. Pl.	מְ□ַ□ְּ□וֹת	מְסַפְּרוֹת	*meßaprot*

8.5.3 Imperfekt

Für den formalen Aufbau werden die in allen BINJANIM üblichen Personalendungen verwendet. Die Vokalisierung der Wurzel für die 3. Person Maskulinum Singular für das PI'EL ergibt sich wie immer aus dem Namen des BINJAN: [i] und [e]. Entsprechend wird bei allen Personen ein JOD zwischen den ersten und zweiten Wurzelkonsonanten eingefügt. Bei allen ersten und zweiten Personen verändert sich die Aussprache des zweiten Vokals, das heißt, die Vokalfolge wechselt zu [i] - [a], bei den übrigen dritten Personen wird das [a] zum SCHWA-Laut.

Standardschema für das Imperfekt im **PI'EL**:

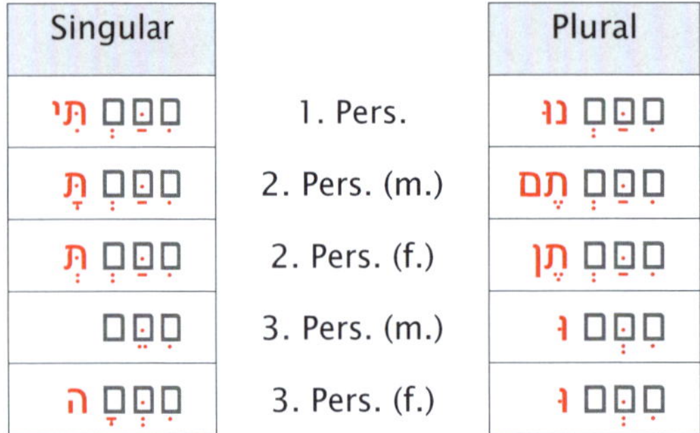

Singular		Plural
□ִ□ַּ□ְ תִּי	1. Pers.	□ִ□ַּ□ְ נוּ
□ִ□ַּ□ְ תָּ	2. Pers. (m.)	□ִ□ַּ□ְ תֶּם
□ִ□ַּ□ְ תְּ	2. Pers. (f.)	□ִ□ַּ□ְ תֶּן
□ִ□ֵּ□	3. Pers. (m.)	□ִ□ְּ□ וּ
□ִ□ְּ□ָ ה	3. Pers. (f.)	□ִ□ְּ□ וּ

Für ein regelmäßiges Verb ergibt sich die folgende vollständige Konjugationstabelle:

	ד.ב.ר	לְדַבֵּר	*ledaber* sprechen	
Singular	דִּבַּרְתִּי	(אני)	*('ani)*	*dibarti*
	דִּבַּרְתָּ	(אתה)	*('ata)*	*dibarta*
	דִּבַּרְתְּ	(את)	*('at)*	*dibart*
	דִּבֵּר	הוא	*hu*	*diber*
	דִּבְּרָה	היא	*hi*	*dibra*
Plural	דִּבַּרְנוּ	(אנחנו)	*('anachnu)*	*dibarnu*
	דִּבַּרְתֶּם	(אתם)	*('atem)*	*dibartem*
	דִּבַּרְתֶּן	(אתן)	*('aten)*	*dibarten*
	דִּבְּרוּ	הם	*hem*	*dibru*
		הן	*hen*	

8.5.4 Futur und Imperativ

Die Ausgangsform für das **Futur** sind die Wurzelkonsonanten mit der Vokalisierung wie beim Infinitiv (also der Infinitiv ohne -ל). Mit diesem Basiselement werden die üblichen Personal-Präfixe und -Suffixe verknüpft. Die vom Infinitiv übernommene Vokalfolge ändert sich nur bei der 1. Person Singular von [e] - [a] zu [a] - [a]. Und das [e] des zweiten Wurzelkonsonanten reduziert sich zum SCHWA-Laut bei den Verbformen, die ein Suffix enthalten.

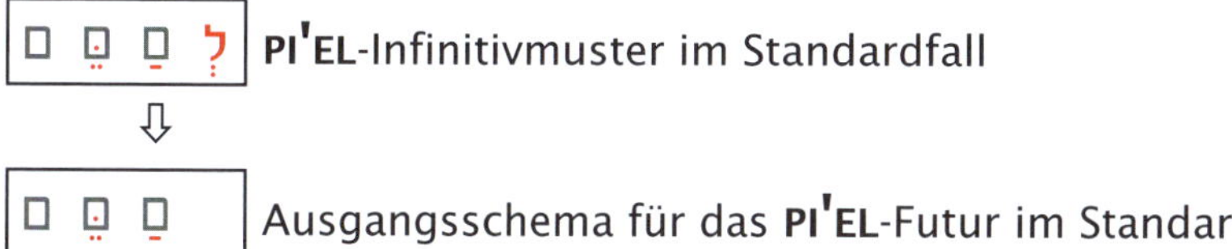

Standardschema für das **Futur**:

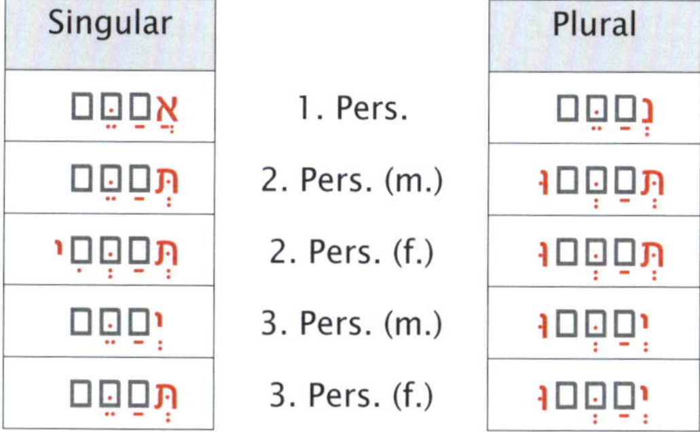

Singular		Plural
אֲ□ַ□ֵ□	1. Pers.	נְ□ַ□ֵ□
תְּ□ַ□ֵ□	2. Pers. (m.)	תְּ□ַ□ְ□וּ
תְּ□ַ□ְ□ִי	2. Pers. (f.)	תְּ□ַ□ְ□וּ
יְ□ַ□ֵ□	3. Pers. (m.)	יְ□ַ□ְ□וּ
תְּ□ַ□ֵ□	3. Pers. (f.)	יְ□ַ□ְ□וּ

Futur-Konjugation eines regelmäßigen Verbs:

	לְ שַׁלֵּם ש.ל.ם		*leschalem* bezahlen	
Singular	אֲשַׁלֵּם	(אני)	*('ani)*	*'aschalem*
	תְּשַׁלֵּם	(אתה)	*('ata)*	*teschalem*
	תְּשַׁלְּמִי	(את)	*('at)*	*teschalmi*
	יְשַׁלֵּם	הוא	*hu*	*jeschalem*
	תְּשַׁלֵּם	היא	*hi*	*teschalem*
Plural	נְשַׁלֵּם	(אנחנו)	*('anachnu)*	*neschalem*
	תְּשַׁלְּמוּ	(אתם)	*('atem)*	*teschalmu*
		(אתן)	*('aten)*	
	יְשַׁלְּמוּ	הם	*hem*	*jeschalmu*
		הן	*hen*	

Für den **Imperativ** gilt im Standardfall wie beim Futur der Infinitiv als Ausgangsform. Das Infinitiv-ל entfällt und die üblichen Personalendungen werden angefügt.

Das Grundschema für den **Imperativ** im **PI'EL**:

	Singular	Plural
Maskulinum	□ַ□ֵ□	□ַ□ְ□וּ
Femininum	□ַ□ְ□ִי	

Ein konkretes Beispiel zeigt die nächste Tabelle:

		לשלם ש.ל.מ	*leschalem* bezahlen
Singular	2.P.Mask.	שַׁלֵּם	*schalem*
	2.P.Fem.	שַׁלְּמִי	*schalmi*
Plural	2.P.Mask.	שַׁלְּמוּ	*schalmu*
	2.P.Fem.		

8.5.5 Ausnahmegruppen
(ע"ו 'AJIN WAW, ל"ה LAMED HE und vierkonsonantige Wurzeln)

Die folgenden Tabellen fassen alle Konjugationsformen zusammen, die zu einer bestimmten Untergruppe besonderer bzw. unregelmäßiger Verben gehören.

KFULIM (verdoppelter dritter Konsonant) **+ PI'EL 'AJIN WAW** *le'oded* ermutigen — כפולים + פיעל ע"ו — לְעוֹדֵד ע.ו.ד

ציווי Imperativ	עתיד Futur	עבר Imperfekt	הווה Präsens		
	אֲעוֹדֵד *'a'oded*	עוֹדַדְתִּי *'odadeti*	מְעוֹדֵד *me'oded*	m.	אני
			מְעוֹדֶדֶת *me'odedet*	f.	
עוֹדֵד *'oded*	תְּעוֹדֵד *te'oded*	עוֹדַדְתָּ *'odadeta*	מְעוֹדֵד *me'oded*		אתה
עוֹדְדִי *'odedi*	תְּעוֹדְדִי *te'odedi*	עוֹדַדְתְּ *'odadet*	מְעוֹדֶדֶת *me'odedet*		את
	יְעוֹדֵד *je'oded*	עוֹדֵד *'oded*	מְעוֹדֵד *me'oded*		הוא
	תְּעוֹדֵד *te'oded*	עוֹדְדָה *'odeda*	מְעוֹדֶדֶת *me'odedet*		היא

	נְעוֹדֵד *ne'oded*	עוֹדַדְנוּ *'odadnu*	מְעוֹדְדִים *me'odedim*	m.	אנחנו
			מְעוֹדְדוֹת *me'odedot*	f.	
עוֹדְדוּ *'odedu*	תְּעוֹדְדוּ *te'odedu*	עוֹדַדְתֶּם *'odadtem*	מְעוֹדְדִים *me'odedim*		אתם
		עוֹדַדְתֶּן *'odadten*	מְעוֹדְדוֹת *me'odedot*		אתן
	יְעוֹדְדוּ *je'odedu*	עוֹדְדוּ *'odedu*	מְעוֹדְדִים *me'odedim*		הם
			מְעוֹדְדוֹת *me'odedot*		הן

Ähnliche Verben: לסובב *leßowew* «drehen», לנופף *lenofef* «schwenken», לעורר *le'orer* «erwecken»

PI'EL LAMED HE פיעל ל"ה

lechakot warten לְחַכּוֹת ח.כ.ה

ציווי Imperativ	עתיד Futur	עבר Imperfekt	הווה Präsens		
	אֲחַכֶּה *'achake*	חִכִּיתִי *chikiti*	מְחַכֶּה *mechake*	m.	אני
			מְחַכָּה *mechaka*	f.	
חַכֵּה *chake*	תְּחַכֶּה *techake*	חִכִּיתָ *chikita*	מְחַכֶּה *mechake*		אתה
חַכִּי *chaki*	תְּחַכִּי *techaki*	חִכִּית *chikit*	מְחַכָּה *mechaka*		את
	יְחַכֶּה *jechake*	חִכָּה *chika*	מְחַכֶּה *mechake*		הוא
	תְּחַכֶּה *techake*	חִכְּתָה *chikta*	מְחַכָּה *mechaka*		היא
	נְחַכֶּה *nechake*	חִכִּינוּ *chikinu*	מְחַכִּים *mechakim*	m.	אנחנו
			מְחַכּוֹת *mechakot*	f.	
חַכּוּ *chaku*	תְּחַכּוּ *techaku*	חִכִּיתֶם *chikitem*	מְחַכִּים *mechakim*		אתם
		חִכִּיתֶן *chikiten*	מְחַכּוֹת *mechakot*		אתן
	יְחַכּוּ *jechaku*	חִכּוּ *chiku*	מְחַכִּים *mechakim*		הם
			מְחַכּוֹת *mechakot*		הן

Ähnliche Verben: לבלות *lewalot* «amüsieren», לגלות *legalot* «entdecken», לכבות *lechabot* «löschen, ausmachen»

MERUBA'IM – Wurzeln aus mindestens vier Konsonanten

Aus sprachhistorischen Gründen ist das PI'EL-Muster (wie auch PU'AL und HITPA'EL) dazu geeignet, Wurzeln aus vier oder mehr Konsonanten zu verarbeiten. Schon im Althebräischen gab es einige Bildungen mit vier Konsonanten, die typischerweise aus einer Verdoppelung der ersten Silbe bestehen und die meist lautmalerische

Eigenschaften haben, zum Beispiel: לצלצל *lezalzel* «klingeln», לשפשף *leschafschef* «schleifen», לצפצף *lezafzef* «pfeifen»

Diese „Offenheit“ gegenüber umfangreicheren Wurzeln ist entscheidend für die Bildung neuer Wörter. Das war nicht nur für Ben-Yehuda wichtig für die Prägung moderner hebräischer Begriffe, sondern auch heute noch werden ständig aktuelle fremdsprachige Begriffe mithilfe des PI'EL als neue Verben ins Hebräische integriert.

השעון מתקתק ומצלצל

> מה קרה לטלפון שלי? אני לא יכולה לסמסס!
> *ma kara latelefon scheli? 'ani lo jechola leßamßeß!*
> Was ist mit meinem Telefon passiert? Ich kann nicht „simsen“.
>
> המדינה מסבסדת את התחבורה הציבורית.
> *hamedina meßabßedet 'et hatachbura haziburit.*
> Der Staat subventioniert die öffentlichen Verkehrsmittel.

8

PI'EL MERUBA'IM — פיעל מרובעים

letargem übersetzen — לְתַרְגֵּם ת.ר.ג.מ

ציווי Imperativ	עתיד Futur	עבר Imperfekt	הווה Präsens		
	אֲתַרְגֵּם *'atargem*	תִּרְגַּמְתִּי *tirgamti*	מְתַרְגֵּם *metargem*	m.	אני
			מְתַרְגֶּמֶת *metargemet*	f.	
תַּרְגֵּם *targem*	תְּתַרְגֵּם *tetargem*	תִּרְגַּמְתָּ *tirgamta*	מְתַרְגֵּם *metargem*		אתה
תַּרְגְּמִי *targemi*	תְּתַרְגְּמִי *tetargemi*	תִּרְגַּמְתְּ *tirgamt*	מְתַרְגֶּמֶת *metargemet*		את
	יְתַרְגֵּם *jetargem*	תִּרְגֵּם *tirgem*	מְתַרְגֵּם *metargem*		הוא
	תְּתַרְגֵּם *tetargem*	תִּרְגְּמָה *tirgema*	מְתַרְגֶּמֶת *metargemet*		היא
	נְתַרְגֵּם *netargem*	תִּרְגַּמְנוּ *tirgamnu*	מְתַרְגְּמִים *metargemim*	m.	אנחנו
			מְתַרְגְּמוֹת *metargemot*	f.	
תַּרְגְּמוּ *targemu*	תְּתַרְגְּמוּ *tetargemu*	תִּרְגַּמְתֶּם *tirgamtem*	מְתַרְגְּמִים *metargemim*		אתם
		תִּרְגַּמְתֶּן *tirgamten*	מְתַרְגְּמוֹת *metargemot*		אתן
	יְתַרְגְּמוּ *jetargemu*	תִּרְגְּמוּ *tirgemu*	מְתַרְגְּמִים *metargemim*		הם
			מְתַרְגְּמוֹת *metargemot*		הן

8.6 פועל PU'AL

Das Muster PU'AL ist eines der drei Passiv-BINJANIM, sein „aktiver Partner“ ist das PI'EL. Anders als beim NIF'AL (dem Passiv-Pendant zum PA'AL) gibt es praktisch keine PU'AL-Formen mit einer eigenständigen aktivischen Bedeutung, die unabhängig von einem PI'EL-Verb besteht. Nicht nur das Bedeutungsspektrum ist eingeschränkt, sondern auch der Formenbereich: Es fehlen Infinitiv und Imperativ, und in manchen Fällen sind aus semantischen Gründen nur die Formen der dritten Personen möglich. Insgesamt werden PU'AL-Verben umgangssprachlich nicht allzu häufig verwendet, sondern sind eher in formellen Bereichen zu finden.

Die formalen Parallelen zum PI'EL sind recht deutlich: Auch bei den PU'AL-Verben haben alle zweiten Wurzelkonsonanten (außer den Kehllauten) grundsätzlich ein DAGESCH, und auch hier können vierkonsonantige oder noch größere Wurzeln „verarbeitet“ werden.

In den folgenden Abschnitten 8.6.1 bis 8.6.4 ist die ausführliche Darstellung der PU'AL-Konjugationen auf die Formen im jeweiligen Standardfall beschränkt. Sämtliche Abweichungen werden anschließend in Abschnitt 8.6.5 in Übersichtstabellen zusammengefasst. (Für die ganz allgemeinen Ausführungen zum Aufbau hebräischer Verben, zur Verwendung bestimmter Formen und der

Tempora verweisen wir wieder auf die umfangreichen Erläuterungen in den Abschnitten 8.1 bis 8.3).

8.6.1 Infinite Formen: Partizip Präsens

Es gibt keinen Infinitiv für PU'AL-Verben. Das **Partizip Präsens** ist die einzige infinite Form. Diese Verbform ist allerdings sehr gebräuchlich in ihrer Verwendung als Adjektiv.
Der Wurzel wird ein -מ vorangestellt (ב,כ,פ als jeweils erste Wurzelkonsonanten werden dann als Reibelaute ausgesprochen), und zwischen den ersten und zweiten Wurzelkonsonanten tritt ein ו, das als [o] oder [u] vokalisiert wird.

מְ□ֻ□ָ□ **PU'AL-Partizip Präsens** Standardmuster

מְסֻדָּר *meßudar* aufgeräumt, erledigt

מְשֻׁתָּף *meschutaf* gemeinsam

8.6.2 Präsens

Die Verbformen der Gegenwart bauen wie üblich auf dem Partizip Präsens auf, das mit den Endungen für Genus und Numerus verknüpft wird.

ס.פ.ר erzählt werden			
Mask. Sg.	מְ□ֻ□ָ□	מְסֻפָּר	*meßupar*
Fem. Sg.	מְ□ֻ□ֶ□ֶת	מְסֻפֶּרֶת	*meßuperet*
Mask. Pl.	מְ□ֻ□ָ□ִים	מְסֻפָּרִים	*meßuparim*
Fem. Pl.	מְ□ֻ□ָ□וֹת	מְסֻפָּרוֹת	*meßuparot*

8.6.3 Imperfekt

Die Vokalisierung der Wurzel für die 3. Person Maskulinum Singular für das PU'AL ergibt sich wie immer aus dem Namen des BINJAN: [u] bzw. [o] und [a]. Entsprechend wird bei allen Personen ein [u] zwischen den ersten und zweiten Wurzelkonsonanten eingefügt. Der zweite Wurzelkonsonant wird mit [a] vokalisiert, außer bei der 3. Person Singular Femininum und den dritten Personen im Plural, bei denen das [a] zum SCHWA-Laut wird. Angefügt werden dann noch die in allen BINJANIM üblichen Personalendungen.

Standardschema für das Imperfekt im **PU'AL**:

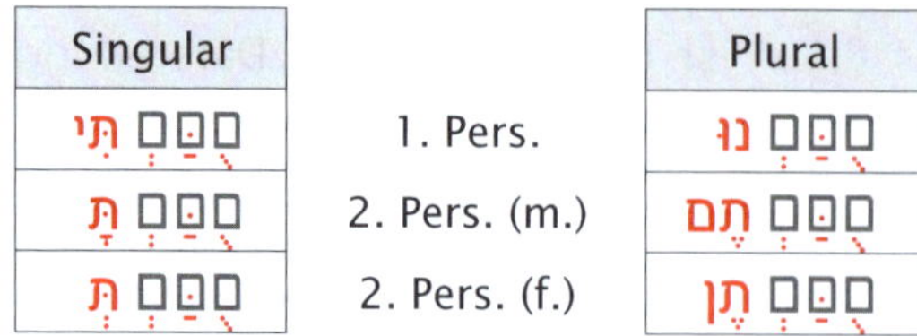

Singular		Plural
□ֻ□ַ□ְתִּי	1. Pers.	□ֻ□ַ□ְנוּ
□ֻ□ַ□ְתָּ	2. Pers. (m.)	□ֻ□ַ□ְתֶּם
□ֻ□ַ□ְתְּ	2. Pers. (f.)	□ֻ□ַ□ְתֶּן

Singular		Plural
□ֻ□ַ□	3. Pers. (m.)	□ֻ□ְ□וּ
□ֻ□ְ□ָה	3. Pers. (f.)	□ֻ□ְ□וּ

Für ein regelmäßiges Verb ergibt sich die folgende vollständige Konjugationtabelle:

	ס.ד.ר		geordnet, erledigt werden	
Singular	סֻדַּרְתִּי	(אני)	('ani)	*ßudarti*
	סֻדַּרְתָּ	(אתה)	('ata)	*ßudarta*
	סֻדַּרְתְּ	(את)	('at)	*ßudart*
	סֻדַּר	הוא	*hu*	*ßudar*
	סֻדְּרָה	היא	*hi*	*ßudra*
Plural	סֻדַּרְנוּ	(אנחנו)	('anachnu)	*ßudarnu*
	סֻדַּרְתֶּם	(אתם)	('atem)	*ßudartem*
	סֻדַּרְתֶּן	(אתן)	('aten)	*ßudarten*
	סֻדְּרוּ	הם	*hem*	*ßudru*
		הן	*hen*	

8.6.4 Futur

Auch für das Futur tritt ein [u] zwischen den ersten und zweiten Wurzelkonsonanten. Mit dieser Ausgangsbasis werden die üblichen Personal-Präfixe und -Suffixe verknüpft.

□ֻ □ַ □	Ausgangsschema für das **PU'AL**-Futur im Standardfall

Standardschema für das Futur im **PU'AL**:

Singular		Plural
אֲ□ֻ□ַ□	1. Pers.	נְ□ֻ□ַ□
תְּ□ֻ□ַ□	2. Pers. (m.)	תְּ□ֻ□ְ□וּ
תְּ□ֻ□ְ□ִי	2. Pers. (f.)	תְּ□ֻ□ְ□וּ
יְ□ֻ□ַ□	3. Pers. (m.)	יְ□ֻ□ְ□וּ
תְּ□ֻ□ַ□	3. Pers. (f.)	יְ□ֻ□ְ□וּ

8

Futur-Konjugation eines regelmäßigen Verbs:

	ש.ל.מ bezahlt werden			
Singular	אֲשֻׁלַּם	(אני)	('ani)	'aschulam
	תְּשֻׁלַּם	(אתה)	('ata)	teschulam
	תְּשֻׁלְּמִי	(את)	('at)	teschulmi
	יְשֻׁלַּם	הוא	hu	jeschulam
	תְּשֻׁלַּם	היא	hi	teschulam
Plural	נְשֻׁלַּם	(אנחנו)	('anachnu)	neschulam
	תְּשֻׁלְּמוּ	(אתם)	('atem)	teschulmu
		(אתן)	('aten)	
	יְשֻׁלְּמוּ	הם	hem	jeschulmu
		הן	hen	

8.6.5 Ausnahmegruppen
(ל"א LAMED 'ALEF, ל"ה LAMED HE und vierkonsonantige Wurzeln)

Die folgenden Tabellen fassen alle Konjugationsformen zusammen, die zu einer bestimmten Untergruppe besonderer bzw. unregelmäßiger Verben gehören.

PU'AL LAMED 'ALEF — פועל ל"א
exportiert, ausgeführt werden — י.צ.א

ציווי Imperativ	עתיד Futur	עבר Imperfekt	הווה Präsens		
	אֲיֻצָּא *'ajuza*	יֻצֵּאתִי *juzeti*	מְיֻצָּא *mjuza*	m.	אני
			מְיֻצֵּאת *mejuzet*	f.	
–	תְּיֻצָּא *tejuza*	יֻצֵּאתָ *juzeta*	מְיֻצָּא *mjuza*		אתה
–	תְּיֻצְּאִי *tejuz'i*	יֻצֵּאת *juzet*	מְיֻצֵּאת *mejuzet*		את
	יְיֻצָּא *jejuza*	יֻצָּא *juza*	מְיֻצָּא *mjuza*		הוא
	תְּיֻצָּא *tejuza*	יֻצְּאָה *juz'a*	מְיֻצֵּאת *mejuzet*		היא

	נְיֻצָּא *nejuza*	יֻצֵּאנוּ *juzenu*	מְיֻצָּאִים *mejuza'im*	m. אנחנו
			מְיֻצָּאוֹת *mejuza'ot*	f.
-	תְּיֻצְּאוּ *tejuz'u*	יֻצֵּאתֶם *juzetem*	מְיֻצָּאִים *mejuza'im*	אתם
		יֻצֵּאתֶן *juzeten*	מְיֻצָּאוֹת *mejuza'ot*	אתן
	יְיֻצְּאוּ *jejuz'u*	יֻצְּאוּ *juz'u*	מְיֻצָּאִים *mejuza'im*	הם
			מְיֻצָּאוֹת *mejuza'ot*	הן

Ähnliche Verben: בוטא *buta* «ausgedruckt werden», דוכא *duka* «unterdrückt werden», מולא *mula* «gefüllt werden»

PU'AL LAMED HE — פּוּעַל ל"ה

geändert, verändert werden — ש.נ.ה

ציווי Imperativ	עתיד Futur	עבר Imperfekt	הווה Präsens	
	אֲשֻׁנֶּה *'aschune*	שֻׁנֵּיתִי *schuneti*	מְשֻׁנֶּה *meschune*	m. אני
			מְשֻׁנָּה *meschuna*	f.
-	תְּשֻׁנֶּה *teschune*	שֻׁנֵּיתָ *schuneta*	מְשֻׁנֶּה *meschune*	אתה
-	תְּשֻׁנִּי *teschuni*	שֻׁנֵּית *schunet*	מְשֻׁנָּה *meschuna*	את
	יְשֻׁנֶּה *jeschune*	שֻׁנָּה *schuna*	מְשֻׁנֶּה *meschune*	הוא
	תְּשֻׁנֶּה *teschune*	שֻׁנְּתָה *schunta*	מְשֻׁנָּה *meschuna*	היא
	נְשֻׁנֶּה *neschune*	שֻׁנֵּינוּ *schunenu*	מְשֻׁנִּים *meschunim*	m. אנחנו
			מְשֻׁנּוֹת *meschunot*	f.
-	תְּשֻׁנּוּ *teschunu*	שֻׁנֵּיתֶם *schunetem*	מְשֻׁנִּים *meschunim*	אתם
		שֻׁנֵּיתֶן *schuneten*	מְשֻׁנּוֹת *meschunot*	אתן
	יְשֻׁנּוּ *jeschunu*	שֻׁנּוּ *schunu*	מְשֻׁנִּים *meschunim*	הם
			מְשֻׁנּוֹת *meschunot*	הן

Ähnliche Verben: זוכה *suka* «freigesprochen werden», כובה *kuba* «gelöscht werden», פונה *puna* «geräumt, evakuiert werden»

MERUBA'IM – Wurzeln aus mindestens vier Konsonanten

Wie oben in Abschnitt 8.5.5 beschrieben, können mit dem PI'EL-Muster Wurzeln aus vier oder mehr Konsonanten verknüpft werden. Diese Möglichkeit besteht auch für das PU'AL.

PU'AL MERUBA'IM (4 Konsonanten) hypnotisiert werden					**פועל מרובעים** ה.פ.נ.ט
ציווי Imperativ	עתיד Futur	עבר Imperfekt	הווה Präsens		
	אֲהֻפְנַט *'ahupnat*	הֻפְנַטְתִּי *hupnateti*	מְהֻפְנָט *mehupnat*	m.	אני
			מְהֻפְנֶטֶת *mehupnetet*	f.	
–	תְּהֻפְנַט *tehupnat*	הֻפְנַטְתָּ *hupnateta*	מְהֻפְנָט *mehupnat*		אתה
–	תְּהֻפְנְטִי *tehupneti*	הֻפְנַטְתְּ *hupnatet*	מְהֻפְנֶטֶת *mehupnetet*		את
	יְהֻפְנַט *jehupnat*	הֻפְנַט *hupnat*	מְהֻפְנָט *mehupnat*		הוא
	תְּהֻפְנַט *tehupnat*	הֻפְנְטָה *hupneta*	מְהֻפְנֶטֶת *mehupnetet*		היא
	נְהֻפְנַט *nehupnat*	הֻפְנַטְנוּ *hupnatnu*	מְהֻפְנָטִים *mehupnatim*	m.	אנחנו
			מְהֻפְנָטוֹת *mehupnatot*	f.	
–	תְּהֻפְנְטוּ *tehupnetu*	הֻפְנַטְתֶּם *hupnatetem*	מְהֻפְנָטִים *mehupnatim*		אתם
		הֻפְנַטְתֶּן *hupnateten*	מְהֻפְנָטוֹת *mehupnatot*		אתן
	יְהֻפְנְטוּ *jehupnetu*	הֻפְנְטוּ *hupnetu*	מְהֻפְנָטִים *mehupnatim*		הם
			מְהֻפְנָטוֹת *mehupnatot*		הן

Ähnliche Verben: **אוכזב** *'uchsaw* «enttäuscht werden», **בולבל** *bulbal* «verwirrt werden», **פורסם** *purßam* «veröffentlicht werden»

8

8.7 הפעיל HIF'IL

Mit diesem Muster werden grundsätzlich aktivische Verben gebildet. Für die transitiven Verben ist eine kausative Bedeutung charakteristisch, das heißt, sie beschreiben, dass das Subjekt jemanden oder etwas zu einer Handlung oder einer Zustandsveränderung veranlasst (**להכתיב** *lehachtiw* «diktieren», **להאריך** *leha'arich* «verlängern»). Die intransitiven Verben dagegen beschreiben häufig, dass ein Zustandswechsel beim Subjekt eintritt (**להאדים** *leha'adim* «erröten», **להחוויר** *lehachwir* «blass werden»). Dabei ist oftmals eine klare inhaltliche Beziehung zum entsprechenden Verb eines anderen BINJAN oder zu einem bedeutungsverwandten Adjektiv erkennbar.

Formale Erkennungszeichen sind das Präfix -ה beim Imperfekt und Infinitiv und ein **י** [i], das als fester lautlicher Bestandteil des Musters immer zwischen den zweiten und dritten Konsonanten einer Wurzel tritt.

Die folgenden Abschnitte 8.7.1 bis 8.7.4 beschränken sich auf die ausführliche Darstellung der HIF'IL-Formen im jeweiligen Standardfall. Die abweichenden Formen sind anschließend in Abschnitt 8.7.5 in Übersichtstabellen zusammengefasst. (Für die ganz allgemeinen Ausführungen zum Aufbau hebräischer Verben, zur Verwendung bestimmter Formen und der Tempora verweisen wir wieder auf die umfangreichen Erläuterungen in den Abschnitten 8.1 bis 8.3).

8.7.1 Infinite Formen: Infinitiv und Partizip Präsens

Der Infinitiv beginnt wie üblich mit einem -ל , anschließend folgt ein -ה, das mit [a] vokalisiert wird. Und es tritt das für HIF'IL typische י [i] zwischen den zweiten und dritten Wurzelkonsonanten.

לְ הַ □ְ □ִ י □ **HIF'IL-Infinitivmuster** im Standardfall

לְ הַ כְ תִּ י ב *lehachtiw* diktieren

לְ הַ לְ בִּ י שׁ *lehalbisch* jemanden anziehen

Der Aufbau des **Präsens-Partizips** gleicht dem des Infinitivs, nur dass statt -לה der Wurzel ein -מ vorausgeht (wie bei allen BINJANIM außer PA'AL und seinem Passivpartner NIF'AL). Das -מ wird mit [a] vokalisiert.

מַ □ְ □ִ י □ **HIF'IL-Partizip Präsens Aktiv** Standardmuster

מַ כְ תִּ י ב *machtiw* diktierend

8.7.2 Präsens

Auch im HIF'IL bauen die Verbformen der Gegenwart auf dem Partizip Präsens auf, das mit den üblichen Endungen für Genus und Numerus verknüpft wird.

להדליק ד.ל.ק anzünden *lehadlik*			
Mask. Sg.	מַ□ְ□ִי□	מַדְלִיק	*madlik*
Fem. Sg.	מַ□ְ□ִי□ָה	מַדְלִיקָה	*madlika*
Mask. Pl.	מַ□ְ□ִי□ִים	מַדְלִיקִים	*madlikim*
Fem. Pl.	מַ□ְ□ִי□וֹת	מַדְלִיקוֹת	*madlikot*

8.7.3 Imperfekt

Die Ausgangsform gleicht der Infinitivform ohne -ל. Der Wurzel geht also ein -ה voraus und zwischen den zweiten und dritten Wurzelkonsonanten tritt das für HIF'IL typische י [i]. Das -ה wird mit [i] vokalisiert und bildet mit dem ersten Wurzelkonsonanten eine Silbe. An diese Ausgangsform werden die für alle

BINJANIM geltenden Personalendungen angefügt. Wie der Name verdeutlicht, ist die kennzeichnende Vokalisierung der konjugierten Formen [i] – [i]. Dies trifft aber nur auf die Formen der dritten Personen zu. In allen übrigen Fällen entfällt das HIF'IL-typische י [i] und die Vokalisierung der Verbform wechselt zu [i] – [a].

Standardschema für das Imperfekt im **HIF'IL**:

Singular		Plural
הִ□ְ□ַ□ְ תִּי	1. Pers.	הִ□ְ□ַ□ְ נוּ
הִ□ְ□ַ□ְ תָּ	2. Pers. (m.)	הִ□ְ□ַ□ְ תֶּם
הִ□ְ□ַ□ְ תְּ	2. Pers. (f.)	הִ□ְ□ַ□ְ תֶּן
הִ□ְ□ִי□	3. Pers. (m.)	הִ□ְ□ִי□ וּ
הִ□ְ□ִי□ָ ה	3. Pers. (f.)	הִ□ְ□ִי□ וּ

Für ein regelmäßiges Verb ergibt sich die folgende vollständige Konjugationstabelle:

	ד.א.ג לְהַדְאִיג		*lehad'ig* in Sorge versetzen	
Singular	הִדְאַגְתִּי	(אני)	*('ani)*	*hid'agti*
	הִדְאַגְתָּ	(אתה)	*('ata)*	*hid'agta*
	הִדְאַגְתְּ	(את)	*('at)*	*hid'agt*
	הִדְאִיג	הוא	*hu*	*hid'ig*
	הִדְאִיגָה	היא	*hi*	*hid'iga*
Plural	הִדְאַגְנוּ	(אנחנו)	*('anachnu)*	*hid'agnu*
	הִדְאַגְתֶּם	(אתם)	*('atem)*	*hid'agtem*
	הִדְאַגְתֶּן	(אתן)	*('aten)*	*hid'agten*
	הִדְאִיגוּ	הם	*hem*	*hid'igu*
		הן	*hen*	

8.7.4 Futur und Imperativ

Als **Futur**-Grundelement kann man wieder den Infinitiv betrachten, dieses Mal jedoch ohne vorausgehendes -ל und -ה, nur das י [i] zwischen zweitem und drittem Wurzelkonsonanten bleibt erhalten. Mit dieser Ausgangsform werden die für das Futur üblichen Personal-Präfixe und -Suffixe verknüpft. Da die Präfixe mit dem ersten Wurzelkonsonanten eine Silbe bilden und der Wurzelkonsonant ans

Silbenende rückt, verlieren die „einschlägigen Kandidaten" wieder ihr DAGESCH und werden als Reibelaute artikuliert. Das Präfix ist in allen Fällen mit [a] vokalisiert, die Betonung liegt immer auf der zweiten Silbe.

לְ הַ □ְ □ִ י □	**HIF'IL**-Infinitivmuster im Standardfall
⇩	
□ְ □ִ י □	Ausgangsschema für das **HIF'IL**-Futur im Standardfall

Standardschema für das **Futur** im **HIF'IL**:

Singular		Plural
אֲ□ְ□ִי□	1. Pers.	נַ□ְ□ִי□
תַּ□ְ□ִי□	2. Pers. (m.)	תַּ□ְ□ִי□וּ
תַּ□ְ□ִי□ִי	2. Pers. (f.)	תַּ□ְ□ִי□וּ
יַ□ְ□ִי□	3. Pers. (m.)	יַ□ְ□ִי□וּ
תַּ□ְ□ִי□	3. Pers. (f.)	יַ□ְ□ִי□וּ

Futur-Konjugation eines regelmäßigen Verbs:

	לְהַדְלִיק ד.ל.ק		*lehadlik* anzünden	
Singular	אַדְלִיק	(אני)	*('ani)*	*'adlik*
	תַּדְלִיק	(אתה)	*('ata)*	*tadlik*
	תַּדְלִיקִי	(את)	*('at)*	*tadliki*
	יַדְלִיק	הוא	*hu*	*jadlik*
	תַּדְלִיק	היא	*hi*	*tadlik*
Plural	נַדְלִיק	(אנחנו)	*('anachnu)*	*nadlik*
	תַּדְלִיקוּ	(אתם)	*('atem)*	*tadliku*
		(אתן)	*('aten)*	
	יַדְלִיקוּ	הם	*hem*	*jadliku*
		הן	*hen*	

Beim **Imperativ** geht den Wurzelkonsonanten (wie beim Imperfekt) ein -ה voraus, das HIF'IL-typische י [i] zwischen zweitem und drittem Wurzelkonsonanten bleibt nur bei der weiblichen Singularform und den Pluralformen erhalten. Die Personalendungen sind die gleichen wie bei den anderen BINJANIM.

Das Grundschema für den **Imperativ** im **HIF'IL**:

	Singular	Plural
Maskulinum	הַ□ְ□ֵ□	הַ□ְ□ִי□וּ
Femininum	הַ□ְ□ִי□ִי	

Ein konkretes Beispiel zeigt die nächste Tabelle:

לְהַפְרִיד פ.ר.ד *lehafrid* trennen, separieren			
Singular	2.P.Mask.	הַפְרֵד	*hafred*
	2.P.Fem.	הַפְרִידִי	*hafridi*
Plural	2.P.Mask.	הַפְרִידוּ	*hafridu*
	2.P.Fem.		

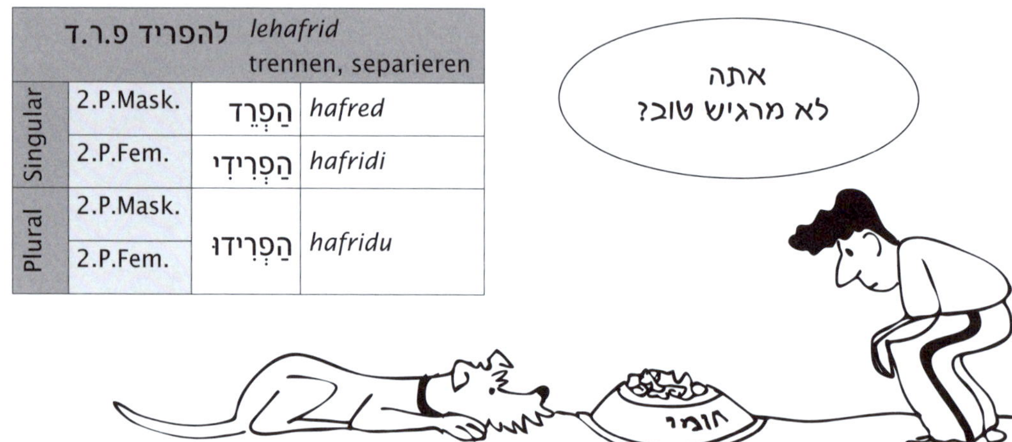

8.7.5 Ausnahmegruppen (פ׳ גרונית PE GRONIT, ע"ו/ע"י 'AJIN WAW / 'AJIN JOD, פ"נ PE NUN und LAMED HE ל"ה)

Die nachstehenden Tabellen fassen alle wichtigen Konjugationsformen zusammen, die zu einer bestimmten Untergruppe besonderer oder unregelmäßiger Verben gehören.

8

HIF'IL PE GRONIT — הפעיל פ׳ גרונית (א׳, ח׳, ע׳)

leha'achil füttern — לְהַאֲכִיל א.כ.ל

ציווי Imperativ	עתיד Futur	עבר Imperfekt	הווה Präsens		
	אַאֲכִיל *'a'achil*	הֶאֱכַלְתִּי *he'echalti*	מַאֲכִיל *ma'achil*	m.	אני
			מַאֲכִילָה *ma'achila*	f.	
הַאֲכֵל *ha'achel*	תַּאֲכִיל *ta'achil*	הֶאֱכַלְתָּ *he'echalta*	מַאֲכִיל *ma'achil*		אתה
הַאֲכִילִי *ha'achili*	תַּאֲכִילִי *ta'achili*	הֶאֱכַלְתְּ *he'echalt*	מַאֲכִילָה *ma'achila*		את
	יַאֲכִיל *ja'achil*	הֶאֱכִיל *he'echil*	מַאֲכִיל *ma'achil*		הוא
	תַּאֲכִיל *ta'achil*	הֶאֱכִילָה *he'echila*	מַאֲכִילָה *ma'achila*		היא

	נַאֲכִיל *na'achil*	הֶאֱכַלְנוּ *he'echalnu*	מַאֲכִילִים *ma'achilim*	m. אנחנו
			מַאֲכִילוֹת *ma'achilot*	f.
הַאֲכִילוּ *ha'achilu*	תַּאֲכִילוּ *ta'achilu*	הֶאֱכַלְתֶּם *he'echaltem*	מַאֲכִילִים *ma'achilim*	אתם
		הֶאֱכַלְתֶּן *he'echalten*	מַאֲכִילוֹת *ma'achilot*	אתן
	יַאֲכִילוּ *ja'achilu*	הֶאֱכִילוּ *he'echilu*	מַאֲכִילִים *ma'achilim*	הם
			מַאֲכִילוֹת *ma'achilot*	הן

Ähnliche Verben: להאשים *leha'aschim* «beschuldigen», להעביר *leha'awir* «überbringen», להעריך *leha'arich* «schätzen»

HIF'IL LAMED GRONIT — הפעיל ל׳ גרונית (א׳)

lehamzi erfinden — לְהַמְצִיא מ.צ.א

ציווי Imperativ	עתיד Futur	עבר Imperfekt	הווה Präsens	
	אַמְצִיא *'amzi*	הִמְצֵאתִי *himzeti*	מַמְצִיא *mamzi*	m. אני
			מַמְצִיאָה *mamzi'a*	f.
הַמְצֵא *hamze*	תַּמְצִיא *tamzi*	הִמְצֵאתָ *himzeta*	מַמְצִיא *mamzi*	אתה
הַמְצִיאִי *hamzi'i*	תַּמְצִיאִי *tamzi'i*	הִמְצֵאת *himzet*	מַמְצִיאָה *mamzi'a*	את
	יַמְצִיא *jamzi*	הִמְצִיא *himzi*	מַמְצִיא *mamzi*	הוא
	תַּמְצִיא *tamzi*	הִמְצִיאָה *himzi'a*	מַמְצִיאָה *mamzi'a*	היא
	נַמְצִיא *namzi*	הִמְצֵאנוּ *himzenu*	מַמְצִיאִים *mamzi'im*	m. אנחנו
			מַמְצִיאוֹת *mamzi'ot*	f.
הַמְצִיאוּ *hamzi'u*	תַּמְצִיאוּ *tamzi'u*	הִמְצֵאתֶם *himzetem*	מַמְצִיאִים *mamzi'im*	אתם
		הִמְצֵאתֶן *himzeten*	מַמְצִיאוֹת *mamzi'ot*	אתן
	יַמְצִיאוּ *jamzi'u*	הִמְצִיאוּ *himzi'u*	מַמְצִיאִים *mamzi'im*	הם
			מַמְצִיאוֹת *mamzi'ot*	הן

Ähnliche Verben: להבריא *lehawri* «genesen», להמריא *lehamri* «abheben (Flugzeug)», להקריא *lehakri* «vorlesen»

8

HIF'IL PE NUN *lehakir* kennen				**הפעיל פ"נ** להכיר נ.כ.ר
ציווי Imperativ	עתיד Futur	עבר Imperfekt	הווה Präsens	
	אַכִּיר *'akir*	הִכַּרְתִּי *hikarti*	מַכִּיר *makir*	m. אני
			מַכִּירָה *makira*	f.
הַכֵּר *haker*	תַּכִּיר *takir*	הִכַּרְתָּ *hikarta*	מַכִּיר *makir*	אתה
הַכִּירִי *hakiri*	תַּכִּירִי *takiri*	הִכַּרְתְּ *hikart*	מַכִּירָה *makira*	את
	יַכִּיר *jakir*	הִכִּיר *hikir*	מַכִּיר *makir*	הוא
	תַּכִּיר *takir*	הִכִּירָה *hikira*	מַכִּירָה *makira*	היא

	נַכִּיר *nakir*	הִכַּרְנוּ *hikarnu*	מַכִּירִים *makirim*	m. אנחנו
			מַכִּירוֹת *makirot*	f.
הַכִּירוּ *hakiru*	תַּכִּירוּ *takiru*	הִכַּרְתֶּם *hikartem*	מַכִּירִים *makirim*	אתם
		הִכַּרְתֶּן *hikarten*	מַכִּירוֹת *makirot*	אתן
	יַכִּירוּ *jakiru*	הִכִּירוּ *hikiru*	מַכִּירִים *makirim*	הם
			מַכִּירוֹת *makirot*	הן

Ähnliche Verben: להביט *lehabit* «anschauen», להגיש *lehagisch* «servieren», להציל *lehazil* «retten»

HIF'IL 'AJIN WAW *lehakim* aufstellen, errichten				**הפעיל ע"ו** להקים ק.ו.מ
ציווי Imperativ	עתיד Futur	עבר Imperfekt	הווה Präsens	
	אָקִים *'akim*	הֲקַמְתִּי *hekamti*	מֵקִים *mekim*	m. אני
			מְקִימָה *mekima*	f.
הָקֵם *hakem*	תָּקִים *takim*	הֲקַמְתָּ *hekamta*	מֵקִים *mekim*	אתה
הָקִימִי *hakimi*	תָּקִימִי *takimi*	הֲקַמְתְּ *hekamt*	מְקִימָה *mekima*	את
	יָקִים *jakim*	הֵקִים *hekim*	מֵקִים *mekim*	הוא
	תָּקִים *takim*	הֵקִימָה *hekima*	מְקִימָה *mekima*	היא

	נָקִים *nakim*	הֲקַמְנוּ *hekamnu*	מְקִימִים *mekimim*	m. אנחנו
			מְקִימוֹת *mekimot*	f.
הָקִימוּ *hakimu*	תָּקִימוּ *takimu*	הֲקַמְתֶּם *hekamtem*	מְקִימִים *mekimim*	אתם
		הֲקַמְתֶּן *hekamten*	מְקִימוֹת *mekimot*	אתן
	יָקִימוּ *jakimu*	הֵקִימוּ *hekimu*	מְקִימִים *mekimim*	הם
			מְקִימוֹת *mekimot*	הן

Ähnliche Verben: להאיר *leha'ir* «beleuchten», להגיב *lehagiw* «reagieren», להעיר *leha'ir* «aufwecken»
Ähnlich sind auch AJIN WAW+PE NUN*:*
להכין *lehachin* «vorbereiten» 3. Person Plural: הכנו *hechanu*
להבין *lehawin* «verstehen», 3. Person Plural: הבנו *hewanu*

HIF'IL LAMED HE — הפעיל ל"ה

leharzot vortragen — להרצות ר.צ.ה

ציווי Imperativ	עתיד Futur	עבר Imperfekt	הווה Präsens	
	אַרְצֶה *'arze*	הִרְצֵיתִי *hirzeti*	מַרְצֶה *marze*	m. אני
			מַרְצָה *marza*	f.
הַרְצֵה *harze*	תַּרְצֶה *tarze*	הִרְצֵיתָ *hirzeta*	מַרְצֶה *marze*	אתה
הַרְצִי *harzi*	תַּרְצִי *tarzi*	הִרְצֵית *hirzet*	מַרְצָה *marza*	את
	יַרְצֶה *jarze*	הִרְצָה *hirza*	מַרְצֶה *marze*	הוא
	תַּרְצֶה *tarze*	הִרְצְתָה *hirzeta*	מַרְצָה *marza*	היא
	נַרְצֶה *narze*	הִרְצֵינוּ *hirzenu*	מַרְצִים *marzim*	m. אנחנו
			מַרְצוֹת *marzot*	f.
הַרְצוּ *herzu*	תַּרְצוּ *tarzu*	הִרְצֵיתֶם *hirzetem*	מַרְצִים *marzim*	אתם
		הִרְצֵיתֶן *hirzeten*	מַרְצוֹת *marzot*	אתן
	יַרְצוּ *jarzu*	הִרְצוּ *hirzu*	מַרְצִים *marzim*	הם
			מַרְצוֹת *marzot*	הן

Ähnliche Verben: להרשות *leharschot* «erlauben», להרפות *leharpot* «loslassen», להשקות *lehaschkot* «bewässern»

8.8 הופעל HUF'AL

Das Muster HUF'AL liefert die Passiv-Formen der HIF'IL-Verben. Ähnlich wie beim PU'AL gibt es praktisch keine HUF'AL-Formen mit einer eigenständigen aktivischen Bedeutung, sondern sie sind immer nur die Passiv-Variante eines HIF'IL-Verbs. Entsprechend eingeschränkt sind die grammatischen Formen: Infinitiv und Imperativ kommen nicht vor.
Die namengebende Vokalfolge [u] - [a] ist nicht nur für die 3. Person Singular Maskulinum kennzeichnend, sondern tritt auch bei den übrigen Tempora und Personen am häufigsten auf.

Die Formen des HUF'AL kommen nicht oft zum Einsatz, gebräuchlich sind eher Präsens-Formen in der Verwendung als Adjektiv.

In den folgenden Abschnitten 8.8.1 bis 8.8.4 ist die ausführliche Darstellung der HUF'AL-Konjugationen auf die Formen im jeweiligen Standardfall beschränkt. Anschließend werden in Abschnitt 8.8.5 sämtliche Abweichungen in Übersichtstabellen zusammengefasst. (Für die ganz allgemeinen Ausführungen zum Aufbau hebräischer Verben, zur Verwendung bestimmter Formen und der Tempora verweisen wir wieder auf die umfangreichen Erläuterungen in den Abschnitten 8.1 bis 8.3).

8.8.1 Infinite Formen: Partizip Präsens

Da es für die HUF'AL-Verben keinen Infinitiv gibt, ist das Partizip Präsens die einzige infinite Form. Diese Verbform ist allerdings sehr gebräuchlich in ihrer Verwendung als Adjektiv.
Der Wurzel werden ein -מ und ein mit [u] vokalisiertes -ו vorangestellt. Sie bilden mit dem ersten Wurzelkonsonanten eine Silbe (daher verlieren die Konsonanten ב,כ,פ in dieser Position ihr DAGESCH und werden als Reibelaute ausgesprochen).

מ	וּ	□ְ	□ָ	□	**Partizip Präsens** Standardmuster im **HUF'AL**
מ	וּ	דְ	לָ	ק	*mudlak* angezündet werden

8.8.2 Präsens

Wie üblich bauen die Verbformen der Gegenwart auf dem Partizip Präsens auf, das mit den Endungen für Genus und Numerus verknüpft wird.

ד.ל.ק angezündet werden			
Mask. Sg.	מֻ□ְ□ָ□	מֻדְלָק	*mudlak*
Fem. Sg.	מֻ□ְ□ֶ□ֶת	מֻדְלֶקֶת	*mudleket*
Mask. Pl.	מֻ□ְ□ָ□ִים	מֻדְלָקִים	*mudlakim*
Fem. Pl.	מֻ□ְ□ָ□וֹת	מֻדְלָקוֹת	*mudlakot*

8.8.3 Imperfekt

Charakteristisch für die Imperfektform ist das -ה , das zusammen mit dem [u]-Laut der Wurzel vorangestellt wird. Die Vokalisierung für die 3. Person Maskulinum Singular lässt sich wie immer aus dem Namen des BINJAN erkennen: [u] und [a]. Nur bei der 3. Person Singular Femininum und den dritten Personen des Plural wird das [a] zum SCHWA-Laut reduziert. Die angefügten Personalendungen sind wie in den anderen BINJANIM auch.

Standardschema für das Imperfekt im **HUF'AL**:

Singular		Plural
הֻ□ְ□ַ□ְ תִּי	1. Pers.	הֻ□ְ□ַ□ְ נוּ
הֻ□ְ□ַ□ְ תָּ	2. Pers. (m.)	הֻ□ְ□ַ□ְ תֶּם
הֻ□ְ□ַ□ְ תְּ	2. Pers. (f.)	הֻ□ְ□ַ□ְ תֶּן
הֻ□ְ□ַ□	3. Pers. (m.)	הֻ□ְ□ְ□ וּ
הֻ□ְ□ְ□ָ ה	3. Pers. (f.)	הֻ□ְ□ְ□ וּ

Daraus ergibt sich für ein regelmäßiges Verb die folgende Konjugationstabelle:

	פ.ס.ק *hufßak* unterbrochen werden			
Singular	הֻפְסַקְתִּי	(אני)	*('ani)*	*hufßakti*
	הֻפְסַקְתָּ	(אתה)	*('ata)*	*hufßakta*
	הֻפְסַקְתְּ	(את)	*('at)*	*hufßakt*
	הֻפְסַק	הוא	*hu*	*hufßak*
	הֻפְסְקָה	היא	*hi*	*hufßeka*

8

Plural				
	הֻפְסַקְנוּ	(אנחנו)	('anachnu)	*hufßaknu*
	הֻפְסַקְתֶּם	(אתם)	('atem)	*hufßaktem*
	הֻפְסַקְתֶּן	(אתן)	('aten)	*hufßakten*
	הֻפְסְקוּ	הם	*hem*	*hufßeku*
		הן	*hen*	

8.8.4 Futur

Auch im Futur tritt überwiegend die Vokalfolge [u] – [a] auf. Der Wurzel wird ein [u]-Laut (ֻ) vorangestellt, und diesen Komplex umschließen dann die üblichen Personal-Präfixe und -Suffixe. In Verbindung mit einer Personalendung, die auf einen Vokal auslautet (also in allen dreisilbigen Konjugationsformen), reduziert sich das [a] der zweiten Silbe zu einem SCHWA.

□ □ □	Ausgangsschema für das **HUF'AL**-Futur im Standardfall

Standardschema für das Futur im **HUF'AL**:

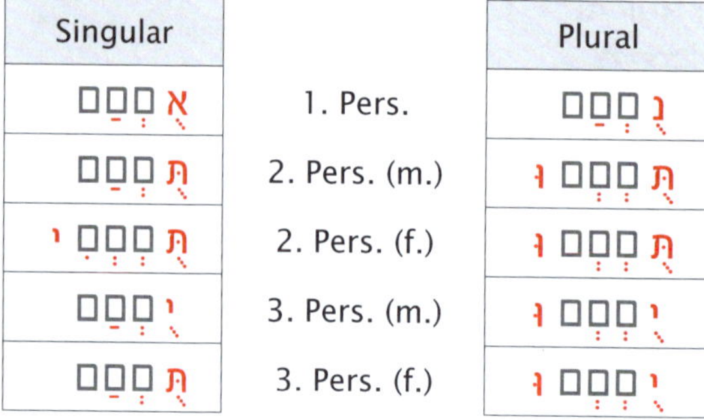

Futur-Konjugation eines regelmäßigen Verbs:

	כ.נ.ס		*huchnaß* hineingebracht werden	
Singular	אֻכְנַס	(אני)	('ani)	*'uchnaß*
	תֻּכְנַס	(אתה)	('ata)	*tuchnaß*
	תֻּכְנְסִי	(את)	('at)	*tuchneßi*
	יֻכְנַס	הוא	*hu*	*juchnaß*
	תֻּכְנַס	היא	*hi*	*tuchnaß*

Plural	נִכְנַס	(אנחנו)	('anachnu) nuchnaß
	תִּכָּנְסוּ	(אתם)	('atem) tuchneßu
		(אתן)	('aten)
	יִכָּנְסוּ	הם	hem juchneßu
		הן	hen

Eine **Imperativ**-Form gibt es nicht, weil alle HUF'AL-Verben eine passivische Bedeutung haben.

8.8.5 Ausnahmegruppen

(פ' גרונית PE GRONIT, ע"ו /ע"י 'AJIN WAW/'AJIN JOD **und** ל"ה LAMED HE)

Die nachstehenden Tabellen fassen alle wichtigen Konjugationsformen zusammen, die zu einer bestimmten Untergruppe besonderer oder unregelmäßiger Verben gehören.

פ' גרונית PE GRONIT

Ist der erste Wurzelkonsonant ein Kehllaut (ח, ה ,א, oder ע), dann wird die erste Silbe mit [o] (KAMAZ KATAN) vokalisiert. Daher spricht man in diesem Fall vom HOF'AL statt HUF'AL.

PE GRONIT — **הופעל פ' גרונית**

gestellt, hingestellt werden — ע.מ.ד

ציווי Imperativ	עתיד Futur	עבר Imperfekt	הווה Präsens		
	אָעֳמַד 'o'omad	הָעֳמַדְתִּי ho'omadeti	מָעֳמָד mo'omad	m.	אני
			מָעֳמֶדֶת mo'omedet	f.	
–	תָּעֳמַד to'omad	הָעֳמַדְתָּ ho'omadeta	מָעֳמָד mo'omad		אתה
–	תָּעָמְדִי to'omdi	הָעֳמַדְתְּ ho'omadet	מָעֳמֶדֶת mo'omedet		את
	יָעֳמַד jo'omad	הָעֳמַד ho'omad	מָעֳמָד mo'omad		הוא
	תָּעֳמַד to'omad	הָעָמְדָה ho'omda	מָעֳמֶדֶת mo'omedet		היא
	נָעֳמַד no'omad	הָעֳמַדְנוּ ho'omadnu	מָעֳמָדִים mo'omadim	m.	אנחנו
			מָעֳמָדוֹת mo'omadot	f.	
–	תָּעָמְדוּ to'omdu	הָעֳמַדְתֶּם ho'omadetem	מָעֳמָדִים mo'omadim		אתם
		הָעֳמַדְתֶּן ho'omadeten	מָעֳמָדוֹת mo'omadot		אתן
	יָעָמְדוּ jo'omdu	הָעָמְדוּ ho'omdu	מָעֳמָדִים mo'omadim		הם
			מָעֳמָדוֹת mo'omadot		הן

8

Ähnliche Verben: מואכל *mo'ochal* «gefüttert werden», מוענש *mo'onasch* «bestraft werden», מועתק *mo'otak* «kopiert werden»

LAMED HE Erlaubnis bekommen			**הופעל ל"ה** ר.ש.ה	
ציווי Imperativ	עתיד Futur	עבר Imperfekt	הווה Präsens	
	אֻרְשֶׁה *'ursche*	הֻרְשֵׁיתִי *hurscheti*	מֻרְשֶׁה *mursche*	m. אני
			מֻרְשֵׁית *murschet*	f.
–	תֻּרְשֶׁה *tursche*	הֻרְשֵׁיתָ *hurscheta*	מֻרְשֶׁה *mursche*	אתה
–	תֻּרְשִׁי *turschi*	הֻרְשֵׁית *herschet*	מֻרְשֵׁית *murschet*	את
	יֻרְשֶׁה *jursche*	הֻרְשָׁה *hurscha*	מֻרְשֶׁה *mursche*	הוא
	תֻּרְשֶׁה *tursche*	הֻרְשְׁתָה *hurscheta*	מֻרְשֵׁית *murschet*	היא
	נֻרְשֶׁה *nursche*	הֻרְשֵׁינוּ *hurschenu*	מֻרְשִׁים *murschim*	m. אנחנו
			מֻרְשׁוֹת *murschot*	f.
–	תֻּרְשׁוּ *turschu*	הֻרְשֵׁיתֶם *hurschetem*	מֻרְשִׁים *murschim*	אתם
		הֻרְשֵׁיתֶן *hurscheten*	מֻרְשׁוֹת *murschot*	אתן
	יֻרְשׁוּ *jurschu*	הֻרְשׁוּ *hurschu*	מֻרְשִׁים *murschim*	הם
			מֻרְשׁוֹת *murschot*	הן

8

Ähnliche Verben: הופנה *hufna* «verwiesen werden», הושווה *huschwa* «verglichen werden», הושקה *huschka* «gegossen werden»

'AJIN WAW / 'AJIN JOD geflogen werden			**הופעל ע"ו / ע"י** ט.ו.ס	
ציווי Imperativ	עתיד Futur	עבר Imperfekt	הווה Präsens	
	אוּטַס *'utaß*	הוּטַסְתִּי *hutaßti*	מוּטָס *mutaß*	m. אני
			מוּטֶסֶת *muteßet*	f.
–	תּוּטַס *tutaß*	הוּטַסְתָּ *hutaßta*	מוּטָס *mutaß*	אתה
–	תּוּטְסִי *tutßi*	הוּטַסְתְּ *hutaßt*	מוּטֶסֶת *muteßet*	את
	יוּטַס *jutaß*	הוּטַס *hutaß*	מוּטָס *mutaß*	הוא
	תּוּטַס *tutaß*	הוּטְסָה *hutßa*	מוּטֶסֶת *muteßet*	היא

	נוּטַס *nutaß*	הוּטַסְנוּ *hutaßnu*	מוּטָסִים *mutaßim*	m.	אנחנו
			מוּטָסוֹת *mutaßot*	f.	
-	תּוּטְסוּ *tutßu*	הוּטַסְתֶּם *hutaßtem*	מוּטָסִים *mutaßim*		אתם
		הוּטַסְתֶּן *hutaßten*	מוּטָסוֹת *mutaßot*		אתן
	יוּטְסוּ *jutßu*	הוּטְסוּ *hutßu*	מוּטָסִים *mutaßim*		הם
			מוּטָסוֹת *mutaßot*		הן

Ähnliche Verben: הוזל *husal* «verbilligt werden», הוטב *hutaw* «verbessert werden», הוקם *hukam* «errichtet werden»

8.9 התפעל HITPA'EL

Mithilfe dieses Musters werden aktive Verben gebildet, und anders als bei den drei übrigen aktivischen BINJANIM gibt es für das HITPA'EL kein entsprechendes Passiv-Muster.

Denn die Verben dieser Gruppe sind meist intransitiv und daher aus grammatischen Gründen nicht passivierbar. Auch semantische Gründe sprechen gegen eine Passivierung: HITPA'EL-Verben haben überwiegend eine reflexive oder reziproke (wechselseitig rückbezügliche) Bedeutung, und ein reflexives Geschehen lässt sich nicht im Passiv ausdrücken (vgl. „Ruthi schämt sich" - „*sich wird von Ruthi geschämt"). Die rückbezügliche Bedeutung ist ein inhärentes, also fest mit dem BINJAN verknüpftes Merkmal, sodass im Hebräischen, anders als im Deutschen, ein Reflexiv- oder Reziprok-Pronomen wie „sich" überflüssig ist und nur in seltenen Fällen zur starken Hervorhebung eingesetzt wird (siehe 3.7).

Auf der anderen Seite bedeutet die im BINJAN fest verankerte Rückbezüglichkeit, dass kein Objekt verwendet werden kann, das nicht mit dem Subjekt identisch ist. Während man im Deutschen „Mama zieht sich an" gegen „Mama zieht Dandusch an" austauschen kann, ohne die Verbform zu ändern, muss man im Hebräischen das Verb anders konjugieren und die nicht-reflexive Version zum Beispiel mittels PI'EL formen:

'aba malbisch 'et Dandusch. Papa zieht Dandusch an.	אבא מלביש את דנדוש.
Dandusch mitlabesch. Dandusch zieht sich an.	דנדוש מתלבש.

Eine wechselseitig reflexive (reziproke) Lesart kann es, wie im Deutschen auch, natürlich nur geben, wenn es mehr als einen am Vorgang Beteiligten gibt, das Subjekt also im Plural steht.

'aba we'ima mitnaschkim. Papa und Mama küssen sich.	אבא ואימא מתנשקים.

Neben der vorherrschenden Funktion, rückbezügliche Ereignisse zu beschreiben, kann das HITPA'EL-Muster noch andere, ganz unterschiedliche Bedeutungsaspekte vermitteln: andauerndes, wiederholtes Vorgehen (להתרוצץ *lehitrozez* «umherlaufen» *raz* ⇨ *hitrozez*), vorgetäuschter Vorgang oder Zustand (להתחזות *lehitchasot* «sich ausgeben als» להתחלות *lehitchalot* «sich krank stellen») oder auch nicht selten ein passivisches Geschehen (להתבקש *lehitbakesch* «gebeten werden», להתמלא *lehitmale* «gefüllt werden»). Ein häufiges gemeinsames Grundmerkmal ist, dass nicht ein aktives Handeln beschrieben wird, sondern die Auswirkung eines Geschehens auf das beteiligte Subjekt im Vordergrund steht (הכד התנפץ *hakad hitnapez* «der Krug ist zerbrochen»).

8

Das formale Erkennungszeichen ist das der Wurzel vorausgehende ת◌ *it-*, dem im Präsens zusätzlich ein -מ *m-* vorangestellt ist, während Infinitiv, Imperfekt und Imperativ zusätzlich ein -ה *h-* erhalten. Kennzeichnend sind also die zusammengesetzten Vorsilben *mit-* oder *hit-*. Außerdem ist es auch mit HITPA'EL möglich, Verben mit vierkonsonantigen Wurzeln zu bilden.

Eine phonetisch bedingte Besonderheit ist der „Platztausch“, der in bestimmten Fällen zwischen dem ersten Wurzelkonsonanten und dem ת der Vorsilbe erfolgt, um eine leichtere Aussprache zu ermöglichen. Die Veränderungen im Einzelnen werden unter den Abweichungen in 8.9.5 genannt.

Die folgenden Abschnitte 8.9.1 bis 8.9.4 beschränken sich auf die ausführliche Darstellung der Konjugationsformen im jeweiligen Standardfall. Die wichtigsten Abweichungen werden anschließend in Abschnitt 8.9.5 in Übersichtstabellen zusammengefasst. (Für die ganz allgemeinen Ausführungen zum Aufbau der hebräischen Verben, zur Verwendung bestimmter Formen und der Tempora verweisen wir wieder auf die umfangreichen Erläuterungen in den Abschnitten 8.1 bis 8.3).

8.9.1 Infinite Formen: Infinitiv und Partizip Präsens

Der **Infinitiv** beginnt wie üblich mit einem -ל, gefolgt von -ה und dem für das HITPA'EL typischen תְּ□ vor der Wurzel.

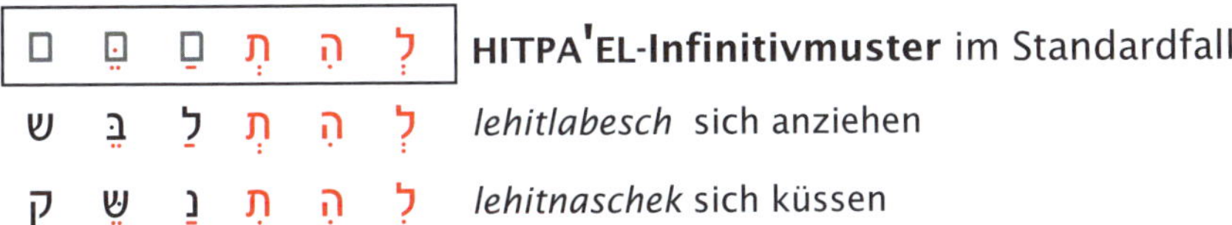

Der Aufbau des **Präsens-Partizips** gleicht dem des Infinitivs, allerdings nimmt das übliche Präsens -מ die Stelle von -ל und -ה ein. Das HITPA'EL -ת bleibt vor der Wurzel erhalten.

מִ תְ □ַ □ֵּ □ **Partizip Präsens Aktiv** im **HITPA'EL**

מִ תְ לַ בֵּ שׁ *mitlabesch* sich anziehend

8.9.2 Präsens

Wie üblich basieren die Verbformen der Gegenwart auf dem Partizip Präsens, das mit den Endungen für Genus und Numerus verknüpft wird.

להתנשק נ.ש.ק sich küssen *lehitnaschek*			
Mask. Sg.	מִתְ□ַ□ֵּ□	מִתְנַשֵּׁק	*mitnaschek*
Fem. Sg.	מִתְ□ַ□ֶּ□ֶת	מִתְנַשֶּׁקֶת	*mitnascheket*
Mask. Pl.	מִתְ□ַ□ְּ□ִים	מִתְנַשְּׁקִים	*mitnaschkim*
Fem. Pl.	מִתְ□ַ□ְּ□וֹת	מִתְנַשְּׁקוֹת	*mitnaschkot*

8.9.3 Imperfekt

Die Ausgangsform entspricht der Infinitivform ohne -ל. Vor der Wurzel stehen also -ה plus „Markenzeichen"-ת (zusammen *hit-*). An diese Ausgangsform werden die für alle BINJANIM geltenden Personalendungen angefügt. Wie sich aus dem Namen HITPA'EL ablesen lässt, wird die Wurzel in der 3. Person Maskulinum Singular mit [a] - [e] vokalisiert. Bei sämtlichen anderen Personen ändert sich jedoch die Vokalfolge zu [a] - [a] (außer bei der 3. Person Femininum Singular und den dritten Personen im Plural, weil dort das zweite [a] aufgrund der veränderten Betonung zum SCHWA reduziert wird).

Standardschema für das Imperfekt im **HITPA'EL**:

Singular		Plural
הִתְ□ַ□ַּ□ְ תִּי	1. Pers.	הִתְ□ַ□ַּ□ְ נוּ
הִתְ□ַ□ַּ□ְ תָּ	2. Pers. (m.)	הִתְ□ַ□ַּ□ְ תֶּם
הִתְ□ַ□ַּ□ְ תְּ	2. Pers. (f.)	הִתְ□ַ□ַּ□ְ תֶּן
הִתְ□ַ□ֵּ□	3. Pers. (m.)	הִתְ□ַ□ְּ□ וּ
הִתְ□ַ□ְּ□ָ ה	3. Pers. (f.)	הִתְ□ַ□ְּ□ וּ

Für ein regelmäßiges Verb ergibt sich die folgende vollständige Konjugationstabelle:

	להתפנק פ.נ.ק		*lehitpanek* sich verwöhnen	
Singular	הִתְפַּנַּקְתִּי	(אני)	*('ani)*	*hitpanakti*
	הִתְפַּנַּקְתָּ	(אתה)	*('ata)*	*hitpanakta*
	הִתְפַּנַּקְתְּ	(את)	*('at)*	*hitpanakt*
	הִתְפַּנֵּק	הוא	*hu*	*hitpanek*
	הִתְפַּנְּקָה	היא	*hi*	*hitpanka*
Plural	הִתְפַּנַּקְנוּ	(אנחנו)	*('anachnu)*	*hitpanaknu*
	הִתְפַּנַּקְתֶּם	(אתם)	*('atem)*	*hitpanaktem*
	הִתְפַּנַּקְתֶּן	(אתן)	*('aten)*	*hitpanakten*
	הִתְפַּנְּקוּ	הם	*hem*	*hitpanku*
		הן	*hen*	

8.9.4 Futur und Imperativ

In der Ausgangsform für das Futur bleibt vor der Wurzel nur das HITPA'EL-typische -ת erhalten. An dieses ת fügen sich die Futur-Personalpräfixe im Standardfall direkt an (zum Positionstausch von -ת und erstem Wurzelkonsonanten siehe 8.9.5). Die Personalsuffixe folgen wie üblich auf die Wurzel. Die Vokalisierung der Wurzelkonsonanten ist [a] – [e], mit Ausnahme der 2. Person Femininum Singular und den zweiten und dritten Personen des Plural, bei denen sich das [e] wegen der veränderten Betonung auf ein SCHWA reduziert.

תְ□ַ□ֵּ□	Ausgangsschema für das **HITPA'EL**-Futur im Standardfall

Standardschema für das **Futur** im **HITPA'EL**:

Singular		Plural
אֶתְ□ַ□ֵּ□	1. Pers.	נִתְ□ַ□ֵּ□
תִּתְ□ַ□ֵּ□	2. Pers. (m.)	תִּתְ□ַ□ְּ□וּ
תִּתְ□ַ□ְּ□ִי	2. Pers. (f.)	תִּתְ□ַ□ְּ□וּ
יִתְ□ַ□ֵּ□	3. Pers. (m.)	יִתְ□ַ□ְּ□וּ
תִּתְ□ַ□ֵּ□	3. Pers. (f.)	יִתְ□ַ□ְּ□וּ

Futur-Konjugation eines regelmäßigen Verbs:

	להתלבש ל.ב.ש.		*lehitlabesch* sich anziehen	
Singular	אֶתְלַבֵּשׁ	(אני)	*('ani)*	*'etlabesch*
	תִּתְלַבֵּשׁ	(אתה)	*('ata)*	*titlabesch*
	תִּתְלַבְּשִׁי	(את)	*('at)*	*titlabschi*
	יִתְלַבֵּשׁ	הוא	*hu*	*jitlabesch*
	תִּתְלַבֵּשׁ	היא	*hi*	*titlabesch*
Plural	נִתְלַבֵּשׁ	(אנחנו)	*('anachnu)*	*nitlabesch*
	תִּתְלַבְּשׁוּ	(אתם)	*('atem)*	*titlabschu*
		(אתן)	*('aten)*	
	יִתְלַבְּשׁוּ	הם	*hem*	*jitlabschu*
		הן	*hen*	

Die Grundform für den **Imperativ** gleicht der des Imperfekts, d.h. den Wurzelkonsonanten sind -ה und -ת (als Silbe -הת *hit-*) vorangestellt. An diese Ausgangsform werden die für alle BINJANIM geltenden Personalendungen angefügt.

Das Grundschema für den **Imperativ** im **HITPA'EL**:

	Singular	Plural
Maskulinum	הִתְ□ַ□ֵּ□	הִתְ□ַ□ְּ□וּ
Femininum	הִתְ□ַ□ְּ□ִי	

Ein konkretes Beipiel zeigt die nächste Tabelle:

להתלבש ל.ב.ש *lehitlabesch* sich anziehen			
Singular	2.P.Mask.	הִתְלַבֵּשׁ	*hitlabesch*
	2.P.Fem.	הִתְלַבְּשִׁי	*hitlabschi*
Plural	2.P.Mask.	הִתְלַבְּשׁוּ	*hitlabschu*
	2.P.Fem.		

8.9.5 Ausnahmegruppen
(ע"ו 'AJIN WAW, ל"ה LAMED HE, ל"א LAMED 'ALEF und Zischlaute)

Die nachstehenden Tabellen fassen alle wichtigen Konjugationsformen zusammen, die zu einer bestimmten Untergruppe besonderer oder unregelmäßiger Verben gehören.

HITPA'EL LAMED 'ALEF התפעל ל"א
lehitmaze sich auskennen להתמצא מ.צ.א

ציווי Imperativ	עתיד Futur	עבר Imperfekt	הווה Präsens		
	אֶתְמַצֵּא *'etmaze*	הִתְמַצֵּאתִי *hitmazeti*	מִתְמַצֵּא *mitmaze*	m.	אני
			מִתְמַצֵּאת *mitmazet*	f.	
הִתְמַצֵּא *hitmaze*	תִּתְמַצֵּא *titmaze*	הִתְמַצֵּאתָ *hitmazeta*	מִתְמַצֵּא *mitmaze*		אתה
הִתְמַצְּאִי *hitmaz'i*	תִּתְמַצְּאִי *titmaz'i*	הִתְמַצֵּאת *hitmazet*	מִתְמַצֵּאת *mitmazet*		את
	יִתְמַצֵּא *jitmaze*	הִתְמַצֵּא *hitmaze*	מִתְמַצֵּא *mitmaze*		הוא
	תִּתְמַצֵּא *titmaze*	הִתְמַצְּאָה *hitmaz'a*	מִתְמַצֵּאת *mitmazet*		היא
	נִתְמַצֵּא *nitmaze*	הִתְמַצֵּאנוּ *hitmazenu*	מִתְמַצְּאִים *mitmaz'im*	m.	אנחנו
			מִתְמַצְּאוֹת *mitmaz'ot*	f.	
הִתְמַצְּאוּ *hitmaz'u*	תִּתְמַצְּאוּ *titmaz'u*	הִתְמַצֵּאתֶם *hitmazetem*	מִתְמַצְּאִים *mitmaz'im*		אתם
		הִתְמַצֵּאתֶן *hitmazeten*	מִתְמַצְּאוֹת *mitmaz'ot*		אתן
	יִתְמַצְּאוּ *jitmaz'u*	הִתְמַצְּאוּ *hitmaz'u*	מִתְמַצְּאִים *mitmaz'im*		הם
			מִתְמַצְּאוֹת *mitmaz'ot*		הן

Ähnliche Verben: להתמלא *lehitmale* «sich füllen», להתפלא *lehitpale* «sich wundern», להתחבא *lehitchabe* «sich verstecken»

HITPA'EL LAMED HE — התפעל ל"ה

lehitpanot frei werden, sich Zeit nehmen — להתפנות פ.נ.ה

ציווי Imperativ	עתיד Futur	עבר Imperfekt	הווה Präsens	
	אֶתְפַּנֶּה *'etpane*	הִתְפַּנֵּיתִי *hitpaneti*	מִתְפַּנֶּה *mitpane*	אני m.
			מִתְפַּנָּה *mitpana*	f.
הִתְפַּנֵּה *hitpane*	תִּתְפַּנֶּה *titpane*	הִתְפַּנֵּיתָ *hitpaneta*	מִתְפַּנֶּה *mitpane*	אתה
הִתְפַּנִּי *hitpani*	תִּתְפַּנִּי *titpani*	הִתְפַּנֵּית *hitpanet*	מִתְפַּנָּה *mitpana*	את
	יִתְפַּנֶּה *jitpane*	הִתְפַּנָּה *hitpana*	מִתְפַּנֶּה *mitpane*	הוא
	תִּתְפַּנֶּה *titpane*	הִתְפַּנְּתָה *hitpanta*	מִתְפַּנָּה *mitpana*	היא
	נִתְפַּנֶּה *nitpane*	הִתְפַּנֵּינוּ *hitpanenu*	מִתְפַּנִּים *mitpanim*	אנחנו m.
			מִתְפַּנּוֹת *mitpanot*	f.
הִתְפַּנּוּ *hitpanu*	תִּתְפַּנּוּ *titpanu*	הִתְפַּנֵּיתֶם *hitpanetem*	מִתְפַּנִּים *mitpanim*	אתם
		הִתְפַּנֵּיתֶן *hitpaneten*	מִתְפַּנּוֹת *mitpanot*	אתן
	יִתְפַּנּוּ *jitpanu*	הִתְפַּנּוּ *hitpanu*	מִתְפַּנִּים *mitpanim*	הם
			מִתְפַּנּוֹת *mitpanot*	הן

Ähnliche Verben: **להתגלות** *lehitgalot* «entdeckt werden», **להתחזות** *lehitchasot* «sich ausgeben (als)», **להתמנות** *lehitmanot* «ernannt werden»

Bei manchen Verben der Gruppe **ע"ו** 'AJIN WAW verdoppelt sich bei der Konjugation der dritte Wurzelkonsonant:

HITPA'EL 'AJIN WAW + KFULIM «doppelt» — התפעל ע"ו + כפולים

lehit'orer aufwachen — להתעורר ע.ו.ר

ציווי Imperativ	עתיד Futur	עבר Imperfekt	הווה Präsens	
	אֶתְעוֹרֵר *'et'orer*	הִתְעוֹרַרְתִּי *hit'orarti*	מִתְעוֹרֵר *mit'orer*	אני m.
			מִתְעוֹרֶרֶת *mit'oreret*	f.
הִתְעוֹרֵר *hit'orer*	תִּתְעוֹרֵר *tit'orer*	הִתְעוֹרַרְתָּ *hit'orarta*	מִתְעוֹרֵר *mit'orer*	אתה
הִתְעוֹרְרִי *hit'oreri*	תִּתְעוֹרְרִי *tit'oreri*	הִתְעוֹרַרְתְּ *hit'orart*	מִתְעוֹרֶרֶת *mit'oreret*	את
	יִתְעוֹרֵר *jit'orer*	הִתְעוֹרֵר *hit'orer*	מִתְעוֹרֵר *mit'orer*	הוא
	תִּתְעוֹרֵר *tit'orer*	הִתְעוֹרְרָה *hit'orera*	מִתְעוֹרֶרֶת *mit'oreret*	היא

8

	נִתְעוֹרֵר nit'orer	הִתְעוֹרַרְנוּ hit'orarnu	מִתְעוֹרְרִים mit'orerim	m. אנחנו
			מִתְעוֹרְרוֹת mit'orerot	f.
הִתְעוֹרְרוּ hit'oreru	תִּתְעוֹרְרוּ tit'oreru	הִתְעוֹרַרְתֶּם hit'orartem	מִתְעוֹרְרִים mit'orerim	אתם
		הִתְעוֹרַרְתֶּן hit'orarten	מִתְעוֹרְרוֹת mit'orerot	אתן
	יִתְעוֹרְרוּ jit'oreru	הִתְעוֹרְרוּ hit'oreru	מִתְעוֹרְרִים mit'orerim	הם
			מִתְעוֹרְרוֹת mit'orerot	הן

Ähnliche Verben: **להתאושש** *lehit'oschesch* «sich erholen», **להתגורר** *lehitgorer* «wohnen», **להתכונן** *lehitkonen* «sich vorbereiten»

Aussprachebedingte Änderungen
(PE SCHOREKET, Zischlaut als erster Wurzelkonsonant)

Wenn das ת der Vorsilbe auf bestimmte erste Wurzelkonsonanten trifft, kommt es zu Schwierigkeiten bei der Aussprache. In diesen Fällen tauschen das ת und der erste Wurzelkonsonant die Position und ermöglichen so eine leichtere Aussprache.

Das betrifft die Konsonanten ז, ס, ש und צ. Das sind sog. Zischlaute, **PE SCHOREKET**, und man merkt auch im Deutschen sehr schnell, dass sie sich nur schwer in Kombination mit einem vorausgehenden 't'-Laut aussprechen lassen. Die Konsonanten ז und צ sorgen zusätzlich dafür, dass das ת auch noch durch ein ד bzw. ein ט ersetzt wird.

ש + הת	⇨	ת + הש	להשתמש	*lehischtamesch*	benutzen
			להשתכר	*lehischtaker*	sich berauschen
			להשתלם	*lehischtalem*	sich rentieren
ס + הת	⇨	ת + הס	להסתמך	*lehißtamech*	sich berufen (auf)
			להסתלק	*lehißtalek*	sich aus dem Staub machen
			להסתבך	*lehißtabech*	sich verwickeln
ז + הת	⇨	ד + הז	להזדרז	*lehisdares*	sich beeilen
			להזדקן	*lehisdaken*	altern
צ + הת	⇨	ט + הצ	להצטער	*lehizta'er*	sich bedauern
			להצטנע	*lehiztane'a*	bescheiden tun
			להצטרך	*lehiztarech*	brauchen

8

HITPA'EL PE SCHOREKET — התפעל פ׳ שורקת

lehißtader sich einordnen, sich erledigen, zurechtkommen — להסתדר ס.ד.ר

ציווי Imperativ	עתיד Futur	עבר Imperfekt	הווה Präsens	
	'eßtader אֶסְתַּדֵּר	hißtadarti הִסְתַּדַּרְתִּי	mißtader מִסְתַּדֵּר	אני m.
			mißtaderet מִסְתַּדֶּרֶת	f.
hißtader הִסְתַּדֵּר	tißtader תִּסְתַּדֵּר	hißtadarta הִסְתַּדַּרְתָּ	mißtader מִסְתַּדֵּר	אתה
hißtadri הִסְתַּדְּרִי	tißtadri תִּסְתַּדְּרִי	hißtadart הִסְתַּדַּרְתְּ	mißtaderet מִסְתַּדֶּרֶת	את
	jißtader יִסְתַּדֵּר	hißtader הִסְתַּדֵּר	mißtader מִסְתַּדֵּר	הוא
	tißtader תִּסְתַּדֵּר	hißtadra הִסְתַּדְּרָה	mißtaderet מִסְתַּדֶּרֶת	היא
	nißtader נִסְתַּדֵּר	hißtadarnu הִסְתַּדַּרְנוּ	mißtadrim מִסְתַּדְּרִים	אנחנו m.
			mißtadrot מִסְתַּדְּרוֹת	f.
hißtadru הִסְתַּדְּרוּ	tißtadru תִּסְתַּדְּרוּ	hißtadartem הִסְתַּדַּרְתֶּם	mißtadrim מִסְתַּדְּרִים	אתם
		hißtadarten הִסְתַּדַּרְתֶּן	mißtadrot מִסְתַּדְּרוֹת	אתן
	jißtadru יִסְתַּדְּרוּ	hißtadru הִסְתַּדְּרוּ	mißtadrim מִסְתַּדְּרִים	הם
			mißtadrot מִסְתַּדְּרוֹת	הן

Ähnliche Verben: להשתמש *lehischtamesch* «benutzen», להסתיים *lehißtajem* «enden», להסתכל *lehißtakel* «anschauen»

8.10 Die Verben „sein“ und „haben“

Das Verb „sein“ und der Begriff „haben“ werden im Hebräischen etwas anders verwendet beziehungsweise ganz anders ausgedrückt, als wir es im Deutschen kennen. Während **להיות** *lihjot* «sein» nur bei der Anzahl möglicher Zeitstufen und bei einigen Funktionen abweicht, gibt es für das (Voll-)Verb „haben“ im Hebräischen gar keine Entsprechung, sodass diese „besitzanzeigende“ Bedeutung über andere Mittel ausgedrückt werden muss.

8.10.1 להיות *lihjot* «sein»

Hauptsächlich kommt **להיות** *lihjot* als sog. Kopula-Verb zum Einsatz, das heißt, es bildet gemeinsam mit einem Adjektiv oder Nomen das Prädikat eines Satzes („Noam ist fleißig / er ist ein Streber“). Da es im Hebräischen keine zusammengesetzten Zeiten gibt, wird es nicht regelmäßig als Hilfsverb zur Zeitenbildung eingesetzt, wie wir es aus dem Deutschen kennen („er ist gelandet / er war geflogen“). Dafür kann es jedoch ähnlich wie ein Modalverb (siehe 8.11) verwendet werden, um eine Aussage zu modifizieren.

8.10.1.1 להיות *lihjot* als Kopula-Verb

Die Hauptfunktion von „sein“ im Hebräischen ist die eines Bindeglieds (Kopula), da es eine Beziehung zwischen Subjekt („Noam“) und Prädikatsnomen („fleißig, Streber“) herstellt Erscheinen solche Kopula-Sätze allerdings im Präsens, verzichtet das Hebräische komplett auf die Verwendung des Verbs. Üblicherweise wird dann die folgende verbfreie Form gewählt:

schalom, 'ani Ruti. Schalom, ich (bin) Ruthi.	שלום, אני רותי.
Ruti 'azuwa. Ruthi (ist) traurig.	רותי עצובה.
Chumi hakelew schel No'am. Chumi (ist) Noams Hund.	חומי הכלב של נועם.
Henry weMonika miToronto. Henry und Monika (sind) aus Toronto.	הנרי ומוניקה מטורונטו.

Anstelle des Verbs kann ein Personalpronomen die Funktion des Bindeglieds übernehmen. Es besetzt dann die Bindegliedposition zwischen Subjekt und Prädikatsnomen und wird aus הוא *hu*, היא *hi*, הם *hem* und הן *hen* ausgewählt, je nach Numerus und Genus des Subjekts.

Ruti hi 'azuwa. Ruthi sie (ist) traurig.	רותי היא עצובה.

8

חומי הוא הכלב של נועם.
Chumi hu hakelew schel No'am.
Chumi er (ist) Noams Hund.

הנרי ומוניקה הם מטורונטו.
Henry weMonika hem miToronto.
Henry und Monika sie (sind) aus Toronto.

Im **Imperfekt** und **Futur**, den beiden anderen Zeitstufen, wird dagegen eine konjugierte Form von **להיות** *lihjot* als Kopula eingesetzt. Wie üblich richtet sich die Form nach dem Subjekt des Satzes.

רותי היתה אתמול עצובה.
Ruti hajta 'etmol 'azuwa.
Ruthi war gestern traurig.

אורי פלדמן יהיה המנהל החדש.
Uri Feldman jiheje hamenahel hechadasch.
Uri Feldman wird der neue Direktor sein.

Das Verb **להיות** *lihjot* mit seiner Wurzel **ה.י.ה** gehört zum BINJAN PA'AL und zur Untergruppe **ל״ה** MEJUCHEDET. Der Zusatz **מיוחד** *mejuchad* «besonders» verweist darauf, dass das Verb nicht nur die Besonderheiten der genannten Untergruppe hat, sondern in noch weiterer Hinsicht abweicht. Das sind bei *lihjot* die fehlenden Präsensformen. Die Konjugationsformen für das Imperfekt und Futur werden in den folgenden Tabellen genannt.

lihjot **sein** להיות

PA'AL LAMED HE
GISRA MEJUCHEDET

ה.י.ה
פעל ל״ה גזרה מיוחדת

	Imperfekt				
Singular	הָיִיתִי	(אני)	*('ani)*	*hajiti*	ich war (m., f.)
	הָיִיתָ	(אתה)	*('ata)*	*hajita*	du warst (m.)
	הָיִית	(את)	*('at)*	*hajit*	du warst (f.)
	הָיָה	הוא	*hu*	*haja*	er war
	הָיְתָה	היא	*hi*	*hajta*	sie war
Plural	הָיִינוּ	(אנחנו)	*('anachnu)*	*hajinu*	wir waren (m., f.)
	הֱיִיתֶם	(אתם)	*('atem)*	*hajitem*	ihr wart (m.)
	הֱיִיתֶן	(אתן)	*('aten)*	*hajiten*	ihr wart (f.)
	הָיוּ	הם	*hem*	*haju*	sie waren (m.)
		הן	*hen*		sie waren (f.)

	Futur				
Singular	אֶהְיֶה	(אני)	('ani)	'eheje	ich werde sein (m., f.)
	תִּהְיֶה	(אתה)	('ata)	tiheje	du wirst sein (m.)
	תִּהְיִי	(את)	('at)	tiheji	du wirst sein (f.)
	יִהְיֶה	הוא	hu	jiheje	er wird sein
	תִּהְיֶה	היא	hi	tiheje	sie wird sein
Plural	נִהְיֶה	(אנחנו)	('anachnu)	niheje	wir werden sein (m., f.)
	תִּהְיוּ	(אתם)	('atem)	tiheju	ihr werdet sein (m.)
		(אתן)	('aten)		ihr werdet sein (f.)
	יִהְיוּ	הם	hem	jiheju	sie werden sein (m.)
		הן	hen		sie werden sein (f.)

	Imperativ				
Sing.	הֱיֵה	(אתה)	('ata)	heje	sei! (m.)
	הֲיִי	(את)	('at)	haji	sei! (f.)
Pl.	הֱיוּ	(אתם)	('atem)	heju	seid! (m.)
		(אתן)	('aten)		seid! (f.)

8.10.1.2 להיות *lihjot* als Ausdruck von Gewohnheiten

So wie wir im Deutschen unter anderem mithilfe des Verbs „pflegen“ plus erweitertem Infinitiv ausdrücken können, dass sich ein Geschehen gewohnheitsmäßig (habituell) in der Vergangenheit ereignet hat, kann man im Hebräischen das Verb להיות *lihjot* verwenden, um einen Vorgang als habituell zu beschreiben.

Diese Konstruktion setzt sich zusammen aus

להיות *lihjot* im Imperfekt, dem Subjekt entsprechend konjugiert		Vollverb als Partizip Präsens, Genus und Numerus entsprechen dem Subjekt

סבא וסבתא שלי היו קוראים את העיתון כל יום אחרי ארוחת הבוקר.

ßaba weßawta scheli haju kor'im 'et ha'iton kol jom 'acharej 'aruchat haboker.

Meine Großeltern pflegten jeden Tag nach dem Frühstück die Zeitung zu lesen.

8.10.1.3 להיות *lihjot* als Ausdruck von Wunsch, realen und irrealen Möglichkeiten

Das Hebräische kennt zwar keine speziellen Verbformen für den **Konjunktiv**, aber mithilfe von **להיות** *lihjot* lassen sich realisierbare und nicht (mehr) realisierbare Wünsche und Möglichkeiten umschreiben und ebenso reale und irreale **Bedingungssätze** formulieren. Die Einsatzmöglichkeiten sind recht vielfältig und die zutreffende Bedeutung muss aus dem jeweiligen Kontext abgeleitet werden. Das Grundmuster ist aber immer das gleiche und entspricht dem der eben beschriebenen habituellen Lesart: **להיות** *lihjot* im Imperfekt, in Übereinstimmung mit dem Subjekt konjugiert plus Vollverb im passenden Präsenspartizip.

הייתי רוצה לגור על יד הים.

hajiti roze lagur 'al jad hajam.

Ich würde gerne am Meer wohnen.

אם היית מצליח בבחינות, היית יכול לנסוע איתנו לטיול.

'im hajita mazliach babchinot, hajita jachol linßo'a 'itanu latijul.

Hättest du die Prüfungen bestanden, hättest du mit uns verreisen können.

8

Das hebräische Verb für „sein“
ist in seiner Tempuswahl recht eingeschränkt: Es wird nur
in den Zeiten Imperfekt und Futur eingesetzt, in Präsenssätzen entfällt es
völlig. Dafür ist **להיות** *lihjot* aber „multifunktional“:
Mit seiner Hilfe kann man Tätigkeiten als gewohnheitsmäßig darstellen,
und es lassen sich Sätze formulieren, die unseren Konjunktiv- und
Konditionalsätzen entsprechen. Außerdem kann es bei einigen speziellen
Verben für die Bildung von Tempusformen „einspringen“ (siehe 8.11).

8.10.2 Der Begriff „haben“

Das Hebräische hat kein Verb, das unserem „haben“ entspricht. Um einen Sachverhalt auszudrücken wie „Dina hat drei Brüder“, „Dov hatte damals einen neuen Job“, greift man im Hebräischen wieder auf das Multitalent להיות *lihjot* «sein» zurück. Wie wir im vorausgegangenen Abschnitt gesehen haben, ist das aber nur für Aussagen in der Vergangenheit und in der Zukunft möglich, da es für להיות *lihjot* keine Präsensformen gibt. Für die Gegenwart nimmt man daher einen anderen Ausdruck zu Hilfe.

8.10.2.1 „haben“ im Präsens

Der Sachverhalt „jemand hat etwas“ wird umschrieben mit der Aussage „es existiert etwas für jemanden“. Diese Aussage wird aus drei Blöcken konstruiert: dem existenziellen Ausdruck יש *jesch* «es gibt / es existiert», einem Dativ-Objekt (das angibt, für wen etwas existiert) und dem Subjekt des Satzes (dasjenige, was existiert). יש *jesch* ist ein fester, unveränderlicher Ausdruck, der sich nicht dem Numerus und Genus des grammatischen Subjekts anpassen muss.

	Subjekt	+	Dativ-Objekt	+	Exist. Ausdr.
		←		←	
Dina hat ein Auto.	מכונית *mechonit*	+	לדינה *leDina*	+	יש *jesch*
Nir hat viele Freunde.	הרבה חברים *harbe chawerim*	+	לניר *leNir*	+	יש *jesch*
Meine Freunde haben einen großen Hund.	כלב גדול *kelew gadol*	+	לחברים שלי *lechawerim scheli*	+	יש *jesch*

Das Subjekt (der „Besitz“) wird immer als Letztes genannt. Die Reihenfolge von יש *jesch* und Dativ-Objekt dagegen ist austauschbar, sofern das Objekt ein vollständiges Nomen ist. Tritt aber ein Personalpronomen im Dativ auf (siehe 3.1), dann kann es nicht an erster Stelle stehen, sondern muss dem יש *jesch* folgen.

jesh leDina weleNir dira chadascha. Dina und Nir haben eine neue Wohnung.	יש לדינה ולניר דירה חדשה.
leDina weleNir jesh dira chadascha. Dina und Nir haben eine neue Wohnung.	לדינה ולניר יש דירה חדשה.

jesch lahem 'achschaw dira jafa. Nun haben sie eine schöne Wohnung.	יש להם עכשיו דירה יפה.

Verneinung

Die Verneinung folgt dem gleichen Konstruktionsmuster, nur dass an die Stelle von יש *jesch* der negative existenzielle Ausdruck אין *'ejn* «es gibt nicht / existiert nicht» tritt.

'ejn leDani mechonit. Dani hat kein Auto.	אין לדני מכונית.
leDana 'ejn harbe chawerim. Dana hat nicht viele Freunde.	לדנה אין הרבה חברים.
'ejn lanu sman 'achschaw. Wir haben jetzt keine Zeit.	אין לנו זמן עכשיו.

Definites Subjekt im allgemeinen Sprachgebrauch

In den bisherigen Beispielen waren die grammatischen Subjekte indefinit. Der Norm entsprechend ist ein Satz mit definitem Subjekt völlig identisch aufgebaut, da die gleichen Regeln gelten. Im alltäglichen Sprachgebrauch jedoch wird ein definites Subjekt offensichtlich eher als Akkusativ-Objekt aufgefasst und dementsprechend mit dem Akkusativ-Marker את *'et-* (siehe 2.2) verknüpft.

Standardsprachlich:

יש לנו הספר החדש של יותם אוטולנגי.
jesch lanu haßefer hechadasch schel Yotam Ottolenghi.
Wir haben das neue Buch von Yotam Ottolenghi.

leDafna 'ejn haßefer hase. Dafna hat dieses Buch nicht.	לדפנה אין הספר הזה.

Gesprochene Sprache:

יש לנו את הספר החדש של יותם אוטולנגי.
jesch lanu 'et haßefer hechadasch schel Yotam Ottolenghi.
Wir haben das neue Buch von Yotam Ottolenghi.

leDafna 'ejn 'et haßefer hase. Dafna hat dieses Buch nicht.	לדפנה אין את הספר הזה.

8.10.2.2 „haben“ im Imperfekt und im Futur

In Präsens-Sätzen musste יש *jesch* die fehlenden Präsensformen von להיות *lihjot* ersetzen, stattdessen kann nun in den anderen Zeitstufen eine konjugierte Imperfekt- oder Futur-Form von להיות *lihjot* verwendet werden. Das Grundmuster bleibt im Prinzip das gleiche, allerdings muss sich die *lihjot*-Form – anders als der unveränderliche Ausdruck יש *jesch* – dem Subjekt in Numerus und Genus anpassen:

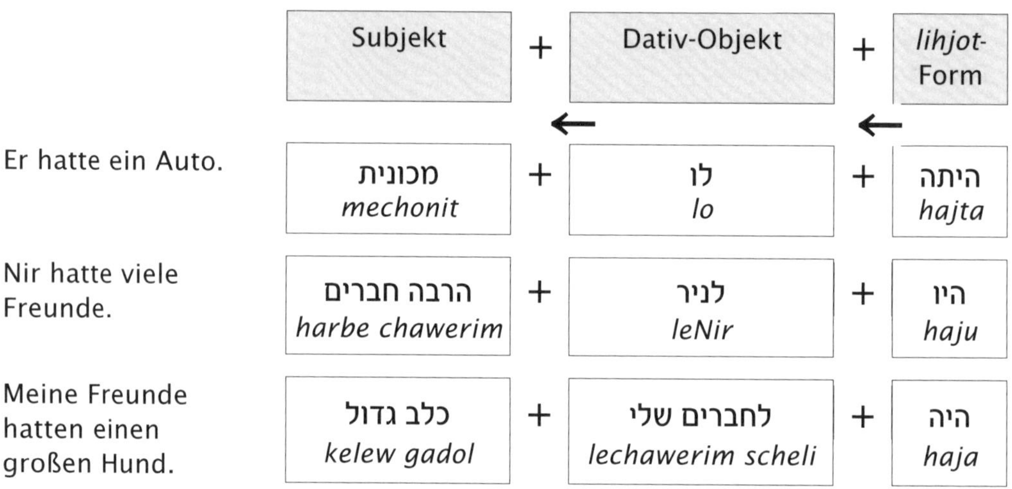

	Subjekt	+	Dativ-Objekt	+	*lihjot*-Form
		←		←	
Er hatte ein Auto.	מכונית *mechonit*	+	לו *lo*	+	היתה *hajta*
Nir hatte viele Freunde.	הרבה חברים *harbe chawerim*	+	לניר *leNir*	+	היו *haju*
Meine Freunde hatten einen großen Hund.	כלב גדול *kelew gadol*	+	לחברים שלי *lechawerim scheli*	+	היה *haja*

Um diese Konstruktion besser verstehen zu können, vergegenwärtigt man sich am besten, wie im Deutschen Sätze mit dem semantisch sehr ähnlichen Verb „gehören“ aufgebaut sind. Dazu zwei Beispielsätze:

Sie hatte zwei Katzen, er hatte einen Hund.

Ihr gehört**en** zwei Katzen, der Hund gehört**e** ihm.

Das erste Beispiel verdeutlicht, warum deutsche Muttersprachler häufig Schwierigkeiten mit der entsprechenden hebräischen Formulierung haben: Die „Habenden“ sind das Subjekt und bestimmen die Endung des Verbs (hier jeweils die 3. Person Singular), nicht die Menge des „Besitzes“.

Im zweiten Beispiel dagegen ist das, was besessen wird, das Subjekt, und nach seinem zahlenmäßigen Umfang richtet sich die Form des Prädikats (hier die 3. Person Plural und 3. Person Singular). Die „Habenden“ erscheinen, genau wie im parallel aufgebauten hebräischen Satz, als Dativobjekt.
Wie bei den Präsenssätzen tritt das Subjekt (der „Besitz“) am Ende des Satzes auf. Die konjugierte Form von להיות *lihjot* und das Dativobjekt können die erste oder die zweite Position einnehmen, nur wenn das Dativobjekt ein Personalpronomen ist, gilt eine feste Reihenfolge, bei der das Pronomen nur an zweiter Stelle, also

hinter der Verbform stehen kann.

haja lanu masal. Wir hatten Glück.	היה לנו מזל.
	לסטודנטים תהיה מחר בחינה חשובה.
laßtudentim tiheje machar bechina chaschuwa. Die Studenten werden morgen eine wichtige Prüfung haben.	

Die **Verneinung** wird wie üblich mit לא *lo* ausgedrückt.

leDina lo haju harbe chawerim bakibuz. Dina hatte nicht viele Freunde im Kibbutz.	לדינה לא היו הרבה חברים בקיבוץ.
	היא מקווה, שלא יהיו לה בעיות עם המכונית.
hi mekawa, schelo jiheju la be'ajot 'im hamechonit. Sie hofft, dass sie keine Probleme mit dem Auto haben wird.	

Bei Sätzen, die einen „haben"-Sachverhalt ausdrücken, bilden im Hebräischen immer die Dinge, die man hat, das Subjekt. Der „Habende" erscheint als Dativ-Objekt. Diese Sätze werden im Präsens anders konstruiert als im Imperfekt und Futur: Im **Präsens** zeigt der unveränderliche Ausdruck יש *jesch* die Existenz der Dinge (Subjekt) an, auch das verneinende Gegenstück אין *'ejn* richtet sich nicht nach dem Subjekt. Im **Imperfekt** und **Futur** nehmen konjugierte Formen von להיות *lihjot* «sein» die Position der unveränderlichen Ausdrücke ein; diese Verbformen werden durch Numerus und Genus des Subjekts bestimmt.

8

אם לסבתא היו גלגלים
היא היתה אוטובוס

8.11 Modalverben

Modale (Hilfs-)Verben wie „können, müssen, wollen“ treten in Verbindung mit Vollverben auf und modifizieren die Aussage des Vollverbs, indem sie den Aspekt von Möglichkeit, Wunsch, Verpflichtung usw. hinzufügen.
Dabei erscheint das Modalverb in konjugierter Form und das Vollverb im Infinitiv. Während im Deutschen das Modalverb und das infinite Vollverb durch (zahlreiche) andere Satzteile getrennt werden können, müssen sie im Hebräischen unmittelbar nebeneinander stehen.

Ich muss den ganzen Abend für die morgige Prüfung lernen.

Die wichtigsten Modalverben sind:

יכול	*jachol*	können, dürfen
צריך	*zarich*	müssen, sollen
רוצה	*roze*	wollen, möchten

Wie in anderen Sprachen auch, weisen die hebräischen Modalverben grammatische Besonderheiten auf: Imperative beispielsweise kommen gar nicht vor, und manche anderen Formen können nur „auf Umwegen“ gebildet werden. Die folgenden Konjugationstabellen listen die einzelnen Formen auf.

können *lihjot jachol* להיות יכול

GISRA MEJUCHEDET — י.כ.ל. גזרה מיוחדת

עתיד Futur	עבר Imperfekt	הווה Präsens		
אוּכַל *'uchal*	יָכֹלְתִּי *jacholti*	יָכוֹל *jachol*	m.	אני
		יְכוֹלָה *jechola*	f.	
תּוּכַל *tuchal*	יָכֹלְתָּ *jacholta*	יָכוֹל *jachol*		אתה
תּוּכְלִי *tuchli*	יָכֹלְתְּ *jacholt*	יְכוֹלָה *jechola*		את
יוּכַל *juchal*	יָכֹל (היה יָכֹל) *jachol (haja jachol)*	יָכוֹל *jachol*		הוא
תּוּכַל *tuchal*	יָכְלָה *jachla*	יְכוֹלָה *jechola*		היא
נוּכַל *nuchal*	יָכֹלְנוּ *jacholnu*	יְכוֹלִים *jecholim*	m.	אנחנו
		יְכוֹלוֹת *jecholot*	f.	
תּוּכְלוּ *tuchlu*	יְכָלְתֶּם *jechaltem*	יְכוֹלִים *jecholim*		אתם
	יְכָלְתֶּן *jechalten*	יְכוֹלוֹת *jecholot*		אתן
יוּכְלוּ *juchlu*	יָכְלוּ *jachlu*	יְכוֹלִים *jecholim*		הם
		יְכוֹלוֹת *jecholot*		הן

Der Infinitiv wird immer mithilfe des Infinitivs von „sein", also mit **להיות** *lihjot* gebildet. Und umgangssprachlich wird die 3. Person Singular Maskulinum im Imperfekt häufig als Zusammensetzung von **יכול + היה** *haja + jachol* verwendet. Wird ansonsten im **Imperfekt** die Kombination mit den Imperfektformen von **להיות** *lihjot* genutzt, dann soll meist eine irreale bzw. nicht mehr realisierbare Möglichkeit ausgedrückt werden (vgl. 8.10.1.3).

> אם היה לי זמן, הייתי יכולה לבקר אותך.
> *'im haja li sman, hajiti jechola lewaker 'otcha.*
> Wenn ich Zeit gehabt hätte, hätte ich dich besuchen können.

Für das **Futur** ist es üblich, die konjugierte Form von **יכול** *jachol* zu nehmen. In dieser Zeitstufe trägt **יכול** *jachol* eher die Bedeutung von „die Möglichkeit/ Gelegenheit haben" als von „können, imstande sein".

> אם לא ירד מחר גשם, נוכל ללכת לטייל בפארק.
> *'im lo jered machar geschem, nuchal lalechet letajel bapark.*
> Falls es morgen nicht regnen wird, werden wir im Park spazieren gehen können.

müssen, sollen *lehiztarech* להצטרך

צ.ר.כ

HITPA'EL PE SCHOREKET+'AJIN RESCH

התפעל פ' שורקת+ע"ר

עתיד Futur	עבר Imperfekt	הווה Präsens		
אֶצְטָרֵךְ *'eztarech*	הִצְטָרַכְתִּי *hiztarachti*	צָרִיךְ *zarich*	m.	אני
		צְרִיכָה *zricha*	f.	
תִּצְטָרֵךְ *tiztarech*	הִצְטָרַכְתָּ *hiztarachta*	צָרִיךְ *zarich*		אתה
תִּצְטָרְכִי *tiztarchi*	הִצְטָרַכְתְּ *hiztaracht*	צְרִיכָה *zricha*		את
יִצְטָרֵךְ *jiztarech*	הִצְטָרֵךְ *hiztarech*	צָרִיךְ *zarich*		הוא
תִּצְטָרֵךְ *tiztarech*	הִצְטָרְכָה *hiztarcha*	צְרִיכָה *zricha*		היא
נִצְטָרֵךְ *niztarech*	הִצְטָרַכְנוּ *hiztarachnu*	צְרִיכִים *zrichim*	m.	אנחנו
		צְרִיכוֹת *zrichot*	f.	
תִּצְטָרְכוּ *tiztarchu*	הִצְטָרַכְתֶּם *hiztarachtem*	צְרִיכִים *zrichim*		אתם
	הִצְטָרַכְתֶּן *hiztarachten*	צְרִיכוֹת *zrichot*		אתן
יִצְטָרְכוּ *jiztarchu*	הִצְטָרְכוּ *hiztarchu*	צְרִיכִים *zrichim*		הם
		צְרִיכוֹת *zrichot*		הן

8

Die Konjugationsformen im Imperfekt und Futur von להצטרך *lehiztarech* gehören zum Muster HITPA'EL.

היא הצטרכה לקחת יום חופש כדי לבקר את מיכאל בירושלים.
hi hiztarcha lakachat jom chofesch kdej lewaker 'et Michael biJruschalajim
Sie musste einen Tag Urlaub nehmen, um Michael in Jerusalem zu besuchen.

תצטרך לעזור לי. לא אוכל לעשות את זה לבד.
tiztarech la'asor li. lo 'uchal la'aßot 'et se lewad.
Du wirst mir helfen müssen. Ich werde es nicht alleine machen können.

Für die **unpersönliche Verwendung** von להצטרך *lehiztarech* wird nicht wie üblich die 3. Person Maskulinum Plural eingesetzt, sondern die entsprechende Singularform:

צריך לשטוף פירות וירקות לפני האכילה.
zarich lischtof perot wijrakot lifnei ha'achila.
Man muss Obst und Gemüse vor dem Verzehr waschen.

In der Umgangssprache wird die Kombination aus להיות *lihjot*-Imperfektformen plus Präsensform von להצטרך *lehiztarech* oder יכול *jachol* auch als ganz „normale" Vergangenheitsform verwendet (also nicht um z.B Wünsche auszudrücken, wie unter 8.10.1 beschrieben).

הוא לא היה יכול לבוא, כי הוא היה צריך לעבוד.
hu lo haja jachol lawo, ki hu haja zarich la'awod.
Er konnte nicht kommen, weil er arbeiten musste.

wollen, möchten *lirzot* לרצות

PA'AL LAMED HE — ר.צ.ה. פעל ל"ה

Futur עתיד	Imperfekt עבר	Präsens הווה		
אֶרְצֶה *'erze*	רָצִיתִי *raziti*	רוֹצֶה *roze*	m.	אני
		רוֹצָה *roza*	f.	
תִּרְצֶה *tirze*	רָצִיתָ *razita*	רוֹצֶה *roze*		אתה
תִּרְצִי *tirzi*	רָצִית *razit*	רוֹצָה *roza*		את
יִרְצֶה *jirze*	רָצָה *raza*	רוֹצֶה *roze*		הוא
תִּרְצֶה *tirze*	רָצְתָה *razta*	רוֹצָה *roza*		היא
נִרְצֶה *nirze*	רָצִינוּ *razinu*	רוֹצִים *rozim*	m.	אנחנו
		רוֹצוֹת *rozot*	f.	
תִּרְצוּ *tirzu*	רְצִיתֶם *rezitem*	רוֹצִים *rozim*		אתם
	רְצִיתֶן *reziten*	רוֹצוֹת *rozot*		אתן
יִרְצוּ *jirzu*	רָצוּ *razu*	רוֹצִים *rozim*		הם
		רוֹצוֹת *rozot*		הן

דנדוש, אתמול רצית להיות קאובוי, היום אתה רוצה להיות אסטרונאוט, ומה תרצה להיות מחר?

Dandusch, 'etmol razita lihjot kauboj, hajom 'ata roze lihjot aßtronaut, ma tirze lihjot machar?

Dandusch, gestern wolltest du Cowboy werden, heute möchtest du Astronaut werden, was wirst du denn wohl morgen werden wollen?

Ebenso wie im Deutschen können manche hebräische Modalverben auch als Vollverben fungieren:

אל תיקח לי את הספר, אני צריך אותו!

'al tikach li 'et haßefer, 'ani zarich 'oto!

Nimm mir das Buch nicht weg, ich brauche es!

אני רוצה פיצה, סלט ובירה, הילדים רוצים רק צ'יפס וקולה.

'ani roze piza, ßalat webira, hajeladim rozim rak tschipß wekola.

Ich möchte Pizza, Salat und ein Bier, die Kinder wollen nur Pommes Frites und Cola.

Umgekehrt werden auch bestimmte hebräische Vollverben häufig als Modalverben eingesetzt, dazu zählen zum Beispiel **לאהוב** *le'ehow* «lieben, mögen» und zahlreiche Verben, die ausdrücken, dass man etwas beabsichtigt oder gerade im Begriff ist, etwas zu tun: **לתכנן** *letachnen* «*planen*», **להתכונן** *lehitkonen* «(sich) vorbereiten», **להתכוון** *lehitkawen* «*beabsichtigen*». Diese Verben sind im Deutschen keine Modalverben und müssen mit einer „Infinitiv mit zu"-Konstruktion übersetzt werden.

אלי ושרה אוהבים לטייל במדבר.
'eli weßara 'ohawim letajel bamidbar.
Eli und Sara lieben es, in der Wüste zu wandern.

אחי מתכוון להציע לחברתו נישואין על מגדל אייפל.
'achi mitkawen lehazi'a lechawerto nißu'in 'al migdal 'ajfel.
Mein Bruder beabsichtigt, seiner Freundin auf dem Eiffelturm einen Heiratsantrag zu machen.

8

9 Back to the Roots

Zurück zur Wurzel

Im Laufe dieses Buches haben wir immer wieder gesehen, wie eine Wurzel als pures Kernelement mit vager Bedeutung Stück für Stück mit verschiedensten Elementen verknüpft wird. Durch die Verbindung mit Vokalmustern, mit Vor- und Nachsilben unterschiedlichster Funktion und mit weiteren zusätzlichen Partikeln entstehen dann einzelne komplexe Worteinheiten, die umfangreiche semantische und grammatische Informationen liefern.

Was aber, wenn man ein solch komplexes Gebilde vor sich hat und dann „vor lauter Wald den Baum" nicht mehr sieht?

וכשהוזמנו

שאחלום

בסביבתה

ולארצה

וכשאחשוב

Diesem Problem steht man nicht nur als Anfänger gegenüber. Wir möchten daher zum Abschluss zeigen, wie man bei einer systematischen „Rückabwicklung" einer nicht auf Anhieb erkennbaren Wort-Konstruktion vorgehen kann.

Zunächst hält man sich den möglichen Aufbau eines komplexen Wortes vor Augen und versucht dann, die tatsächlich vorhandenen Elemente im Einzelnen zu erkennen, um sie dann abzutrennen und zum nächsten Element zu wechseln. So geht es Schritt für Schritt bis zur Wortmitte, und zwar zunächst von rechts, dem Wortbeginn aus, dann vom Wortende, also von links aus, bis zum Kern der Konstruktion – zum Block aus Wurzel und MISCHKAL/BINJAN bzw. zur Wurzel selbst.

Aufbau eines Nomens

Die folgende Darstellung zeigt den maximal möglichen Aufbau eines Nomens, wie er in Standardfällen vorkommt, unregelmäßige Bildungen bleiben unberücksichtigt. Der Deutlichkeit halber sind nur die abtrennbaren konsonantischen Elemente gezeigt, nicht die eventuell dazugehörigen vokalischen Veränderungen.

Aus Gründen der Übersichtlichkeit enthält auch der Block aus MISCHKAL und Wurzelkonsonanten keine Auflistung aller potenziellen Wurzelkonsonanten und Konsonanten- und Vokalkombinationen der MISCHKALIM. Die nur gestrichelte Oberkante ist ein Hinweis darauf, dass die Abfolge von Wurzelkonsonanten und MISCHKAL-Elementen nicht starr festgelegt ist, sondern von MISCHKAL zu MISCHKAL variiert.

Die Vor- und Nachsilben jedoch sind in der festgeschriebenen Reihenfolge gezeigt. Elemente, die keine nach außen gerichtete seitliche Kerbe haben, können keine weitere Verknüpfung eingehen, sondern sind grundsätzlich ein Endelement. Diese absolute Wortgrenze wird durch eine verstärkt gezeichnete Außenkante markiert (rechts bei den präfigierten Elementen, links bei den Suffixen).

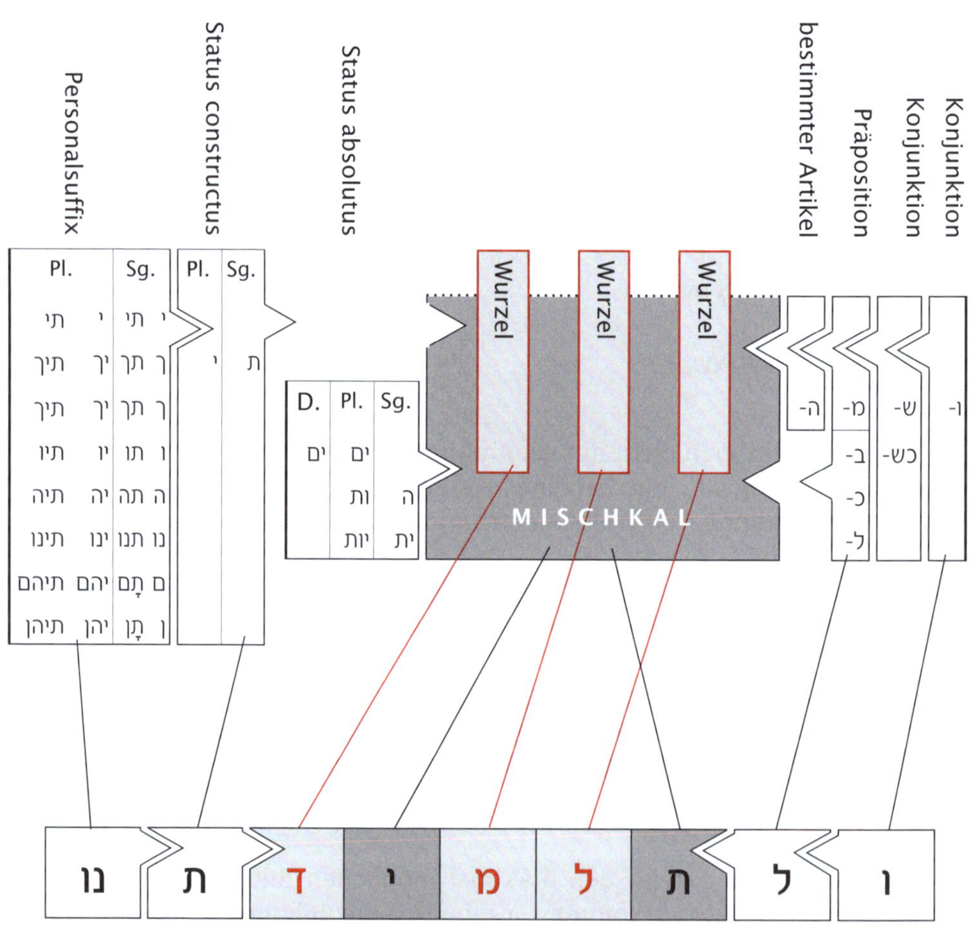

weletalmidatenu «und für unsere Schülerin»

Dadurch erfasst die schematische Darstellung, dass zum Beispiel an die „normalen" Numerussuffixe im Status absolutus nichts angefügt werden kann. Sollen noch besitzanzeigende Personalsuffixe folgen, dann müssen die besonderen Numerussuffixe des Status constructus zum Einsatz kommen. Das Gleiche gilt, wenn bei SSMICHUT-Konstruktionen ein weiteres Nomen hinzugefügt wird.

Aufbau eines Verbs

Die nächste Darstellung zeigt den maximal möglichen Aufbau eines Verbs; in Betracht gezogen sind wieder nur die Standardfälle, die Ausnahmegruppen bleiben unberücksichtigt. Um die Struktur deutlicher zu machen, sind nur die abtrennbaren konsonantischen Elemente gezeigt, nicht die eventuell dazugehörigen vokalischen Veränderungen.

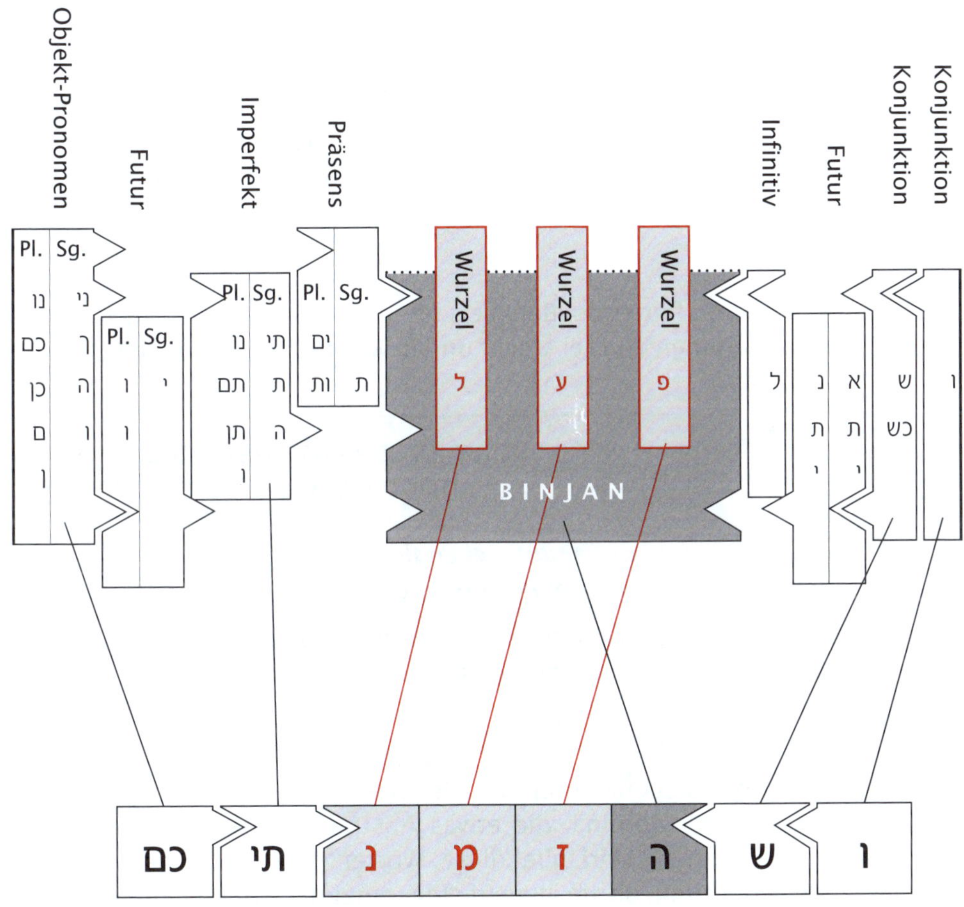

weschehismantichem «und dass ich euch eingeladen habe»

9

Aus Gründen der Übersichtlichkeit enthält auch der Block aus BINJAN und Wurzelkonsonanten keine Auflistung aller potenziellen Wurzelkonsonanten und Konsonanten- und Vokalkombinationen der BINJANIM. Die nur gestrichelte Oberkante ist auch hier im Verb-Schema ein Hinweis darauf, dass die Abfolge von Wurzelkonsonanten und BINJAN-Elementen nicht starr festgelegt ist, sondern bei den einzelnen BINJANIM (und Tempora) variiert.

Die Reihenfolge der Konjunktionen und Präfixe einerseits sowie der Suffixe und Objekt-Pronomen andererseits ist jedoch in der festgeschriebenen Anordnung gezeigt. Dabei ist zu beachten, dass sich bei den Verknüpfungsprozessen die einzelnen Tempora gegenseitig ausschließen (ein Verb kann ja nur für eine einzige Zeit oder den Infinitiv markiert sein). Die Konjunktionen dagegen können beiden Präfixgruppen vorangestellt werden, so wie die in letzter Position befindlichen Objekt-Pronomen an die Suffixe aller drei Tempusgruppen geknüpft werden können. Das Schema erfasst diese möglichen und unmöglichen Kombinationen durch die Höhenverschiebungen und entsprechend platzierte Einkerbungen.

Wie im obigen nominalen Schema enthalten auch hier die Spalten ohne nach außen gerichtete seitliche Kerbe grundsätzlich nur Endelemente. Sie bilden also immer die absolute Wortgrenze, was im Schema durch die verstärkte Außenkante der Spalten markiert ist.

Zum Abschluss soll der folgende Beispielsatz noch einmal zeigen, welches Potenzial in einer hebräischen Wurzel steckt und in welcher Vielfalt die hebräische Sprache das nutzen kann.

הספרנית בספרייה סיפרה לאברהם, שהספר החדש של עמוס עוז הוא קובץ סיפורים שמלמדים בבתי ספר בשיעורי ספרות.

haßafranit baßifrija ßipra leAwaraham, schehaßefer hechadasch schel Amos Oz hu kowez ßipurim schemelamdim bewateij ßefer beschi'urej ßifrut.

Die Bibliothekarin in der Bücherei erzählte Abraham, dass das neue Buch von Amos Oz eine Geschichtensammlung ist, die man in Schulen im Literaturunterricht behandelt.

Dieser Beispielsatz enthält sieben Wörter, die alle etwas anderes bedeuten: ein Verb und sechs unterschiedliche Nomina, die etwas Abstraktes, Konkretes, Belebtes oder Unbelebtes bezeichnen. Und alle diese Wörter teilen eine gemeinsame zugrunde liegende Bedeutung, da sie alle auf einer einzigen gemeinsamen Wurzel beruhen (in diesem Beispiel ס.פ.ר).

Um den Unterschied zum Deutschen zu demonstrieren, sind in der Übersetzung die Grundformen der entsprechenden deutschen Wörter ebenso wie die hebräischen Wurzelkonsonanten rot gekennzeichnet: Nur ein Begriff ist von einem anderen Wort abgeleitet, die restlichen fünf sind völlig unabhängig voneinander und teilen ganz offensichtlich weder Herkunft noch Bedeutungsaspekte (zumindest sofern man nicht weiß, dass in „Bibliothek" das altgriechische Wort für „Buch" enthalten ist).

Dieser Kontrast verdeutlicht noch einmal, welche zentrale Rolle die Wurzel im Hebräischen spielt und dass es die Mühe lohnt, nach der Wurzel zu „graben", um sich Bedeutungen zu erschließen.

9

Übersetzung der Illustrationstexte

Seite	
Cover	- שנזמין חומוס? - בְּכֵּיף! - *schenasmin chumuß? - bekef!* - Wollen wir Hummus bestellen? - Ja! gerne! אומרים בכֵיף ולא בְּכֵּיף! *'omrim bechef welo bekef!* Man sagt "*bechef*" und nicht "*bekef*"!
42	- בְּנִי היקר וּבִתִּי היקרה... - סליחה יקירי, אבל אלה בְּנֵנוּ וּבִתֵּנוּ היקרים! *- bni hajakar uwiti hajekara... - ßlicha jakiri, 'awal 'ele bnenu uwitenu hajekarim!* - **Mein** lieber Sohn und **meine** liebe Tochter... - Entschuldige mein Lieber, aber das sind **unser** lieber Sohn und **unsere** liebe Tochter!
58	- הנעל הזאת שלי! - נכון, היא שלך, אבל אני רוצה אותה! *- hana'al hasot scheli! - nachon, hi schelcha, 'awal ani roze 'ota!* - Das ist mein Schuh! - Stimmt, es ist deiner, aber ich will ihn!
61	אימא שלי, שאהבה אותי מאד, הפחידה כל בחורה, שיצאתי איתה. *'ima scheli, sche'ahawa 'oti me'od, hifchida kol bachura schejazati.* Meine Mutter, die mich sehr liebte, hat jede Frau verschreckt, mit der ich ausgegangen bin.
68	ערום כנחש *'arum kenachasch* Listig wie eine Schlange
70	את חכמה כאינשטיין, את הטובה והיפה בנשים, את הכי הכי! *'at chachama ke'Einstein, 'at hatowa wehajafa banaschim, 'at hachi hach!* Du bist weise wie Einstein, du bist die beste und schönste von allen Frauen, du bist die Allerbeste!
	ואתה החתול הכי מדליק בעיר! *we'ata hechatul hachi madlik ba'ir!* Und du bist der heißeste Kater der Stadt!

73	כאן לא שרותים ציבוריים! *kan lo scherutim ziburijim!* Das ist hier keine öffentliche Toilette!
	העם דורש צדק חברתי! צדק חברתי! *ha'am doresch zedek chewrati! zedek chewrati!* Das Volk verlangt soziale Gerechtigkeit! Soziale Gerechtigkeit!
78	הי, למה אתם שוחים כל כך מהר? *hej, lama 'atem ßochim kol kach maher?* Hei, warum schwimmt ihr denn so schnell?
84	ששש... שלושתן ישנות! *sch... schloschtan jeschenot!* Pscht! Die drei schlafen!
87	- איפה הכבש העשירי? - הוא ישן! - *'ejfo hakeweß ha'aßiri?* - *hu jaschen!* - Wo ist das zehnte Schaf? - Es schläft!
91	מזל טוב ליום ההולדת ה-30 *masal tow lejom hahuledet ha 30* HERZLICHEN GLÜCKWUNSCH zum 30. Geburtstag
94	הי דודה מרים, אני מגיעה ביום רביעי ה-5 בפברואר בשעה 4:25 אחרי הצהריים. אני רוצה להישאר שלושה חדשים, זה בסדר? *hi doda Miriam, 'ani magi'a bejom rewi'i hachamischi beFebruar bescha'a 'arba 'eßrim wachamesch 'acharej hazohorajim. 'ani roza lehischa'er schloscha chodaschim, se beßeder?* Hi, Tante Miriam. Ich komme am Mittwoch, dem 5. Februar, um 16:25 an. Ich möchte für drei Monate bleiben. Okay?
105	נא לא לעשן כאן — נא לא להפריע — אין כניסה *na lo le'aschen kan* — *na lo lehafri'a* — *'ejn knißa* Bitte hier nicht rauchen — Bitte nicht stören — Einfahrt verboten
108	אי סדר *'i ßeder* Unordnung
117	אוכל או מאכיל? *'ochel 'o ma'achil?* Selbst essen oder füttern?

125	למה הוא לומד כל היום? *lama hu lomed kol hajom?* Warum lernt er bloß den ganzen Tag?
131	-דנדוש, אכלת את כל העוגה? - לא רק אני אכלתי, גם מאיה אכלה! *– Dandusch, 'achalt 'et kol ha'uga? – lo rak 'ani 'achalti, gam Maja 'achla!* – Dandusch, hast du etwa den ganzen Kuchen gegessen? – Nicht nur ich hab davon gegessen, Maja auch!
138	תשמע מותק, אחזור הביתה מאוחר. תאכל ארוחת ערב בלעדי. *tischma motek, 'echsor habajta me'uchar. tochal 'aruchat 'erew bil'adaj.* Hör mal, Schatz, ich werde spät nach Hause kommen. Iss schon mal ohne mich Abendbrot.
142	סע לאט! עצור! *ßa le'at!* *'azor!* Langsam fahren! Halt!
145	- שב! - אל תדבר איתי ככה! *– schew! – 'al tedaber 'iti kacha!* – Sitz! – Sprich nicht so mit mir! Setz du dich doch hin!
147	תשמע מותק, אני נמצאת בגן עדן ואני נשארת פה! *tischma motek, 'ani nimzet began 'eden we'ani nisch'eret po!* Hör mal, Schatz, ich befinde mich im Paradies und bleibe hier.
158	השעון מתקתק ומצלצל. *hascha'on metaktek umezalzel.* Der Wecker tickt und klingelt.
	לגרגר לדגדג לקרקר *legarger* *ledagdeg* *lekarker* gurgeln kitzeln krähen
162	החדר מסודר! *hacheder meßudar!* Das Zimmer ist aufgeräumt!
168	אתה מרגיש לא טוב? *'ata margisch lo tov?* Fühlst du dich nicht gut?
172	- אנחנו מוזמנים לחתונה של מימי ומומו! - גם אנחנו! *– 'anachnu musmanum lachatuna schel Mimi weMomo! – gam 'anachnu!* – Wir sind zur Hochzeit von Mimi und Momo eingeladen! – Wir auch!

178	מתאהבים, מתנשקים, מתחתנים *mit'ahawim, mitnaschkim, mitchatnim* sich verlieben, sich küssen, heiraten
185	אתם מסתדרים שם למעלה? *'atem mißtadrim scham lemala?* Kommt ihr da oben zurecht?
193	אם לסבתא היו גלגלים, היא היתה אוטובוס. *'im leßawta haju galgalim, hi hajta 'otobuß.* Wenn Großmutter Räder hätte, wäre sie ein Autobus.
203	- היה טעים! שנלך? - יללה! *- haja ta'im! schenelech? - jalla!* - Das war lecker! Wollen wir gehen? - Ja, los! סוף סוף! *ßof ßof!* Na endlich!

Kommentierte Literaturhinweise

Es folgt eine kurze, kommentierte Auswahl an Literaturhinweisen, die zwei Nachschlagewerke für die Verben und einige weiterführende Literatur zu verschiedenen Themenbereichen beinhaltet.

Bolozky, Shmuel (2008[2]). *501 Hebrew Verbs*. Hauppauge, NY: Barron's Educational Series, Inc.

[sehr umfangreich; übersichtlich nach Wurzeln alphabetisch geordnet, mit Erläuterungen und Beispielsätzen; Suchmöglichkeit über hebräisch-englischen und englisch-hebräischen alphabetischen Index]

Tarmon, Asher & Esri Uval (2015). *Tabellen der hebräischen Verben*: Eine neue erweiterte Auflage für Anfänger und Fortgeschrittene. Jerusalem: Tamir Publishers.

[sehr übersichtlich aufgebaut; 235 Tabellen, denen die einzelnen Verben zugeordnet sind; Suchmöglichkeit über hebräisch-englischen und englisch-hebräischen Index, Auflistung der Tabellen mit allen jeweils dazugehörigen Verben]

Glinert, Lewis (2005[3]). *Modern Hebrew: An Essential Grammar*. New York, London: Routledge.

[klar strukturiertes, zweistufig aufgebautes Grammatikbuch mit Übungsaufgaben plus Lösungen und Vokabelliste für die Übungen]

Horowitz, Edward (1960). *How the Hebrew Language Grew*. Neuauflage 1993, o.O.: Ktav Publishing House Inc.

[begeisterte Hommage an die hebräische Sprache mit zahllosen Hintergrundinformationen zur Entstehung, Entwicklungsgeschichte und grammatischen Struktur sowie zur Etymologie]

Spolsky, Bernard (2014), *The Languages of the Jews: A Sociolinguistic History*. Cambridge: Cambridge University Press.

[für Leser mit guten Englischkenntnissen, die neben dem Hebräischen auch an den übrigen Sprachen und der (Kultur-)Geschichte der Juden interessiert sind]

Zachmann-Czalomón, Isolde (2004[2]). *Das Verb im Modern-Hebräischen*. Wiesbaden: Harrassowitz Verlag.

[detaillierte Ausführungen zum System der Verben, d.h. kein Verbtabellen-Buch; vermittelt viel Hintergrundwissen, für Anfänger nur bedingt geeignet]

Index

Im folgenden Stichwortverzeichnis sind die hebräischen Begriffe nur in lautlicher Umschrift aufgeführt.

A

B

C

D

E

F

G

H

I

J

K

Q

R

S

T

U

V

W

Z